| 초등부터 시작하는 수능 국어 전략서 |

수능까지 이어지는

초등 고학년

문학 독해

3학년

어떻게 학습할까요?

〈수능까지 이어지는 초등 고학년 문학 독해〉는 초등학교 고학년이 반드시 알아야 할 문학 독해를 체계적으로 훈련하기 위한 25개의 필수 지문과 실전 문제, 그리고 지문 익힘 어휘 문제로 구성되어 있습니다. 하루 15분 내로 다양한 갈래의 지문과 실전 문제를 푸는 사이에 부쩍 성장한 독해력을 확인할 수 있습니다.

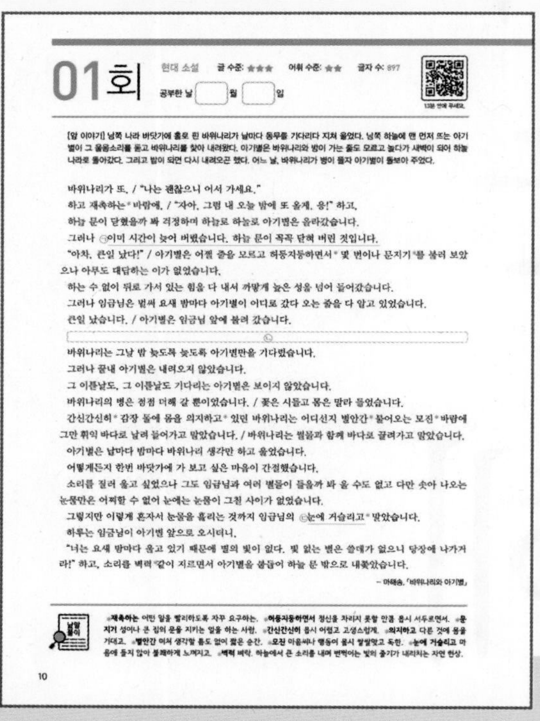

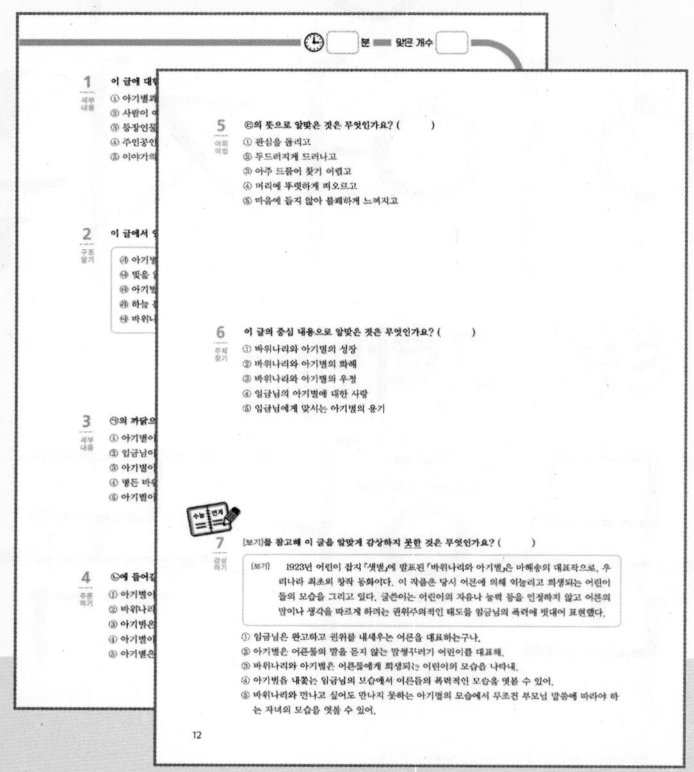

★다양한 갈래의 지문 읽기

- 초등학생이 꼭 읽어 두어야 할 작품이나 공감할 만한 시, 소설, 수필, 희곡 등의 핵심 장면을 지문으로 사용했습니다.
- 우리나라 및 세계 문학 작품의 주요 장면을 읽으면서 핵심 내용과 함께 갈래별 특징, 표현상의 특징을 파악하는 훈련을 합니다.

★수능형 독해 문제를 포함한 7문항 실전 문제

- 핵심어 및 전개, 서술 방식 파악 → 세부 정보 확인 → 고난이도 사고력 측정으로 이어지는 7문항을 사고의 흐름에 맞추어 구조적으로 배열해 해당 지문을 입체적으로 이해할 수 있습니다.
- 매 일자에 실제 수능 유형을 분석한 수능 연계 문항을 1문항씩 배치해 고난도 문항 유형의 문제 해결력을 키울 수 있습니다.

낱말 풀이
낱말 및 관용 표현의 사전적 의미 확인

별 개수 및 글자 수
글의 길이와 난이도 확인

큐아르(QR) 코드
지문 및 문제 풀이 시간 측정

〈수능까지 이어지는 초등 고학년 문학 독해〉로 매일 4쪽씩 15분간
꾸준히 수능 독해 문제를 연습해요!

어휘력 다지기

자세한 오답 해설

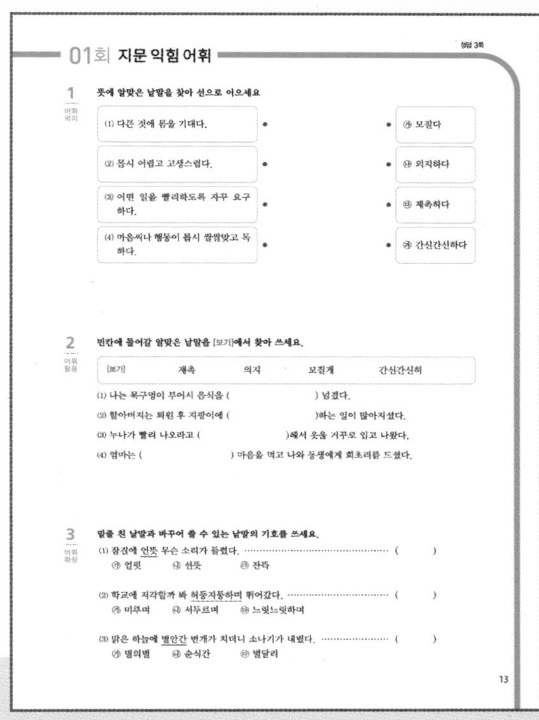

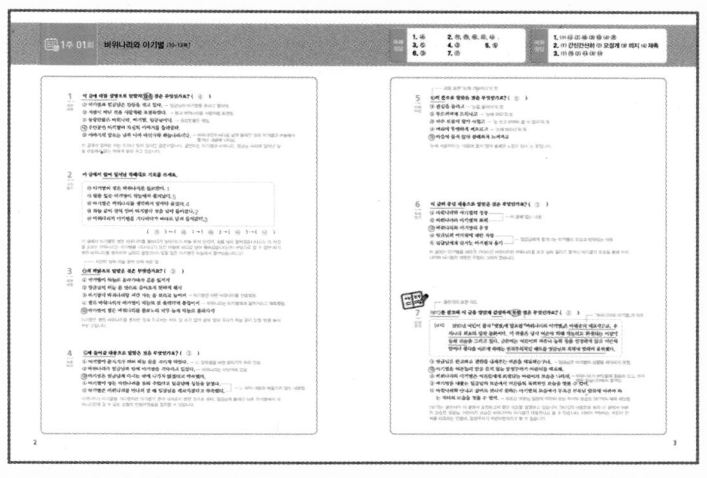

★3단계로 지문에 나온 어휘 정리

- 지문에 나온 낱말 중 핵심 낱말이나 꼭 알아 두어야 할 필수 어휘를 문제로 정리합니다.
- 지문 속 중요 어휘는 의미 확인→어휘 활용→어휘 확장의 3단계로 체계적으로 학습해 둡니다.

★틀린 문제는 반드시 정오답 풀이로 확인하기

- 문제를 풀고 나서 정답을 확인한 다음에는 내가 이해한 내용이 맞는지 또는 내가 잘못 이해한 부분이 무엇인지 반드시 풀이를 통해 확인해야 합니다.
- 틀린 문제는 따로 표시해 두고, 내가 고르지 않은 답까지 오답 풀이를 통해 완벽하게 학습해 둡니다.

어휘 의미
낱말의 사전적 의미 확인

어휘 활용
실제 예문으로 낱말 적용

어휘 확장
낱말 간의 의미 관계, 속담, 관용 표현, 한자 성어 연습 등

어떻게 활용할까요?

〈수능까지 이어지는 초등 고학년 독해〉는 문학과 비문학을 나누어 각 제재에 대한 독해를 집중적으로 훈련하는 초등 국어 독해서입니다. 이 책은 본책과 정답 책, 모의고사로 구성되어 매일 정해진 분량을 스스로 공부할 수 있을 뿐 아니라, 자신의 학습 수준과 상황을 되돌아볼 수 있는 자기 주도 학습서입니다.

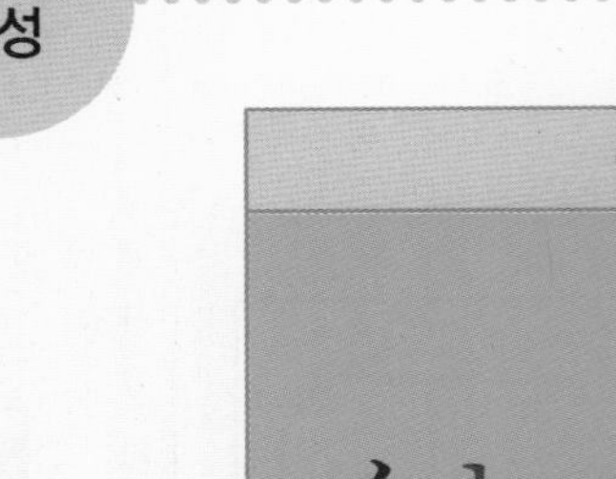

비문학

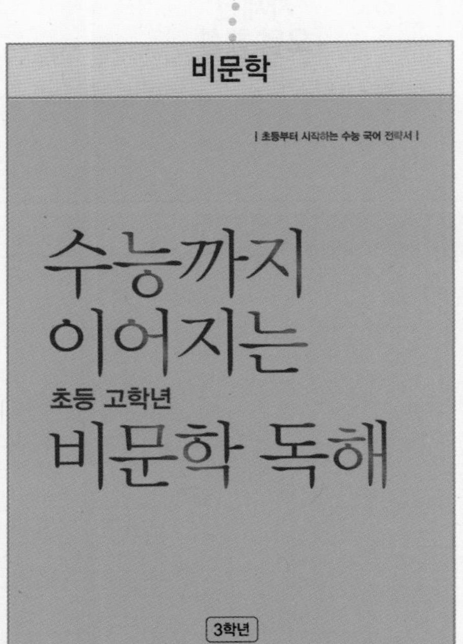

학년	대상	주요 영역
3학년	3학년~4학년	인문, 사회, 과학, 기술, 예술·체육
4학년	4학년~5학년	
5학년	5학년~6학년	
6학년	6학년~예비 중	

★**주요 주제**

- **3학년** 스마트폰과 고릴라(사회/사회 문화), 비눗방울의 과학적 비밀(과학/물리), 하얀 거짓말(인문/윤리)
- **4학년** 역사를 알려 주는 우리말 유래(인문/언어), 웨어러블 로봇(기술/첨단 기술), 공해가 되어 버린 빛(사회/사회 문화)
- **5학년** 혐오 표현(사회/사회 문화), 보온병의 물이 식지 않는 까닭(과학/물리), 조선판 하멜 표류기, 『표해시말』(인문/한국사)
- **6학년** 한·중·일의 젓가락(사회/사회 문화), 다수를 위한 소수의 희생(인문/철학), 유전자 편집 시대(기술/첨단 기술)

문학

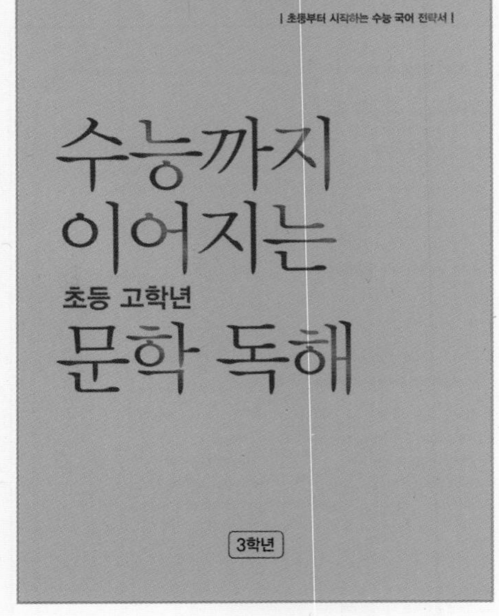

학년	대상	주요 영역
3학년	3학년~4학년	창작·전래·외국 동화, 신화·전설, 동시, 희곡
4학년	4학년~5학년	
5학년	5~6학년	현대·고전·외국 소설, 신화·전설, 현대시, 현대·고전 수필
6학년	6학년~예비 중	

★**주요 작품**

- **3학년** 바위나리와 아기별(마해송), 할머니 집에 가면(박두순), 대별왕과 소별왕, 크리스마스 캐럴(찰스 디킨스)
- **4학년** 산새알 물새알(박목월), 곰이와 오푼돌이 아저씨(권정생), 큰 바위 얼굴(나다니엘 호손), 저승 사자가 된 강림 도령
- **5학년** 꿈을 찍는 사진관(강소천), 자전거 도둑(박완서), 늙은 쥐의 꾀(고상안), 유성(오세영), 마녀의 빵(오 헨리)
- **6학년** 소음 공해(오정희), 양반전(박지원), 배추의 마음(나희덕), 사막을 같이 가는 벗(양귀자), 동물 농장(조지 오웰)

〈수능까지 이어지는 초등 고학년 독해〉로 꾸준히 공부하면 탄탄한 독해 실력을 키울 수 있어요. 모의고사로 달라진 내 실력을 확인해 보세요!

교재 활용법

"3단계 독해 집중 훈련 코스"

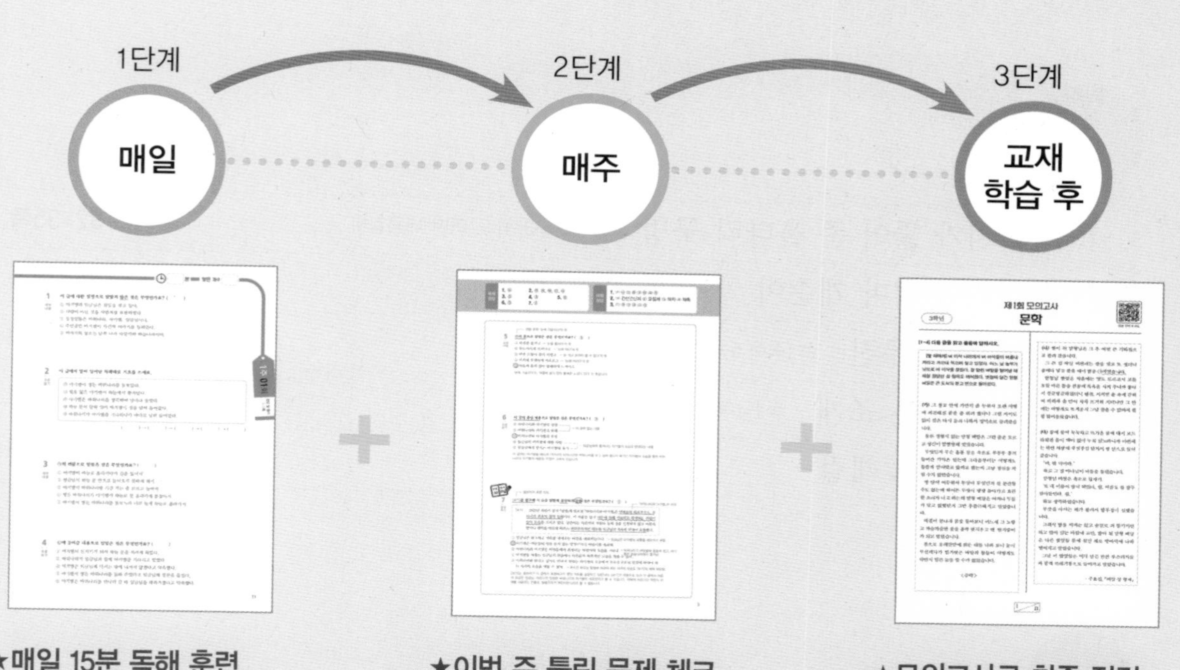

★매일 15분 독해 훈련

하루에 15분씩 문학 작품을 하나씩 읽고 실전 문제를 풀며 독해 훈련을 합니다.

★이번 주 틀린 문제 체크

매주 한 번씩 정답 책에 표시해 둔 이번 주에 틀린 문제만 한 번씩 다시 풀면서 복습합니다.

★모의고사로 최종 점검

교재 학습을 모두 마친 후에는 모의고사로 자신의 실력을 최종 점검합니다.

☑ 매일 15분씩 하나의 지문을 해결하면 25일만에 한 권을 완성할 수 있습니다.

☑ 매주 정답 책으로 틀린 문제를 복습해 자신이 취약한 문제 유형을 파악합니다.

☑ 5주 학습을 모두 마친 후에는 모의고사 문제로 자신의 최종 실력을 확인합니다.

CONTENTS

1주

2주

3주

학습 계획표

매일매일 꾸준히 공부하고 기록해 보세요.

주제		쪽수	공부한 날	공부 시간	맞은 개수	
					독해	어휘
01	바위나리와 아기별	10~13쪽	월 일	분	/ 7	/ 3
02	벼알 삼 형제	14~17쪽	월 일	분	/ 7	/ 3
03	가을 그림 그리기	18~21쪽	월 일	분	/ 7	/ 3
04	웃음의 총	22~25쪽	월 일	분	/ 7	/ 3
05	대별왕과 소별왕	26~29쪽	월 일	분	/ 7	/ 3
06	송아지가 뚫어 준 울타리 구멍	32~35쪽	월 일	분	/ 7	/ 3
07	무녀리네 엄마 개순이	36~39쪽	월 일	분	/ 7	/ 3
08	함께 쓰는 우산	40~43쪽	월 일	분	/ 7	/ 3
09	진주를 품은 조개	44~47쪽	월 일	분	/ 7	/ 3
10	크리스마스 캐럴	48~51쪽	월 일	분	/ 7	/ 3
11	받은 편지함	54~57쪽	월 일	분	/ 7	/ 3
12	원천강 오늘이	58~61쪽	월 일	분	/ 7	/ 3
13	할머니 집에 가면	62~65쪽	월 일	분	/ 7	/ 3
14	나는 쇠무릎이야	66~69쪽	월 일	분	/ 7	/ 3
15	사랑의 학교	70~73쪽	월 일	분	/ 7	/ 3
16	아버지의 꿈	76~79쪽	월 일	분	/ 7	/ 3
17	여름까지 산 꼬마 눈사람	80~83쪽	월 일	분	/ 7	/ 3
18	파랑새	84~87쪽	월 일	분	/ 7	/ 3
19	토끼전	88~91쪽	월 일	분	/ 7	/ 3
20	비밀의 화원	92~95쪽	월 일	분	/ 7	/ 3
21	신발귀신나무	98~101쪽	월 일	분	/ 7	/ 3
22	흥부전	102~105쪽	월 일	분	/ 7	/ 3
23	홍시	106~109쪽	월 일	분	/ 7	/ 3
24	베니스의 상인	110~113쪽	월 일	분	/ 7	/ 3
25	행복한 왕자	114~117쪽	월 일	분	/ 7	/ 3

1주

01회

현대 소설 글 수준: ★★★ 어휘 수준: ★★ 글자 수: 897

공부한 날 [ ] 월 [ ] 일

13분 안에 푸세요.

[앞 이야기] 남쪽 나라 바닷가에 홀로 핀 바위나리가 날마다 동무를 기다리다 지쳐 울었다. 남쪽 하늘에 맨 먼저 뜨는 아기별이 그 울음소리를 듣고 바위나리를 찾아 내려왔다. 아기별은 바위나리와 밤이 가는 줄도 모르고 놀다가 새벽이 되어 하늘나라로 돌아갔다. 그리고 밤이 되면 다시 내려오곤 했다. 어느 날, 바위나리가 병이 들자 아기별이 돌보아 주었다.

바위나리가 또, / "나는 괜찮으니 어서 가세요."

하고 재촉하는* 바람에, / "자아, 그럼 내 오늘 밤에 또 올게. 응!" 하고,

하늘 문이 닫혔을까 봐 걱정하며 하늘로 하늘로 아기별은 올라갔습니다.

그러나 ㉠이미 시간이 늦어 버렸습니다. 하늘 문이 꼭꼭 닫혀 버린 것입니다.

"아차, 큰일 났다!" / 아기별은 어쩔 줄을 모르고 허둥지둥하면서* 몇 번이나 문지기*를 불러 보았으나 아무도 대답하는 이가 없었습니다.

하는 수 없이 뒤로 가서 있는 힘을 다 내서 까맣게 높은 성을 넘어 들어갔습니다.

그러나 임금님은 벌써 요새 밤마다 아기별이 어디로 갔다 오는 줄을 다 알고 있었습니다.

큰일 났습니다. / 아기별은 임금님 앞에 불려 갔습니다.

[㉡]

바위나리는 그날 밤 늦도록 늦도록 아기별만을 기다렸습니다.

그러나 끝내 아기별은 내려오지 않았습니다.

그 이튿날도, 그 이튿날도 기다리는 아기별은 보이지 않았습니다.

바위나리의 병은 점점 더해 갈 뿐이었습니다. / 꽃은 시들고 몸은 말라 들었습니다.

간신간신히* 감장 돌에 몸을 의지하고* 있던 바위나리는 어디선지 별안간* 불어오는 모진* 바람에 그만 휘익 바다로 날려 들어가고 말았습니다. / 바위나리는 썰물과 함께 바다로 끌려가고 말았습니다.

아기별은 날마다 밤마다 바위나리 생각만 하고 울었습니다.

어떻게든지 한번 바닷가에 가 보고 싶은 마음이 간절했습니다.

소리를 질러 울고 싶었으나 그도 임금님과 여러 별들이 들을까 봐 울 수도 없고 다만 솟아 나오는 눈물만은 어찌할 수 없어 눈에는 눈물이 그칠 사이가 없었습니다.

그렇지만 이렇게 혼자서 눈물을 흘리는 것까지 임금님의 ㉢눈에 거슬리고* 말았습니다.

하루는 임금님이 아기별 앞으로 오시더니,

"너는 요새 밤마다 울고 있기 때문에 별의 빛이 없다. 빛 없는 별은 쓸데가 없으니 당장에 나가거라!" 하고, 소리를 벽력*같이 지르면서 아기별을 붙들어 하늘 문 밖으로 내쫓았습니다.

– 마해송, 「바위나리와 아기별」

＊**재촉하는** 어떤 일을 빨리하도록 자꾸 요구하는. ＊**허둥지둥하면서** 정신을 차리지 못할 만큼 몹시 서두르면서. ＊**문지기** 성이나 큰 집의 문을 지키는 일을 하는 사람. ＊**간신간신히** 몹시 어렵고 고생스럽게. ＊**의지하고** 다른 것에 몸을 기대고. ＊**별안간** 미처 생각할 틈도 없이 짧은 순간. ＊**모진** 마음씨나 행동이 몹시 쌀쌀맞고 독한. ＊**눈에 거슬리고** 마음에 들지 않아 불쾌하게 느껴지고. ＊**벽력** 벼락. 하늘에서 큰 소리를 내며 번쩍이는 빛의 줄기가 내리치는 자연 현상.

1 세부 내용

이 글에 대한 설명으로 알맞지 않은 것은 무엇인가요? (　　　)

① 아기별과 임금님은 갈등을 겪고 있다.
② 사람이 아닌 것을 사람처럼 표현하였다.
③ 등장인물은 바위나리, 아기별, 임금님이다.
④ 주인공인 아기별이 자신의 이야기를 들려준다.
⑤ 이야기의 장소는 남쪽 나라 바닷가와 하늘나라이다.

2 구조 알기

이 글에서 일이 일어난 차례대로 기호를 쓰세요.

㉮ 아기별이 병든 바위나리를 돌보았다.
㉯ 빛을 잃은 아기별이 하늘에서 쫓겨났다.
㉰ 아기별은 바위나리를 생각하며 날마다 울었다.
㉱ 하늘 문이 닫혀 있어 아기별이 성을 넘어 들어갔다.
㉲ 바위나리가 아기별을 기다리다가 바다로 날려 들어갔다.

(　　　) → (　　　) → (　　　) → (　　　) → (　　　)

3 세부 내용

㉠의 까닭으로 알맞은 것은 무엇인가요? (　　　)

① 아기별이 하늘로 올라가다가 길을 잃어서
② 임금님이 하늘 문 안으로 들어오지 못하게 해서
③ 아기별이 바위나리랑 시간 가는 줄 모르고 놀아서
④ 병든 바위나리가 아기별이 하늘로 올라가지 못하게 붙잡아서
⑤ 아기별이 병든 바위나리를 돌보느라 너무 늦게 하늘로 올라가서

4 추론 하기

㉡에 들어갈 내용으로 알맞은 것은 무엇인가요? (　　　)

① 아기별이 문지기가 되어 하늘 문을 지키게 되었다.
② 바위나리가 임금님과 함께 아기별을 기다리고 있었다.
③ 아기별은 임금님께 다시는 밖에 나가지 않겠다고 약속했다.
④ 아기별이 병든 바위나리를 돌봐 주었다고 임금님께 칭찬을 들었다.
⑤ 아기별은 바위나리를 만나러 갈 때 임금님을 데려가겠다고 약속했다.

5 ㉢의 뜻으로 알맞은 것은 무엇인가요? (　　　)

어휘 어법

① 관심을 돌리고
② 두드러지게 드러나고
③ 아주 드물어 찾기 어렵고
④ 머리에 뚜렷하게 떠오르고
⑤ 마음에 들지 않아 불쾌하게 느껴지고

6 이 글의 중심 내용으로 알맞은 것은 무엇인가요? (　　　)

주제 찾기

① 바위나리와 아기별의 성장
② 바위나리와 아기별의 화해
③ 바위나리와 아기별의 우정
④ 임금님의 아기별에 대한 사랑
⑤ 임금님에게 맞서는 아기별의 용기

7 [보기]를 참고해 이 글을 알맞게 감상하지 못한 것은 무엇인가요? (　　　)

감상 하기

> [보기] 1923년 어린이 잡지 『샛별』에 발표된 「바위나리와 아기별」은 마해송의 대표작으로, 우리나라 최초의 창작 동화이다. 이 작품은 당시 어른에 의해 억눌리고 희생되는 어린이들의 모습을 그리고 있다. 글쓴이는 어린이의 자유나 능력 등을 인정하지 않고 어른의 말이나 생각을 따르게 하려는 권위주의적인 태도를 임금님의 폭력에 빗대어 표현했다.

① 임금님은 완고하고 권위를 내세우는 어른을 대표하는구나.
② 아기별은 어른들의 말을 듣지 않는 말썽꾸러기 어린이를 대표해.
③ 바위나리와 아기별은 어른들에게 희생되는 어린이의 모습을 나타내.
④ 아기별을 내쫓는 임금님의 모습에서 어른들의 폭력적인 모습을 엿볼 수 있어.
⑤ 바위나리와 만나고 싶어도 만나지 못하는 아기별의 모습에서 무조건 부모님 말씀에 따라야 하는 자녀의 모습을 엿볼 수 있어.

01회 지문 익힘 어휘

1

어휘 의미

뜻에 알맞은 낱말을 찾아 선으로 이으세요.

(1) 다른 것에 몸을 기대다.	㉮ 모질다
(2) 몹시 어렵고 고생스럽다.	㉯ 의지하다
(3) 어떤 일을 빨리하도록 자꾸 요구하다.	㉰ 재촉하다
(4) 마음씨나 행동이 몹시 쌀쌀맞고 독하다.	㉱ 간신간신하다

2

어휘 활용

빈칸에 들어갈 알맞은 낱말을 [보기]에서 찾아 쓰세요.

[보기] 재촉 의지 모질 간신간신

(1) 나는 목구멍이 부어서 음식을 ( )히 넘겼다.

(2) 할아버지는 퇴원 후 지팡이에 ( )하는 일이 많아지셨다.

(3) 누나가 빨리 나오라고 ( )해서 옷을 거꾸로 입고 나왔다.

(4) 엄마는 ( )게 마음을 먹고 나와 동생에게 회초리를 드셨다.

3

어휘 확장

밑줄 친 낱말과 바꾸어 쓸 수 있는 낱말의 기호를 쓰세요.

(1) 잠결에 <u>언뜻</u> 무슨 소리가 들렸다. ······ ( )

㉮ 얼핏 ㉯ 선뜻 ㉰ 잔뜩

(2) 학교에 지각할까 봐 <u>허둥지둥하며</u> 뛰어갔다. ······ ( )

㉮ 미루며 ㉯ 서두르며 ㉰ 느릿느릿하며

(3) 맑은 하늘에 <u>별안간</u> 번개가 치더니 소나기가 내렸다. ······ ( )

㉮ 별의별 ㉯ 순식간 ㉰ 별달리

02회

현대 소설 글 수준: ★★★ 어휘 수준: ★★★★ 글자 수: 953

공부한 날 [ ]월 [ ]일

14분 안에 푸세요.

[앞 이야기] 벼 이삭 나라에서 벼 이삭들이 여름내 자라고 가으내 익으며 살고 있었다. 어느 날, 농부가 낫으로 벼 이삭을 잘랐다. 잘 말린 벼알을 털어 낼 때 제일 정답던 삼 형제도 헤어졌다. 볏섬에 담긴 맏형 벼알은 큰 도시의 창고 속으로 들어갔다.

그 창고 안에 가만히 좀 누워서 오랜 여행에 피곤해진 몸을 좀 쉬려 했더니 그럴 사이도 없이 섬*은 다시 들려 나와서 정미소*로 끌려갔습니다. 물론 경험이 없는 맏형 벼알은 그런 줄은 모르고 정신이 알딸딸해* 있었습니다.

(가) 무엇인지 무슨 홈통* 같은 속으로 쑤루루 쏟겨 들어간 기억은 있는데 그다음부터는 어떻게도 몹쓸게* 얻어맞고 밟히고 했는지 그냥 정신을 차릴 수가 없었습니다.

방 안이 어두워서 무엇이 무엇인지 잘 분간할* 수도 없는데 하여튼 무엇이 핑핑 돌아가고 요란한 소리가 나고 하는데 맏형 벼알은 어찌나 두들겨 맞고 밟혔던지 그만 후줄근해지고* 말았습니다.

매질이 끝나자 몸을 돌아보니 어느새 그 노랗고 까슬까슬한 옷을 홀짝 벗기우고 ㉠맨벌거숭이*가 되고 말았습니다. (중략)

쌀이 된 맏형님은 그 후 어떤 큰 기와집으로 팔려 갔습니다.

(나) 그 큰 집 하인 여편네*는 쌀을 씻고 또 씻더니 솥에다 넣고 불을 때서 밥을 지었습니다.

맏형님 쌀알은 처음에는 멋도 모르고서 보들보들 마른 몸을 찬물에 목욕을 시켜 주니까 좋아서 싱글벙글하였더니 웬걸, 시커먼 솥 속에 갇히어 버리자 솥 안이 차차 뜨거워 오더니만 그 안에는 어떻게도 뜨거운지 그냥 참을 수 없어서 펄펄 끓어올랐습니다.

물에 불어 눅눅하고* 뜨거운 물에 대서 보드라워진 몸이 맥이 없어 누워 있노라니까 이번에는 하얀 사발*에 주섬주섬 담겨서 방 안으로 들어갔습니다.

"야, 밥 먹어라." / 하고 그 집 마나님*이 아들을 불렀습니다.

맏형님 벼알은 속으로 갑자기,

'또 내 이름이 밥이 되었나, 원, 이름도 참 잘두 갈아들인다*. 참.' / 하고 생각하였습니다.

부잣집 아이는 배가 불러서 ㉡밥투정*이 심했습니다.

그래서 밥을 먹지는 않고 숟갈로 퍼 뚱기기만 하고 앉아 있는 바람에 고만, 밥이 된 맏형 벼알은 다른 밥알들 틈에 섞인 채로 방바닥에 나와 떨어지고 말았습니다.

그날 이 밥알들은 먹다 남긴 반찬 부스러기들과 함께 쓰레기통으로 들어가고 말았습니다.

– 주요섭, 「벼알 삼 형제」

*섬 곡식 등을 담기 위하여 짚으로 엮어 만든 그릇. ***정미소** 쌀을 찧는 일을 전문적으로 하는 곳. ***알딸딸해** 뜻밖의 일로 당황하거나 여러 가지 일이 복잡해서 정신을 가다듬지 못해. ***홈통** 흐르거나 타고 내리도록 만든 물건. ***몹쓸게** 악독하고 고약하게. ***분간할** 사람이나 사물의 정체를 밝혀 알. ***후줄근해지고** 몹시 지치고 고단해 몸이 축 늘어질 정도로 아주 힘이 없어지고. ***맨벌거숭이** 모두 벌거벗은 알몸뚱이. ***여편네** 결혼한 여자를 낮잡아 이르는 말. ***눅눅하고** 물기가 있어 조금 젖은 것 같은 느낌이 들고. ***사발** 위는 넓고 아래는 좁으며 굽이 있는 사기 그릇. ***마나님** 나이가 많은 부인을 높여 이르는 말. ***갈아들인다** 전부터 있던 것을 대신하여 다른 것을 새로 들인다. ***밥투정** 밥을 먹을 때 밥에 대한 불평을 심하게 하는 일.

1 세부 내용

'만형 벼알'에 대한 설명으로 알맞지 않은 것은 무엇인가요? (   )

① 밥이 되어 쓰레기통에 버려졌다.
② 쌀이 되어 큰 기와집에 팔려 갔다.
③ 벼알 → 쌀 → 밥의 변화 과정을 겪었다.
④ 볏섬에 담긴 채 누워만 있다가 못자리에 뿌려졌다.
⑤ 정미소에서 까슬까슬한 옷을 벗고 맨벌거숭이가 되었다.

2 세부 내용

㈎와 ㈏는 각각 무엇을 표현한 것인가요? (   )

	㈎	㈏
①	쌀 찧는 과정	밥 짓는 과정
②	밥 짓는 과정	쌀 찧는 과정
③	쌀 찧는 과정	모 심는 과정
④	모 심는 과정	밥 짓는 과정
⑤	밥 짓는 과정	모 심는 과정

3 구조 알기

다음은 만형 벼알이 겪은 일입니다. 빈칸에 들어갈 낱말은 무엇인가요? (   )

창고		정미소		(　　　)
볏섬에 담겨 가만히 누워 있었다.	→	노랗고 까슬까슬한 옷을 모조리 벗고 맨벌거숭이가 되었다.	→	솥 안에서 끓어올라 밥이 되었으나 아이의 밥투정으로 쓰레기통에 버려졌다.

① 곳간　② 몸속　③ 솥 안　④ 못자리　⑤ 큰 기와집

4 추론하기

[보기]를 참고할 때 ㉠의 상태를 알맞게 짐작한 것은 무엇인가요? (   )

[보기] 정미소는 쌀을 찧는 일을 전문적으로 하는 곳을 말한다. 다른 말로는 '도정장'이라고 하는데, '도정'이란 곡식의 껍질을 벗겨 내는 일이다. 쌀의 경우, 겉껍질인 왕겨와 속껍질인 속겨를 벗겨 내 먹을 수 있게 만든다.

① 나락: '벼'를 이르는 말.
② 볍씨: 못자리에 뿌리는 벼의 씨.
③ 쌀: 벼에서 껍질을 벗겨 낸 알맹이.
④ 모: 옮겨 심기 위하여 기른 벼의 싹.
⑤ 밥: 쌀에 물을 넣고 물이 다 없어질 때까지 끓여서 익힌 음식.

5 어휘 어법

㉡의 뜻으로 알맞은 것은 무엇인가요? (　　　)

① 밥을 맛있게 잘 먹었다.
② 밥을 먹다 말고 장난을 쳤다.
③ 밥이 먹기 싫어서 불평을 했다.
④ 밥을 잘 씹지 않고 그냥 삼켰다.
⑤ 밥을 더 달라고 짜증을 심하게 냈다.

6 비판하기

'맏형 벼알'에게 해 주고 싶은 말로 가장 알맞은 것은 무엇인가요? (　　　)

① 영우: 사발에 밥을 그렇게 많이 푸면 어떻게 해. 그러니까 아이가 밥을 남기지.
② 선미: 정미소에 갔을 때 그렇게 신나고 좋았니? 나라면 무서웠을 것 같은데…….
③ 명석: 밥투정은 왜 부린 거야? 너 때문에 다른 밥알들까지 쓰레기통에 들어가게 됐잖아.
④ 태산: 정미소가 아무리 무서워도 소리를 지르면 안 되지. 앞으로는 소리 지르지 말고 조용히 있어.
⑤ 수현: 형제들과 헤어져 고생이 많았는데 자신의 상황을 불평 없이 담담하게 받아들이는 모습이 너무 기특해.

7 주제 찾기

이 글의 결말 부분인 [보기]를 참고할 때, 이 글의 주제로 가장 알맞은 것은 무엇인가요? (　　　)

[보기] 이리하여 작년 가을에 나뉘었던 벼알 삼 형제는 기쁘게도 다시 만났습니다. 그날로부터 벼알 삼 형제는 매일매일 만났습니다. 막내아우가 들어가 사는 그 농군(농민)은 매일 못자리를 보살피러 나아오고, 물이 된 맏형은 언제나 늘 못자리가 찰찰 넘치도록 고여 있고, 씨가 된 가운데 형은 흙 속에서 고요히 제 몸을 썩혀 새 생명을 내보내려고 일을 하고 있었습니다.

물이 된 맏형님의 보호를 받고 농군의 근육 속에서 농군의 손발을 잘 조종해서 도와주는 아우의 도움을 받는 가운데 둘째 벼알은 훌륭한 씨가 되어서 훌륭한 잎을 내보냈습니다. 잎들이 불쑥불쑥 자라나서 못자리 하나 가득 파릇파릇한 볏모가 가지런히 자라났습니다.

① 생명의 순환
② 농사의 중요성
③ 일하는 즐거움
④ 농부의 수고로움
⑤ 식물의 성장 과정

02회 지문 익힘 어휘

정답 5쪽

1

어휘 의미

뜻에 알맞은 낱말을 [보기]에서 찾아 쓰세요.

[보기] 홈통 분간하다 눅눅하다 후줄근하다

(1) ( ): 흐르거나 타고 내리도록 만든 물건.

(2) ( ): 사람이나 사물의 정체를 밝혀 알다.

(3) ( ): 물기가 있어 조금 젖은 것 같은 느낌이 들다.

(4) ( ): 몹시 지치고 고단해 몸이 축 늘어질 정도로 아주 힘이 없어지다.

2

어휘 활용

빈칸에 들어갈 알맞은 낱말을 찾아 선으로 이으세요.

(1) 장마철이라 이불이 [ ]하게 느껴졌다. •

(2) [ ](으)로 옥상의 물이 마당에 흘러내렸다. •

(3) 우리는 집까지 한참을 걸어와 몸이 [ ]하게 늘어졌다. •

(4) 영희가 했던 말이 장난인지 진심인지 [ ]하기 어려웠다. •

• ㉮ 분간

• ㉯ 홈통

• ㉰ 눅눅

• ㉱ 후줄근

3

어휘 확장

[보기]에서 밑줄 친 관용 표현의 뜻으로 알맞은 것은 무엇인가요? (   )

[보기] 민지는 머리가 아파서 <u>정신을 차릴</u> 수가 없었다.

① 기절하다.

② 몹시 바쁘다.

③ 기억력이 뛰어나다.

④ 한 가지 일에만 마음이 쏠리다.

⑤ 일의 옳고 그름을 바르게 분별하다.

03회

현대시 글 수준: ★★★ 어휘 수준: ★★

공부한 날 ___ 월 ___ 일

13분 안에 푸세요.

가을 그림 그리기

이상인

하늘은
파랗게
칠해서 높여 주고
산은 오색* 물감
풀어서* 그리고요
몇 마리
고추짱아*도
하늘 날게
해 줄까?

과일은
빨갛게
주렁주렁* 매달고요
들판은 황금색을
색칠해 보았더니
야! 정말
㉠그림장* 안에
갈바람*이
솔솔* 부네.

*오색 여러 가지 빛깔. *풀어서 액체 속에 무엇을 넣어 골고루 섞이거나 녹게 해서. *고추짱아 어린아이의 말로 '고추잠자리'를 이르는 말. *주렁주렁 열매 등이 많이 매달려 있는 모양. *그림장 그림을 그린 종잇장. *갈바람 '가을바람'을 줄인 말. *솔솔 바람이 부드럽고 가볍게 부는 모양.

1
주제 찾기

이 시의 중심 글감으로 알맞은 것은 무엇인가요? (   )

① 물감 ② 가을 ③ 하늘
④ 그림장 ⑤ 고추짱아

2
구조 알기

이 시에 대한 설명으로 알맞지 않은 것은 무엇인가요? (   )

① 1연과 2연에 모두 감각적인 표현들을 사용했다.
② 1연과 2연의 각 행들은 서로 글자 수가 비슷해 한 쌍을 이룬다.
③ 1연에는 그림 속의 풍경이, 2연에는 그림 밖의 풍경이 드러나 있다.
④ 1연에는 그림 위쪽의 풍경이, 2연에는 그림 아래쪽의 풍경이 드러나 있다.
⑤ 1연에서는 파란색, 오색, 빨간색이, 2연에서는 빨간색, 황금색이 떠오른다.

3
세부 내용

이 시에서 '말하는 이'가 한 일은 무엇인가요? (   )

① 가을 노래를 만들어 불렀다.
② 고추잠자리를 잡으러 다녔다.
③ 황금 들판을 마구 뛰어다녔다.
④ 가을 풍경을 담은 그림을 그렸다.
⑤ 과수원에서 과일 따는 일을 도왔다.

4
세부 내용

㉠에 그려져 있지 않은 것은 무엇인가요? (   )

① 가을바람
② 황금색 들판
③ 높고 파란 하늘
④ 주렁주렁 매달린 빨간 과일
⑤ 하늘을 나는 고추잠자리 몇 마리

5 [보기]의 낱말처럼 준말이 아닌 것은 무엇인가요? (　　　)

어휘 어법

> [보기] • 새: '사이'를 줄인 말. • 맘: '마음'을 줄인 말.

① 저녁놀 ② 엊저녁 ③ 갈걷이
④ 엊그저께 ⑤ 가지가지

6 이 시를 읽고 떠오르는 장면으로 가장 알맞은 것은 무엇인가요? (　　　)

추론 하기

① 여름에 냇가에서 물놀이를 하는 아이
② 고추 장아찌를 먹고 매워서 우는 아이
③ 도화지에 물감을 써서 가을 풍경을 그리는 아이
④ 오색 빛깔로 물든 산에서 가을바람을 맞고 있는 아이
⑤ 고추잠자리를 잡기 위해 황금 들판을 뛰어다니는 아이

수능 연계

7 이 시와 [보기]에서 가을 하늘을 표현한 방법을 알맞게 비교한 것은 무엇인가요? (　　　)

감상 하기

[보기]

가을 하늘

윤이현

토옥
튕겨 보고 싶은,

주욱
그어 보고 싶은,

와아
외쳐 보고 싶은,

푸웅덩
뛰어들고 싶은,

그러나
머언, 먼 가을 하늘.

① 연아: 이 시와 [보기]는 모두 가을에 맛볼 수 있는 과일을 주제로 표현하고 있어.
② 민기: 이 시와 [보기]는 모두 가을 하늘의 소리를 귀로 듣는 것처럼 생생하게 표현했어.
③ 철민: 이 시와 [보기]는 모두 가을 하늘의 냄새를 맡는 것처럼 감각적으로 표현하고 있어.
④ 준호: 이 시는 가을 하늘을 눈으로 보는 것처럼, [보기]는 손으로 만지는 것처럼 감각적으로 표현했어.
⑤ 희주: 이 시는 가을 하늘을 입으로 맛보는 것처럼, [보기]는 눈으로 보고 귀로 듣는 것처럼 표현하고 있어.

03회 지문 익힘 어휘

1

어휘 의미

빈칸에 들어갈 알맞은 낱말을 찾아 기호를 쓰세요.

(1) 오색: 여러 가지 [ ]. ………… ( )
㉮ 빛깔 ㉯ 소리

(2) 갈바람: '[ ]바람'을 줄인 말. ………… ( )
㉮ 봄 ㉯ 가을

(3) 주렁주렁: 열매 등이 많이 [ ] 있는 모양. ………… ( )
㉮ 매달려 ㉯ 떨어져

(4) 솔솔: [ ]이/가 부드럽고 가볍게 부는 모양. ………… ( )
㉮ 비 ㉯ 바람

2

어휘 활용

빈칸에 들어갈 알맞은 낱말을 [보기]에서 찾아 쓰세요.

[보기] 오색 솔솔 갈바람 주렁주렁

(1) 봄바람이 ( ) 불어왔다.

(2) ( )에 낙엽이 우수수 떨어졌다.

(3) 화원에 꽃들이 ( ) 찬란하게 피어 있었다.

(4) 가을이 되자 마당에 있는 감나무에 감이 ( ) 열렸다.

3

어휘 확장

밑줄 친 낱말의 뜻을 [보기]에서 찾아 기호를 쓰세요.

[보기]
• 풀다: ㉮ 자세나 마음을 편안하게 하다.
㉯ 액체 속에 무엇을 넣어 골고루 섞이거나 녹게 하다.
㉰ 매이거나 묶인 것을 도로 원래의 상태로 되게 하다.
㉱ 모르거나 복잡한 문제를 해결하거나 그 답을 알아내다.

(1) 보자기를 <u>푸니까</u> 떡이 있었다. ( )

(2) 비누를 물에 <u>풀어서</u> 바지를 빨았다. ( )

(3) 나는 음악을 들으며 피로를 <u>풀었다</u>. ( )

(4) 학생들은 시험 문제를 <u>풀기</u> 시작했다. ( )

04회

현대 소설 글 수준: ★★★ 어휘 수준: ★★ 글자 수: 871

공부한 날 [ ]월 [ ]일

13분 안에 푸세요.

[앞 이야기] '나'는 목장의 언덕에서 빨간 조끼를 입은 난쟁이에게 한 방만 쏘면 웃음이 나오는 웃음총을 얻었다. 집에서 우는 아기에게 쏘자 아기가 울음을 멈추고 엄마 젖을 먹었다. 서울역으로 가는 버스에서 시비*가 붙은 차장과 아저씨에게 쏘자 서로 웃으며 부드럽게 말을 주고받았다. 서울역에서 내려 형사 아저씨와 소매치기 소년에게도 웃음총을 쏘았다.

그러나 세상은 웃음만으로는 살아갈 수 없는 모양입니다.

어느 골목길*을 나는 걸어가고 있었습니다. 난쟁이*에게서 얻은 신기한 총을 주머니에 넣고 기분이 한창* 좋아 있었어요. 갑자기 한 집에서 울음소리가 들려왔습니다. 한 사람의 울음소리가 아니었습니다. 나는 빠끔히* 열려 있는 대문으로 들어갔어요. 조그만 마당에 사람들이 모여 슬프게 울고 있었습니다. 나는 총을 꺼내 그들에게 펑! 펑! 마구 쏘아댔지요. 그러자 그들 중에서 하나 둘 웃기 시작하더니 모두들 울음을 그치고 입을 벌려 웃어대는 것이었습니다. 그러면 그렇지!

나는 으스대며* 한 사람에게 물었습니다.

"아저씨! 왜 울고 있었나요?"

"응? 하하하……. 우리 딸애가 앓다가* 오늘 죽었단다. 후후후!"

아저씨는 웃으며 말했습니다. 그러나 그 눈은 말할 수 없이 슬퍼 보였습니다.

"네?" / 나는 깜짝 놀랐습니다.

"아! 난 몰라, 난 몰라!" / 나는 마구 ㉠그 집을 뛰쳐나왔습니다.

이걸 어쩌면 좋단 말입니까? 거기선 쏘면 안 되는 것이었어요. 거기는 웃어서는 안 되는 곳이었습니다.

그제야 나는 난쟁이가 총을 주면서, 아무데서나 막 쏘지 말라고 한 말이 무슨 말이었는지 알게 되었습니다.

그렇습니다. 세상은 웃음이 비록 달콤하고 좋은 것이지만, 그것만 가지곤 정말로 아름다워질 수가 없는가 봅니다.

아름답다는 건, 그건 진실하다는* 거니까요.

이제 이 길로 난쟁이를 찾아가 만나야 하겠습니다. 가서 이렇게 말할 작정*입니다.

'얘! 이젠 이 총 소용없다. 그 대신 이런 총 없을까? 진짜로 슬퍼해야 할 사람에게 쏘면 눈물을 주고, 진짜 기뻐해야 할 사람에게 쏘면 웃음을 주는 그런 총 말이야. 그리고 화가 난 사람에게 쏘면 그 사람의 원래 고운 마음씨가 되살아나는 그런 총 없을까?'

– 이현주, 「웃음의 총」

*시비 서로 옳거나 잘못된 것을 따지는 말다툼. ***골목길** 집들 사이에 있는 길고 좁은 길. ***난쟁이** 키가 평균에 비해 매우 작은 사람. ***한창** 어떤 일이 가장 기운차게 일어나는 모양. ***빠끔히** 문 등이 살며시 조금 열리는 모양. ***으스대며** 보기에 좋지 않게 우쭐거리고 뽐내며. ***앓다가** 병에 걸려 아파하다가. ***진실하다는** 거짓이 없이 바르고 순수하다는. ***작정** 마음속으로 일을 어떻게 하기로 결정함.

1 세부 내용

이 글의 내용으로 알맞지 않은 것은 무엇인가요? (   )

① '나'에게 웃음총을 준 것은 난쟁이다.
② 웃음총을 맞은 사람은 웃음이 나온다.
③ '나'는 결국 웃음총이 소용없다는 것을 깨달았다.
④ 난쟁이는 웃음총을 아무데서나 막 쏘지 말라고 했다.
⑤ 조그만 마당에서 울던 아저씨가 '나'에게 웃음총을 쏘았다.

2 세부 내용

'나'가 ㉠을 뛰쳐나온 까닭은 무엇인가요? (   )

① 웃음총이 망가져서 더 이상 쏠 수 없어서
② 웃음총을 소매치기 당한 사실을 깨달아서
③ 난쟁이한테 웃음총을 빨리 돌려주고 싶어서
④ 웃음총을 더 쏘아야 하는데 총알이 다 떨어져서
⑤ 웃음총을 쏘면 안 되는 곳에 웃음총을 쏜 것이 부끄러워서

3 어휘 어법

다음처럼 둘로 나눌 수 없는 낱말은 무엇인가요? (   )

골목길 → 골목 + 길

① 울음 ② 김밥 ③ 비단길 ④ 가시밭 ⑤ 골목대장

4 추론 하기

'나'의 마음이 어떻게 바뀌었는지 가장 알맞게 나타낸 것은 무엇인가요? (   )

① 뽐내는 마음 → 슬픈 마음 → 놀란 마음
② 놀란 마음 → 부끄러운 마음 → 슬픈 마음
③ 행복한 마음 → 슬픈 마음 → 뽐내는 마음
④ 뽐내는 마음 → 놀란 마음 → 부끄러운 마음
⑤ 뽐내는 마음 → 부끄러운 마음 → 행복한 마음

5 감상하기

이 글에 대한 감상으로 알맞지 않은 것은 무엇인가요? (   )

① 글쓴이는 '내'가 한 말을 통해 이 글의 주제를 드러내고 있어.
② 울음소리가 들려온 집은 딸이 죽어서 장례를 치르는 중이었어.
③ 이 글에는 '내'가 사건을 겪으면서 깨달음을 얻은 일이 드러나 있어.
④ '나'는 세상을 살아갈 때 웃음만으로 충분하지 않다는 사실을 깨달았어.
⑤ '나'는 난쟁이를 만나서 웃음총을 주어 자신을 곤란하게 했다고 따질 거야.

6 주제찾기

이 글의 주제로 가장 알맞은 것은 무엇인가요? (   )

① 웃음만큼 달콤한 것은 없다.
② 아무데서나 웃어서는 안 된다.
③ 진실한 감정이 가장 아름답다.
④ 슬픔을 웃음으로 발전시켜야 한다.
⑤ 웃음만으로 세상을 살아갈 수 있어야 한다.

7 적용창의

이 글의 '내'가 [보기]의 상황에 대해 보일 반응으로 가장 알맞은 것은 무엇인가요? (   )

> [보기] 1교시 쉬는 시간에 정수가 5만 원짜리 지폐가 생겼다며 친구들한테 자랑을 했다. 그런데 3교시 체육 시간이 끝나고 정수가 돈이 없어졌다며 엉엉 울었다. 그러더니 내가 운동장에 가장 늦게 나왔다며 날 의심하기 시작했다. 화장실에서 볼일을 보느라 늦은 것이라고 아무리 말해도 정수는 의심의 눈초리를 거두지 않았다.
> 그때 담임 선생님이 들어오셔서 교실에서 주웠다며 지폐 주인을 찾으셨다. 나는 오해받은 것이 억울하고 슬퍼서 눈물이 나오려고 했지만 억지로 참았다. 울면 정수에게 지는 것 같아서 일부러 더 아무렇지 않은 척했다.

① 아무리 슬퍼도 우는 건 절대 안 돼! 눈물은 부끄러운 거야.
② 바보같이 그런 상황에서 눈물이 나면 어떻게 해? 울면 지는 거야. 잘 참았어.
③ 슬픈 일이 생기면 억지로 참지 말고 울어. 눈물도 웃음만큼 소중한 감정이니까.
④ 슬픈 감정이든 기쁜 감정이든 네 감정을 다른 사람에게 드러내지 않는 것이 좋아.
⑤ 눈물이 나려고 할 때는 기분 좋은 일을 떠올려 봐. 그러면 슬픔을 잊을 수 있을 거야.

04회 지문 익힘 어휘

정답 9쪽

1 어휘 의미

밑줄 친 낱말의 뜻을 찾아 기호를 쓰세요.

(1) 바람에 문이 빠끔히 열렸다. ………………………………………… (　　　)

㉮ 문 등이 살며시 조금 열리는 모양.

㉯ 많은 사람들이 어수선하게 움직이며 시끄럽게 떠드는 모양.

(2) 앞으로 어떻게 할 작정이니? ………………………………………… (　　　)

㉮ 마음속으로 일을 어떻게 하기로 결정함.

㉯ 어떤 일이 되어 가는 상황이나 상태를 짐작할 수 있는 분위기.

(3) 봄이 와서 들판에는 꽃이 한창 피어 있었다. ……………………… (　　　)

㉮ 어떤 일이 매우 적은 모양.

㉯ 어떤 일이 가장 기운차게 일어나는 모양.

2 어휘 활용

빈칸에 들어갈 알맞은 낱말을 찾아 선으로 이으세요.

(1) 하필 [　　] 바쁠 때 와서 그러니? •　　　• ㉮ 작정

(2) 그녀는 창문을 [　　] 열고 얼굴을 내밀었다. •　　　• ㉯ 한창

(3) 나는 내일부터 아침 운동을 열심히 할 [　　]이다. •　　　• ㉰ 빠끔히

(4) 우리 집으로 가는 [　　]은/는 너무 어두워서 밤에 다니기가 겁났다. •　　　• ㉱ 골목길

3 어휘 확장

빈칸에 들어갈 알맞은 낱말을 [보기]에서 찾아 기호를 쓰세요.

[보기] ㉮ –장이: '그것과 관련된 기술을 가진 사람'의 뜻을 더하는 말.
㉯ –쟁이: '그것이 나타내는 성질이나 특징을 많이 가진 사람'의 뜻을 더하는 말.

(1) 우리 삼촌은 옷을 잘 차려입는 멋[　　]이다. (　　　)

(2) 그 동화는 키가 유난히 작은 난[　　]가 주인공이다. (　　　)

(3) 그는 오랜 시간 동안 수많은 사람들의 양복을 지은 뛰어난 양복[　　]이다. (　　　)

05회

고전 소설　글 수준: ★★★★　어휘 수준: ★★★★　글자 수: 994

공부한 날 ( )월 ( )일

15분 안에 푸세요.

아주 먼 옛날, 하늘나라 임금님인 천지왕이 땅에 사는 총명부인과 결혼을 했다. 아기가 생기자 천지왕은 무척 기뻤지만 하늘나라를 오래 비워 둘 수 없었다.

"부인, 머잖아* 아들 쌍둥이가 출생할* 것이니 아이들이 자라 아비*를 찾으면 이 박씨를 울타리에 심으라 하시오."

천지왕은 박씨와 함께 얼레빗*을 주고 하늘로 돌아갔다.

얼마 후 총명부인은 쌍둥이를 낳아 형은 대별, 동생은 소별이라 이름 지었다. 열다섯 살이 되자 형제는 아버지를 찾으려고 어머니에게 받은 박씨를 울타리에 심었다. 그러자 순식간*에 줄기가 하늘까지 뻗어 나가 형제는 그걸 타고 하늘로 갔다. 얼레빗을 본 천지왕은 형제에게 무쇠* 활과 화살을 주며 말했다.

"해와 달이 두 개씩이라 낮은 뜨겁고 밤은 춥구나. 해와 달을 하나씩 없애거라."

대별은 해를, 소별은 달을 없앴다. 천지왕은 아들임을 인정하고* 둘에게 인간 세상을 다스리게 해 주었다. 둘은 누가 이승*을 다스릴지 수수께끼로 정하기로 했다.

"소별아, 어떤 나무는 평생 잎이 안 지고, 어떤 나무는 잎이 지느냐?"

"속이 찬 나무는 평생 잎이 안 지고, 속이 빈 나무는 잎이 집니다."

그러자 대별은 대나무와 갈대는 속이 비어도 잎이 안 진다며 틀렸다고 했다.

"그럼 왜 동산* 언덕의 풀은 못 자라지만, 밭의 풀은 잘 자라느냐?"

"비 때문입니다. 비가 오면 위의 흙이 아래로 내려가니 밭의 풀이 더 잘 자라지요."

"그럼 사람의 머리는 길고 발등의 털은 짧은 건 어떻게 설명할 테냐?"

대별의 말에 소별은 할 말을 잃었다. 그래서 꽃 가꾸기로 다시 결정하기로 했다. 하지만 꽃 가꾸기에도 실패한 소별은 몰래 대별의 꽃과 바꿔치기했다*. 대별은 그 속임수*를 모른 척하며 말했다.

㉠"내가 졌으니 저승*을 다스리마. 소별아, 부디 지혜와 참된 마음으로 이승을 잘 다스려 평화로운 세상을 만들기 바란다."

소별왕은 대별왕의 말처럼 이승을 잘 다스리고 싶었지만 힘에 부쳐* 잘 안 될 때도 있었다. 그래서 세상에는 선함과 악함이 공존하게* 되었다고 한다.

–「대별왕과 소별왕」

＊**머잖아** 오래 걸리지 않아. '머지않아'의 준말. ＊**출생할** 세상에 나올. ＊**아비** '아버지'를 낮추어 이르는 말. ＊**얼레빗** 빗살이 굵고 성긴 큰 빗. ＊**순식간** 눈을 한 번 깜빡하거나 숨을 한 번 쉴 만큼의 아주 짧은 동안. ＊**무쇠** 빛이 검고 강철보다 무르며 주로 솥, 화로 등을 만드는 데 쓰이는 쇠. ＊**인정하고** 어떤 것이 확실하다고 여기거나 받아들이고. ＊**이승** 살고 있는 지금의 세상. ＊**동산** 집이나 마을 가까이에 있는 자그마한 산. ＊**바꿔치기했다** 원래의 물건을 다른 물건으로 몰래 바꾸었다. ＊**속임수** 남을 속이는 꾀나 수단. ＊**저승** 사람이 죽은 후에 그 영혼이 가서 산다고 하는 세상. ＊**부쳐** 어떤 일을 하기에 힘이나 능력 등이 부족하여. ＊**공존하게** 두 가지 이상의 현상이나 사물이 함께 존재하게.

1 세부 내용

이 글에 대한 설명으로 알맞지 않은 것은 무엇인가요? (　　　)

① 글쓴이를 명확하게 알 수 있다.
② 소별왕, 대별왕, 총명부인, 천지왕이 등장한다.
③ 오랫동안 입에서 입으로 전해 내려온 이야기이다.
④ 신이나 신 같은 존재에 대한 신비롭고 환상적인 이야기이다.
⑤ 세상에 선과 악이 공존하게 된 유래가 이야기 속에 드러나 있다.

2 구조 알기

이 글에서 일이 일어난 차례대로 기호를 쓰세요.

㉮ 총명부인이 천지왕과 결혼해 아기를 가졌다.
㉯ 대별과 소별이 누가 이승을 다스릴지를 놓고 대결을 했다.
㉰ 소별의 속임수로 소별이 이승을, 대별이 저승을 다스리게 되었다.
㉱ 대별과 소별이 해와 달을 쏘아 없애 천지왕의 아들로 인정을 받았다.
㉲ 천지왕이 총명부인에게 박씨 두 개와 얼레빗을 주고 하늘로 돌아갔다.

(　　　) → (　　　) → (　　　) → (　　　) → (　　　)

3 세부 내용

'소별'에 대한 설명으로 알맞지 않은 것은 무엇인가요? (　　　)

① 이승을 다스린다.
② 하늘에서 태어났다.
③ 대별의 쌍둥이 형제이다.
④ 천지왕과 총명부인의 아들이다.
⑤ 자신의 꽃을 대별의 꽃과 바꿔치기했다.

4 추론 하기

'대별'이 ㉠처럼 말한 까닭을 알맞게 짐작한 것은 무엇인가요? (　　　)

① 천지왕에게 잘 보이고 싶어서
② 자신도 속임수를 써 보고 싶어서
③ 속임수를 쓴 소별을 골탕 먹이기 위해서
④ 소별이 자신의 잘못을 스스로 깨닫게 하기 위해서
⑤ 속임수를 써서라도 이승을 다스리고 싶어 하는 소별이의 마음을 이해해서

5 어휘 어법

다음 두 낱말과 같은 관계로 짝 지어진 것은 무엇인가요? (   )

이승 – 저승

① 때 – 시간 ② 선함 – 악함 ③ 나무 – 대나무
④ 아비 – 아버지 ⑤ 순식간 – 삽시간

6 주제 찾기

이 글의 중심 내용으로 가장 알맞은 것은 무엇인가요? (   )

① 천지왕이 천지를 창조하는 과정
② 대별이 수수께끼를 만드는 과정
③ 천지왕과 총명부인이 결혼하는 과정
④ 대별과 소별이 아버지가 없어 놀림받는 과정
⑤ 대별왕과 소별왕이 저승과 이승을 다스리게 된 과정

7 추론 하기

[보기]는 유리왕 신화의 줄거리입니다. 이 글과 [보기]를 비교한 내용으로 알맞지 않은 것은 무엇인가요? (   )

[보기] 예씨 부인은 고구려를 세운 주몽이 부여에 있을 때 결혼한 첫 번째 아내로, 주몽이 떠난 뒤 아들, 유리를 낳는다. 홀어머니 밑에서 자라던 유리는 어느 날 동네 부인에게 '아비 없는 자식'이라는 말을 듣고 아버지에 대해 묻는다. 예씨 부인이 "일곱 모난 돌 위의 소나무 밑에 감춘 물건을 찾으라."라는 주몽의 말을 전하고, 유리는 집안의 주춧돌 사이에서 나는 소리를 듣고 기둥 밑에서 주몽이 남긴 부러진 칼을 찾는다.

유리가 졸본으로 주몽을 찾아가 부러진 칼을 맞추어 보자 갈라진 자리에서 피가 나면서 둘이 하나의 칼로 합쳐졌다. 유리는 공중으로 몸을 날려 창구멍으로 새어드는 햇빛을 타는 능력까지 보여 주몽에게 아들로 인정을 받는다. 태자가 된 유리는 주몽이 죽고 나서 고구려의 두 번째 왕이 된다.

① 이 글과 [보기]에는 모두 아버지를 찾는 사건이 일어난다.
② 이 글과 [보기]의 주인공들은 모두 아버지가 남긴 증표를 얻는다.
③ 이 글과 [보기]의 주인공들은 모두 평범하지 않은 능력을 지녔다.
④ 이 글은 우리나라의 이야기이지만, [보기]는 다른 나라의 이야기이다.
⑤ 이 글과 [보기]의 주인공들은 모두 아들로 인정받기 위해 시험을 치른다.

05회 지문 익힘 어휘

정답 11쪽

1 어휘 의미

뜻에 알맞은 낱말을 찾아 선으로 이으세요.

(1) 남을 속이는 꾀나 수단.	㉮ 순식간
(2) 어떤 것이 확실하다고 여기거나 받아들이다.	㉯ 속임수
(3) 두 가지 이상의 현상이나 사물이 함께 존재하다.	㉰ 공존하다
(4) 눈을 한 번 깜빡하거나 숨을 한 번 쉴 만큼의 아주 짧은 동안.	㉱ 인정하다

2 어휘 활용

빈칸에 들어갈 알맞은 낱말을 [보기]에서 찾아 쓰세요.

[보기] 공존 인정 속임수 순식간

(1) 보이스피싱 같은 ( )에 속지 말아야 한다.

(2) 이틀 사이에 내린 비로 마을이 ( )에 물바다가 되었다.

(3) 동생은 게임기를 망가뜨린 자신의 잘못을 솔직하게 ( )했다.

(4) 싱가포르에는 여러 나라로부터 받아들인 다양한 문화가 ( )한다.

3 어휘 확장

밑줄 친 낱말의 뜻을 [보기]에서 찾아 기호를 쓰세요.

[보기] • 부치다: ㉮ 편지나 물건 등을 보내다.
㉯ 논밭을 갈아 농사를 짓다.
㉰ 어떤 일을 하기에 힘이나 능력 등이 부족하다.
㉱ 기름을 두른 프라이팬에 반죽이나 달걀 등을 넓적하게 펴서 익히다.

(1) 엄마가 파전을 부쳐 주셨다. ( )

(2) 나는 전학 간 친구에게 편지를 부쳤다. ( )

(3) 삼촌은 대대로 부치던 땅을 잃고 고향을 떠났다. ( )

(4) 아버지께서는 힘에 부친다며 줄넘기를 그만하셨다. ( )

生

날 생

'생(生)' 자는 '나다', '낳다' 또는 '살다'라는 뜻을 가진 글자예요. 땅에 새싹이 자라는 모습을 본뜬 글자로, 나서 자라거나 새로운 생명이 태어나는 것을 표현했어요.

• 다음 획순에 따라 한자를 따라 쓰세요.

生	ノ	ㅅ	⺧	牛	生

生	生	生						

출생 出生
(날 출, 날 생)

세상에 나옴.
예 드라마에서는 출생의 비밀이 자주 등장한다.
반대말 사망(死亡): 사람이 죽음.

생존 生存
(날 생, 있을 존)

살아 있음. 또는 살아남음.
예 인간의 개발이 야생 동물의 생존을 위협한다.

평생 平生
(평평할 평, 날 생)

세상에 태어나서 죽을 때까지의 동안.
예 슈바이처는 아프리카 사람들을 치료하는 데 평생을 바쳤다.
비슷한말 일생(一生)

Q 밑줄 친 글자가 '살다'의 뜻으로 쓰인 것은 무엇인가요? (　　　)

① 출<u>생</u>　② <u>생</u>일　③ <u>생</u>존　④ 평<u>생</u>　⑤ 일<u>생</u>

2주

06회

현대 소설 글 수준: ★★★ 어휘 수준: ★★★ 글자 수: 962

공부한 날 [ ]월 [ ]일

13분 안에 푸세요.

[앞 이야기] 엄지네 초가집과 구만네 초가집은 울타리 하나를 사이에 두고 서로 이웃해 있다. 구만네와 엄지네 소가 비슷한 시기에 새끼를 뱄는데 엄지네 소가 먼저 새끼를 낳았다. 엄지가 자꾸만 송아지 자랑을 하자 구만이는 울타리 구멍을 막아 버렸다. 구만이와 엄지는 친구들에게 서로를 헐뜯다 결국 둘 다 놀림감이 되었다.

구만네 엄마소도 마침내 송아지를 낳게 된 것은, 엄지네보다 꼭 나흘* 뒤였습니다.

엄마소가 송아지를 낳자, 구만이가 기뻐하는 모습이란 말할 수가 없었습니다. 깡충깡충 뛰다 못해 마구 땅바닥에 데굴데굴 구르며 야단*인 것입니다.

그리고 제가 막아 놓았던 울타리* 구멍을 헤치고* 엄지를 불렀습니다.

"엄지야, 우리 소도 송아지를 낳았다. 빨리 와 봐. 우리 송아지가 훨씬 더 크고 더 예쁘다. 빨리빨리!" / 하고 구만이가 뽐내자, 이번에는 엄지가 화가 나서 소리쳤습니다.

"임마, 울타리 구멍이 사립문*이야? 너하곤 말도 안 해!"

하며 울타리 구멍을 막아 버리는 것입니다. 뚫릴 듯하던 울타리 구멍은 다시 꼭 막혀 버리고 말았습니다. (중략)

그런데 어느 놈이 엄지네 송아지인지 알 수가 없습니다. 크기도 꼭 같고, 털 빛깔도 꼭 같고, 젖 빠는 모습까지도 꼭 같은 것입니다.

정말 암만 지켜봐도 알 수가 없어 구만이가 바보처럼 멍하니 바라보고 있는데, 어느새 돌아왔는지 엄지 목소리가 들려왔습니다.

"구만아, 우리 송아지 못 봤니?" / 하다 말고, / "어? 너네 집에 갔구나!"

하며, ㉠<u>엄지는 울타리 구멍으로 고개만 내밀고 멀뚱멀뚱해* 있었습니다. 선뜻 구만네 집으로 들어오기가 어쩐지 쑥스러운* 것입니다.</u>

"그래, 우리 집에 와 있어. 빨리 와 봐."

구만이가 웃으며 소리치자, 엄지도 마주 웃으며 달려왔습니다. 하지만 엄지도 자기네 송아지를 모르겠답니다. / "난 암만 봐도 모르겠는데." / 구만이가 고개를 갸웃거리자*,

"정말 나도 모르겠어. 꼭 같구나. 꼭 쌍둥이 같애." / 엄지도 고개만 갸웃거렸습니다.

마침내 엄지네 송아지를 찾아 낸 것은 해질 무렵이 되어서였습니다.

들일*을 마친 엄지네 엄마소가 마당으로 들어서며 음매 하고 우렁차게* 운 순간입니다.

그 때까지 구만네 마당에서 뛰어놀고 있던 송아지 한 마리가 느닷없이* 울타리 구멍을 빠져나간 것입니다. / 그런 일이 있고부터, ㉡<u>울타리 구멍은 다시 막혀지지 않았습니다.</u>

– 손춘익, 「송아지가 뚫어 준 울타리 구멍」

낱말 풀이

＊**나흘** 4일. ＊**야단** 아주 시끄럽게 굴거나 수선을 피우는 것. ＊**울타리** 풀, 나무 등을 엮어서 집 둘레에 친 작은 담장. ＊**헤치고** 앞을 가로막은 것을 옆으로 밀거나 젖히며. ＊**사립문** 나뭇가지를 엮어서 만든 문. ＊**멀뚱멀뚱해** 눈을 둥그렇게 뜨고 물끄러미 쳐다보고. ＊**쑥스러운** 하는 짓이나 모양이 자연스럽지 못하거나 어울리지 않아 부끄러운. ＊**갸웃거리자** 고개나 몸을 이쪽저쪽으로 자꾸 조금씩 기울이자. ＊**들일** 농사일과 같이 들에 나가서 하는 일. ＊**우렁차게** 소리의 울림이 매우 크고 힘차게. ＊**느닷없이** 어떤 일이 아주 뜻밖이고 갑작스럽게.

1 세부내용

이 글에 대한 설명으로 알맞은 것은 무엇인가요? (　　　　)

① 말하는 이는 '엄지'이다.
② 현실에서 일어날 수 없는 일이다.
③ 시간의 흐름이 잘 드러나지 않는다.
④ 도시를 배경으로 이야기가 펼쳐진다.
⑤ 갈등을 겪는 인물은 구만이와 엄지다.

2 구조알기

다음 중 가장 나중에 일어난 일은 무엇인가요? (　　　　)

① 구만네 엄마소가 송아지를 낳았다.
② 엄지네 송아지가 구만네 집에 왔다.
③ 구만은 엄지에게 송아지가 생긴 일을 자랑했다.
④ 엄지네 엄마소가 울어 엄지네 송아지를 찾아냈다.
⑤ 엄지가 구만네 집에 왔지만 자기네 송아지를 찾지 못했다.

3 추론하기

㉠의 까닭을 알맞게 짐작한 친구는 누구인가요? (　　　　)

① 정훈: 구만이에게 화를 낸 일이 미안했기 때문이야.
② 윤서: 자기네 송아지를 구별할 수 없어서 그랬던 거야.
③ 민지: 자기네 송아지가 구만네에 있다고 생각하지 못해서야.
④ 혜나: 구만이가 자기네 송아지를 보지 못했다고 했기 때문이야.
⑤ 건우: 구만이가 자기네 송아지를 데려갔다고 생각했기 때문이야.

4 추론하기

㉡의 의미로 알맞은 것은 무엇인가요? (　　　　)

① 울타리 구멍에 사립문을 달았습니다.
② 구만이와 엄지는 영영 화해하지 못했습니다.
③ 송아지가 울타리에 계속 구멍을 뚫었습니다.
④ 구만이와 엄지가 다시는 싸우지 않았습니다.
⑤ 다시 울타리 구멍으로 다니는 일은 없었습니다.

5 주제 찾기

이 글의 주제로 알맞은 것은 무엇인가요? (   )

① 이웃과의 소통
② 이웃사촌의 의미
③ 농촌 생활의 어려움
④ 친구 사귀기의 어려움
⑤ 친구 간의 화해와 우정

6 적용 창의

이 글과 비슷한 경험으로 알맞은 것은 무엇인가요? (   )

① 시골 할머니 댁에 있는 소들에게 먹이를 준 일
② 주스를 엎어서 일기장을 망친 동생을 용서해 준 일
③ 목장 체험을 할 때 송아지들에게 우유를 먹였던 일
④ 이마에 난 상처를 놀린 친구와 떡볶이를 먹으며 화해한 일
⑤ 운동회 날 100미터 달리기에서 일 등을 해 상장을 받은 일

7 감상하기

[보기]를 참고해 이 글을 알맞게 감상하지 못한 친구는 누구인가요? (   )

> [보기] 손춘익은 우리나라를 대표하는 동화 작가이다. 그는 동화를 '꿈꾸는 어린 마음을 위한 문학'이라고 생각했으며, 작품 안에 사랑과 화해, 열린 마음을 담고자 노력했다. 「송아지가 뚫어 준 울타리 구멍」에는 그러한 글쓴이의 생각이 풍부한 상상력과 따뜻한 표현을 통해 드러나 있다. 또한, 시골 마을과 정겨운 사람들의 삶이 작품 속에 잘 녹아 있어 도시에서는 접할 수 없는 구수하고 따뜻한 느낌을 갖게 한다. 특히 작은 일로 사이가 틀어졌다가도 금세 헤헤거리는 풋풋하고 사랑스러운 아이들의 모습이 읽는 이에게 편안한 웃음을 안겨 준다.

① 정민: 서로 싸우다가도 송아지 때문에 마주 웃는 구만이와 엄지의 모습이 사랑스러워.
② 수철: 서로 이기려고 경쟁하고 울타리 구멍을 막는 모습에서 도시의 느낌을 받을 수 있어.
③ 연주: 울타리 하나로 서로 이웃해 있는 엄지네와 구만네의 모습에서 시골의 정겨움이 느껴져.
④ 동희: 외양간에서 송아지를 키우는 모습을 보니 시골 할머니 댁에 가고 싶다는 생각이 들었어.
⑤ 영준: 이 글의 마지막 부분에서 사랑과 화해를 작품 안에 담고자 했던 글쓴이의 노력을 엿볼 수 있어.

06회 지문 익힘 어휘

정답 13쪽

1 어휘 의미

낱말 뜻에 알맞은 낱말을 낱말 카드로 만들어 쓰세요.

갸	울	렁	웃	스	타	단	우	쑥

(1) 아주 시끄럽게 굴거나 수선을 피우는 것. → 야 □

(2) 소리의 울림이 매우 크고 힘차다. → □ □ 차 다

(3) 고개나 몸을 이쪽저쪽으로 자꾸 조금씩 기울이다. → □ □ 거리다

(4) 풀, 나무 등을 엮어서 집이나 밭 둘레에 친 작은 담장. → □ □ 리

(5) 하는 짓이나 모양이 자연스럽지 못하거나 어울리지 않아 부끄럽다. → □ □ 럽 다

2 어휘 활용

빈칸에 들어갈 알맞은 낱말을 [보기]에서 찾아 쓰세요.

[보기]	갸웃	야단	우렁찬	쑥스러워

(1) 희주는 ( )하며 고개를 들지 못했다.

(2) 그 아이는 잘 모르겠다는 듯이 고개를 ( )거렸다.

(3) 아이들이 배가 고파서 빨리 밥을 달라고 ( )들이다.

(4) 계백 장군은 병사들의 ( ) 함성 소리를 듣자 마음이 놓였다.

3 어휘 확장

밑줄 친 낱말과 바꾸어 쓸 수 있는 낱말의 기호를 쓰세요.

(1) 잘 놀던 아기가 느닷없이 울기 시작했다. ………… ( )

㉮ 갑자기 ㉯ 끝없이 ㉰ 쉬지 않고

(2) 민희는 나래가 그림을 더 잘 그리자 샘이 나서 토라졌다. ………… ( )

㉮ 샘물 ㉯ 시기 ㉰ 위기

(3) 수재는 아픈 친구를 돕는다는 말에 선뜻 용돈을 내놓았다. ………… ( )

㉮ 아직 ㉯ 조용히 ㉰ 거침없이

07회

현대 소설　글 수준: ★★★　어휘 수준: ★★★★　글자 수: 983

공부한 날 [　] 월 [　] 일

14분 안에 푸세요.

[앞 이야기] 은미네 개순이가 새끼를 아홉 마리나 낳았다. 새끼들이 창고와 슈퍼를 난장판으로 만들며 말썽을 피우자 아버지는 무녀리 한 마리만 남겨 놓고 나머지는 모두 분양을 했다. 어느 날부터인가 무녀리도 말썽을 피우기 시작했다.

마침내 아버지가 아끼는 단벌* 구두를 무녀리*가 물어뜯은 사건이 벌어지고 말았습니다.

"제 어미는 얌전한테 새끼들은 왜 저리 극성*인지 몰라!"

어머니까지 무녀리 때문에 성가시다고* 야단을 했습니다.

은미는 무녀리가 더 이상 말썽을 부리지 못하도록 상자 속에 가둬 놓고 아버지 ㉠눈치를 보고 또 보았습니다. 그런데 눈치 없는 무녀리 놈은 상자를 박박 긁어 대며 계속 낑낑거렸습니다.

"시끄럿! 이놈의 개 새끼를……."

아버지가 슈퍼 문을 사납게 열고 나와, 무녀리 등가죽을 잡고 대문 밖으로 나가셨습니다. 무녀리는 아버지 손아귀에 잡힌 채 대롱대롱 매달려 가면서 깨갱깨갱 발버둥치며 울었습니다.

은미는 아버지 서슬*에 놀라 뭐라고 말리지도 못하고 아버지 뒤를 밟았습니다.

아버지는 길 건너 세탁소 집으로 씩씩대며 걸어가셔서 무녀리를 그 집에 두고 나오셨습니다. 은미는 아버지가 미웠지만 아무 말도 못하고 터지려는 울음을 삼켰습니다*.

개순이가 밥을 안 먹었습니다. 물그릇도 며칠째 그대로였습니다.

"에그. 새끼 잃은 어미 마음이 오죽하겠냐만*, 개 팔자*가 그런 것이지. 새끼는 새끼고, 어서 기운 차려라." (중략)

"개순아, 내가 무녀리 있는 데 가르쳐 줄게. 어서 밥 먹어."

은미가 개순이의 목덜미를 쓰다듬으며 달래도 소용없었습니다.

은미는 몸져누운* 개순이를 집 밖으로 끌어냈습니다. 억지로 목줄을 끌고 길 건너 세탁소 집 앞까지 왔습니다. / ㉡"이놈의 개! 다리몽댕이* 부러뜨리기 전에 썩 꺼지지 못해. 여기가 쓰레기장이냐! 멀쩡한 남의 가게 앞에 쓰레기를 물어다 놓게!"

세탁소 아주머니가 빗자루를 집어 들고 휘두르려는 걸 은미가 달려들어 말렸습니다.

"아줌마, 그게 아니고요. 얘는 무녀리네 엄마예요!"

"뭐라고? 그러고 보니 지 새끼 먹으라고 그렇게 ㉢뼈다귀를 물어다 날랐니! 그런 줄도 모르고……, 너도 어미라고 어미 노릇* 하는구나. 세상에……."

세탁소 아주머니가 얼른 가게 문을 열고 무녀리를 불러내 개순이 품에 안겨 주었습니다.

– 김향이, 「무녀리네 엄마 개순이」

*단벌 오직 그것 하나뿐인 물건이나 재료. *무녀리 한 태에 낳은 여러 마리 새끼 가운데 가장 먼저 나온 새끼. *극성 성질이나 행동, 태도가 매우 강하거나 지나치게 적극적임. *성가시다고 자꾸 못살게 굴어 괴롭고 귀찮다고. *서슬 남이 맞서지 못할 만큼 강하고 날카로운 기세. *울음을 삼켰습니다 울음을 억지로 참았습니다. *오죽하겠냐만 정도가 매우 심하거나 대단하겠냐만. *팔자 사람이 태어난 해, 달, 날, 시에 따라 정해진다고 보는, 한 평생의 운수. *몸져누운 병이나 마음 속의 괴로움으로 몸에 힘이 빠져 누워 지내는. *다리몽댕이 '다리'를 이르는 말. '다리몽둥이'의 잘못된 표현. *노릇 역할에 어울리는 행동이나 태도.

1 세부 내용

이 글의 내용으로 알맞지 않은 것은 무엇인가요? (   )

① 은미네 집은 슈퍼를 한다.
② 개순이는 무녀리가 낳은 강아지다.
③ 개순이는 은미네 집에서 기르는 개다.
④ 은미네 집 길 건너에는 세탁소가 있다.
⑤ 개순이는 새끼를 잃고 밥을 먹지 않았다.

2 구조 알기

다음은 이 글을 일이 일어난 차례에 맞게 정리한 것입니다. ㉮에 들어갈 알맞은 내용은 무엇인가요? (   )

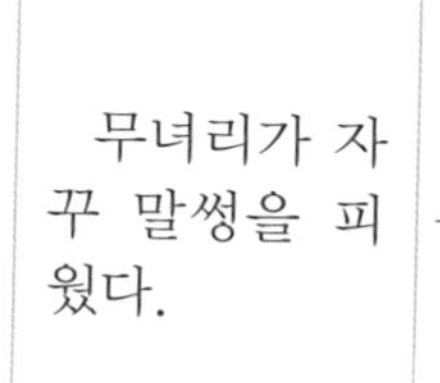

→

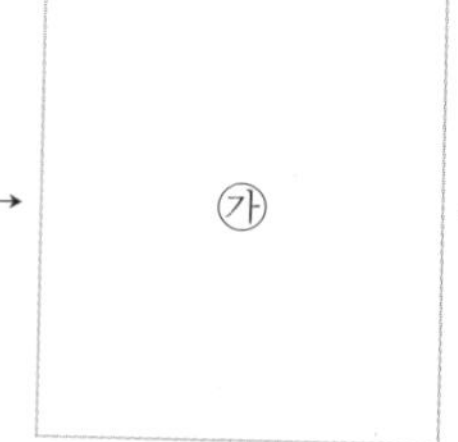

→ 은미가 개순이를 끌어내서 세탁소 집 앞까지 갔다. → 개순이가 세탁소 집 앞에 뼈다귀를 물어다 놓은 사실을 알게 되었다. → 세탁소 아주머니가 개순이의 품에 무녀리를 안겨 주었다.

① 개순이가 강아지 아홉 마리를 낳았다.
② 개순이와 무녀리가 세탁소 집에서 같이 살게 되었다.
③ 아버지가 무녀리를 길 건너 세탁소 집에 두고 오셨다.
④ 은미가 친구들에게 개순이가 낳은 강아지를 자랑했다.
⑤ 아버지는 개순이가 낳은 강아지 여덟 마리를 다른 집에 분양했다.

3 어휘 어법

㉠의 뜻으로 알맞은 것은 무엇인가요? (   )

① 아버지의 약점을 캐려고 했다.
② 아버지를 재촉하고 몰아세웠다.
③ 아버지의 마음과 태도를 살폈다.
④ 아버지의 마음을 빨리 알아챘다.
⑤ 아버지의 마음을 짐작하지 못했다.

4 세부 내용

세탁소 아주머니가 ㉡처럼 말한 까닭은 무엇인가요? (   )

① 개순이가 자기네 집에 새끼를 두고 가서
② 개순이가 은미 아버지가 아끼는 구두를 물어뜯어서
③ 개순이가 자기네 집 앞에 쓰레기를 계속 물어다 놓아서
④ 개순이가 자기네 집 앞에 뼈다귀를 계속 물어다 놓아서
⑤ 개순이가 자기네 집 강아지가 먹을 뼈다귀를 계속 물어 가서

5 추론하기

이 글에서 ㉢이 하는 역할로 알맞은 것은 무엇인가요? (　　　　)

① 개순이와 은미의 우정을 말해 준다.
② 무녀리에 대한 개순이의 사랑을 말해 준다.
③ 먹이를 물어 나르는 개의 습성을 말해 준다.
④ 뼈다귀를 좋아하는 무녀리의 식성을 말해 준다.
⑤ 개순이에게 뼈다귀가 얼마나 소중한 것인지 말해 준다.

6 주제 찾기

이 글을 통해 글쓴이가 말하고자 하는 것은 무엇인가요? (　　　　)

① 생명의 소중함
② 부모의 자식 사랑
③ 사람과 동물 사이의 우정
④ 반려동물을 키우는 어려움
⑤ 반려동물을 대하는 올바른 자세

7 감상하기

[보기]를 참고하여 이 글을 감상한 것으로 알맞지 <u>않은</u> 것은 무엇인가요? (　　　　)

> [보기] 같은 이야기를 읽어도 사람들의 생각이나 느낌은 저마다 다르다. 때문에 다른 사람들과 이야기에 대한 생각이나 느낌을 나누면 이야기를 더 잘 이해할 수 있다. 이야기에 대한 자신의 생각을 말할 때에는 먼저 이야기 속에서 어떤 일이 일어났는지, 인물들은 왜 그런 말과 행동을 했는지 살펴본다. 그런 다음 그것에 대한 자신의 생각과, 생각을 잘 뒷받침할 수 있는 까닭을 말하면 된다.

① 정연: 먹지도 않고 몸져누운 개순이가 안쓰러워. 개순이의 마음이 얼마나 아플지 느낄 수 있기 때문이야.
② 희수: 무녀리를 상자에 가둔 은미의 행동은 잘못이라고 생각해. 장난이라도 동물을 괴롭히는 것은 잘못된 일이야.
③ 민주: 세탁소 집 앞에 뼈다귀를 물어다 놓은 개순이에게 감동받았어. 자식을 사랑하는 엄마의 마음이 느껴졌기 때문이야.
④ 동철: 은미 아버지가 무녀리를 세탁소 집에 준 것은 너무했다고 생각해. 개순이와 은미 그리고 무녀리의 마음은 생각하지 않았어.
⑤ 준영: 개순이의 목줄을 억지로 끌어서 세탁소 집까지 데려간 은미의 행동이 이해가 돼. 나라도 개순이에게 무녀리를 만나게 해 주고 싶었을 거야.

07회 지문 익힘 어휘

정답 15쪽

1
어휘 의미

뜻에 알맞은 낱말을 [보기]에서 찾아 쓰세요.

[보기] 단벌 극성 서슬 노릇 오죽하다

(1) ( ): 역할에 어울리는 행동이나 태도.

(2) ( ): 정도가 매우 심하거나 대단하다.

(3) ( ): 오직 그것 하나뿐인 물건이나 재료.

(4) ( ): 남이 맞서지 못할 만큼 강하고 날카로운 기세.

(5) ( ): 성질이나 행동, 태도가 매우 강하거나 지나치게 적극적임.

2
어휘 활용

빈칸에 들어갈 알맞은 낱말을 찾아 선으로 이으세요.

(1) 아이를 두고 온 엄마의 마음이 ☐ 할까? •

(2) 세 아이의 아비 ☐을 하려니 참 힘이 드네. •

(3) 그해 여름에는 유난히 모기가 ☐을 부렸다. •

(4) 한겨울 동장군의 ☐에 전국이 꽁꽁 얼어붙었다. •

• ㉮ 서슬

• ㉯ 극성

• ㉰ 오죽

• ㉱ 노릇

3
어휘 확장

[보기]에서 밑줄 친 관용 표현의 뜻으로 알맞은 것은 무엇인가요? (   )

[보기] 나는 우는 모습을 보이고 싶지 않아 입술을 깨물며 <u>울음을 삼켰다.</u>

① 울음을 억지로 참다.
② 동정하는 마음이 없다.
③ 걸핏하면 잘 우는 편이다.
④ 눈물을 질금질금 흘리며 울다.
⑤ 말을 하지 못하고 눈물을 먼저 흘리다.

08회

현대시 글 수준: ★★★ 어휘 수준: ★★

공부한 날 [ ] 월 [ ] 일

13분 안에 푸세요.

함께 쓰는 우산

박방희

친구와 나눠* 쓴 우산

우산 밖
반은 비 맞고

우산 속
반은 안 맞고

비 안 맞은
반 때문에
더 따스해진*
반 때문에

비 젖은* 반도 따뜻하고
㉠시린* 반도 훈훈하고*

*나눠 하나를 둘 이상으로 갈라. '나누어'의 준말. *따스해진 조금 따뜻한. *젖은 액체가 스며들어 축축해진. *시린 몸의 한 부분이 찬 기운으로 인해 춥고 얼얼한. *훈훈하고 마음을 부드럽게 녹여 주는 따뜻함이 있고.

1 세부 내용

이 시에 대한 설명으로 알맞지 않은 것은 무엇인가요? (　　　)

① 5연 11행으로 구성되어 있다.
② 인물의 마음이 잘 드러나 있다.
③ 비 오는 날의 경험을 담고 있다.
④ 말하는 이는 '우산을 안 가져 온 친구'이다.
⑤ 같은 낱말과 글자 수를 반복해서 노래하는 느낌이 든다.

2 세부 내용

이 시에서 '말하는 이'가 한 일은 무엇인가요? (　　　)

① 친구와 우산을 나누어 썼다.
② 친구와 함께 비를 맞으며 뛰어다녔다.
③ 우산을 나누어 쓰기 싫어 친구와 다투었다.
④ 우산이 없는 친구에게 우산을 가져다주었다.
⑤ 창가에 혼자 앉아 비 오는 풍경을 바라보았다.

3 구조 알기

이 시에서 '말하는 이'가 생각한 차례대로 알맞게 정리한 것은 무엇인가요? (　　　)

① 우산 안쪽의 상황 → 말하는 이의 마음속 → 우산 밖의 상황
② 우산 밖의 상황 → 우산 안쪽의 상황 → 말하는 이의 마음속
③ 말하는 이의 마음속 → 우산 밖의 상황 → 우산 안쪽의 상황
④ 우산 밖의 상황 → 말하는 이의 마음속 → 우산 안쪽의 상황
⑤ 말하는 이의 마음속 → 우산 안쪽의 상황 → 우산 밖의 상황

4 어휘 어법

㉠과 바꾸어 쓸 수 있는 낱말은 무엇인가요? (　　　)

① 차가운　② 따가운　③ 쓰라린
④ 아늑한　⑤ 쓸쓸한

정답 및 풀이 16~17쪽

5 추론하기

이 시를 읽고 떠오르는 장면으로 알맞지 않은 것은 무엇인가요? (   )

① 비 오는 모습
② 비를 맞아 반쯤 젖은 모습
③ 교실에서 시험을 보는 모습
④ 친구와 함께 우산을 쓴 모습
⑤ 우산 속에서 두 아이가 다정한 모습

6 주제 찾기

이 시의 중심 생각으로 알맞은 것은 무엇인가요? (   )

① 우산의 필요성
② 일기 예보의 중요성
③ 비 오는 날의 즐거움
④ 함께하는 기쁨과 행복함
⑤ 우산을 같이 쓸 때의 불편함

7 감상하기

[보기]를 참고하여 이 시를 감상한 것으로 알맞은 것은 무엇인가요? (   )

> [보기] 시의 내용을 바르게 이해하고 감상하고 싶다면 시 속에 나타난 인물의 생각을 짐작해 보는 것이 좋다. 이때 인물이 겪은 일과 비슷한 자신의 경험을 떠올려 보면 인물의 생각을 쉽게 짐작할 수 있다.

① 영희: 이 시의 말하는 이는 비가 와서 빨리 집에 가고 싶어 하는 것 같아.
② 수철: 나는 그런 적이 없지만 말하는 이는 친구 때문에 비를 맞게 되어 화가 났을 거야.
③ 준혁: 말하는 이는 젖은 옷을 빨리 갈아입고 싶었을 거야. 나도 비를 맞고 감기에 걸려 고생한 적이 있어.
④ 호연: 나도 말하는 이처럼 친구와 우산을 나누어 써야겠어. 비 오는 날 우산을 씌워 주는 것은 고마운 일이니까.
⑤ 동민: 말하는 이는 비를 맞아 힘들었지만 친구랑 함께여서 행복했을 거야. 나도 친구랑 같이 우산을 썼을 때 그랬거든.

08회 지문 익힘 어휘

정답 17쪽

1 어휘 의미

뜻에 알맞은 낱말을 찾아 선으로 이으세요.

(1) 하나를 둘 이상으로 가르다. •

(2) 액체가 스며들어 축축해지다. •

(3) 마음을 부드럽게 녹여 주는 따뜻함이 있다. •

(4) 몸의 한 부분이 찬 기운으로 인해 춥고 얼얼하다. •

• ㉮ 젖다

• ㉯ 나누다

• ㉰ 시리다

• ㉱ 훈훈하다

2 어휘 활용

빈칸에 들어갈 알맞은 낱말을 [보기]에서 찾아 쓰세요.

[보기] 젖어 시려 훈훈 나누어

(1) 옷이 땀에 흠뻑 ( ) 있었다.

(2) 찬바람을 맞으니 얼굴이 ( ) 왔다.

(3) 선생님은 학생들을 청군과 백군으로 ( ) 편을 갈랐다.

(4) 그는 착한 행동으로 주위 사람들의 마음까지 ( )하게 만들었다.

3 어휘 확장

밑줄 친 낱말의 뜻을 [보기]에서 찾아 기호를 쓰세요.

[보기] • 훈훈하다: ㉮ 기분이 좋을 만큼 따뜻하다.
㉯ 마음을 부드럽게 해 주는 따스한 느낌이 있다.

(1) 방 안이 훈훈하다. ( )

(2) 그는 훈훈한 매력을 지닌 사람이었다. ( )

(3) 모닥불을 피우자 그 주변이 금세 훈훈해졌다. ( )

(4) 아버지는 훈훈한 미소를 지으며 나를 바라보셨다. ( )

09회

현대 소설 글 수준: ★★★ 어휘 수준: ★★ 글자 수: 966

공부한 날 월 일

13분 안에 푸세요.

[앞 이야기] 바닷속 물의 나라 식구들에게는 모두 훌륭한 재주가 있었다. 물고기는 헤엄을 잘 쳤고, 게는 걸음이 빨랐으며, 새우는 뜀뛰기를 잘했다.

그러나 맨 아래 모래 위에 웅크리고 있는 조개는 별 재주가 없었습니다. 그저 모래 위에서 뭉그적거리는* 게 고작*이었습니다.

"나는 왜 물고기처럼 지느러미가 없을까. 아, 나도 헤엄을 치고 싶은데."

조개는 물고기를 부러워했습니다.

"나는 왜 다리가 없을까. 아, 나도 달음박질*을 하고 싶은데."/ 조개는 게를 부러워했습니다.

"나는 왜 등을 굽혔다 폈다 할 수 없을까. 아, 나도 뜀뛰기를 하고 싶은데."

조개는 새우를 부러워했습니다.

헤엄을 치고, 달음박질을 치고, 뜀뛰기를 해서 먼 곳까지도 마음대로 다녀오는 물고기와 게와 새우를 보면 기*가 죽기까지 하는 조개였습니다.

풀이 죽은 조개가 가여워서 물고기와 게와 새우는 우정어린 위로의 말을 했습니다.

"조개야, 너의 껍데기는 얼마나 단단하고 멋지니. 내 톱날 달린 집게발로 아무리 가위질을 해 봐도 꿈쩍도 않는걸*." / 게가 말했습니다.

"그리고 그 껍데기를 마음대로 열었다 닫았다 할 수 있다는 건 또 얼마나 멋진 재주냐."

물고기가 말했습니다.

"그래, 너는 우리가 흉내조차 낼 수 없는 더 멋진 다른 재주를 가지고 있을지도 몰라."

새우가 말했습니다. 그러나 조개는 자기를 위로해 주기 위해 친구들이 빈말*을 한다고 생각했습니다. / 그래서 조개는 마음의 병을 얻었습니다. 그러나 그 마음의 병은 곧 몸의 병으로 옮겨 갔습니다.

처음엔 그저 속살이 찌뿌드드한* 몸살*이었습니다.

그리고 그 몸살은 살을 찢는 듯한 아픔으로 변해 마침내는 정신을 잃을 정도의 괴로움이 되고 말았습니다.

때맞춰* 바다도 함께 앓는 듯 물결을 뒤치며 무서운 파도를 일으켰습니다. ㉠그 서슬에 조개는 이리 데굴 저리 데굴 정신없이 굴렀습니다.

그리고 얼마나의 시간이 흘렀는지 모릅니다. 정신을 차린 조개가 굳게 닫았던 껍데기를 열고 보니 어느덧 파도는 가라앉고 눈부신 햇살이 물속까지 비쳐들고 있었습니다. 그때 조개는 보았습니다. 아팠던 속살에 영롱하게* 박혀 있는 아름다운 진주를.

– 조장희, 「진주를 품은 조개」

*뭉그적거리는 그 자리를 떠나지 않고 아주 조금씩만 움직이는. *고작 아무리 좋고 크게 평가하려 하여도 별것 아님. *달음박질 급히 뛰어 달려감. *기 활동의 바탕이 되는 힘. *꿈쩍도 않는걸 전혀 움직이지 않는걸. *빈말 마음에 없으면서 겉으로만 하는 말. *찌뿌드드한 몸살이나 감기 등으로 몸이 무겁고 거북한. *몸살 몸이 몹시 피로할 때 걸리는, 온몸이 쑤시고 기운이 없고 열이 나는 병. *때맞춰 정해진 때에 알맞게. *영롱하게 밝고 아름다운 빛이 화려하게.

1 세부 내용

이 글에 대한 설명으로 알맞은 것은 무엇인가요? (   )

① 말하는 이는 '조개'이다.
② 동물들을 사람처럼 표현하였다.
③ 사건이 벌어지는 장소는 숲속 곤충 나라이다.
④ 등장인물로 물고기, 게, 새우, 조개, 진주가 나온다.
⑤ 이야기 속 두 인물이 서로 싸우면서 갈등을 일으키고 있다.

2 세부 내용

인물과 인물이 가진 재주가 알맞게 짝 지어진 것은 무엇인가요? (   )

① 새우 - 뜀뛰기
② 게 - 헤엄치기
③ 물고기 - 뜀뛰기
④ 새우 - 달음박질하기
⑤ 조개 - 달음박질하기

3 추론하기

이 글에 나타난 '조개'의 성격으로 알맞은 것은 무엇인가요? (   )

① 씩씩하다.
② 활기차다.
③ 부지런하다.
④ 자신감이 없다.
⑤ 작은 것에 만족할 줄 안다.

4 어휘 어법

㉠의 뜻으로 가장 알맞은 것은 무엇인가요? (   )

① 진주의 영롱한 빛깔
② 친구들의 마음에 없는 말
③ 조개의 기죽고 힘없는 태도
④ 친구들의 비아냥거리는 태도
⑤ 바다의 강하고 세찬 기세와 태도

5 비판하기

등장인물에게 하고 싶은 말로 가장 알맞은 것은 무엇인가요? (　　　　)

① 수희: 조개야, 너는 진주를 만드는 멋진 재주를 가지고 있구나.
② 영철: 조개야, 남을 부러워만 하고 아무것도 안 하면 어떻게 하니?
③ 동준: 게야, 달음박질은 재주가 될 수 없으니 다른 재주를 찾아보렴.
④ 주연: 새우야, 조개 앞에서 뜀뛰기를 한 것은 너무했어. 앞으로는 그러지 마.
⑤ 민정: 물고기야, 조개에게 헤엄치는 법 좀 가르쳐 주지. 왜 너 혼자만 헤엄치고 다녔니?

6 주제 찾기

이 글의 주제로 가장 알맞은 것은 무엇인가요? (　　　　)

① 남을 부러워해서는 안 된다.
② 젊어서 고생은 사서도 한다.
③ 누구나 자신만의 가치를 가지고 있다.
④ 다른 사람의 말에 귀를 기울여야 한다.
⑤ 친구를 위로하려고 빈말을 해서는 안 된다.

7 추론하기

이 글과 [보기]의 공통점으로 가장 알맞은 것은 무엇인가요? (　　　　)

[보기] 옛날, 어느 연못가에 오리 부부가 알을 낳았는데, 유독 크고 못생긴 알이 하나 있었다. 그 알에서 몸집이 크고 못생긴 회색 아기 오리 한 마리가 태어났다. 형제들과 다른 동물들은 못생겼다고 미운 아기 오리를 괴롭혔고, 나중에는 어미 오리마저 미운 아기 오리가 사라져 버렸으면 좋겠다고 말했다. 미운 아기 오리는 집을 떠나 자신을 사랑해 줄 누군가를 찾아 떠돌아다녔다. 그러나 만나는 동물들마다 모두 못생겼다고 미운 아기 오리를 싫어했다. 마음씨 착한 할머니 집에서 겨우 살게 되었지만, 암탉과 고양이의 괴롭힘 때문에 그 집에서도 나와야 했다. 추운 겨울이 지나고 어른으로 성장한 미운 아기 오리는 강물에 비친 자신의 모습을 보고 자신이 백조였다는 사실을 깨달았다.

— 안데르센, 「미운 아기 오리」

① 어른들을 위해 지어낸 이야기이다.
② 어떤 일의 시작이나 유래를 담고 있다.
③ 실제 있었던 일을 바탕으로 쓴 글이다.
④ 주인공이 다른 인물들에게 괴롭힘을 당한다.
⑤ 주인공이 처음에는 스스로의 가치를 알지 못한다.

09회 지문 익힘 어휘

정답 19쪽

1 어휘 의미

밑줄 친 낱말의 뜻을 찾아 기호를 쓰세요.

(1) 감기에 걸려 온몸이 찌뿌드드했다. ( )

㉮ 힘이나 기운 등이 왕성하다.

㉯ 몸살이나 감기 등으로 몸이 무겁고 거북하다.

(2) 하루 종일 방 안에서 뭉그적거리고 있었다. ( )

㉮ 바쁘게 여기저기 돌아다니다.

㉯ 그 자리를 떠나지 않고 아주 조금씩만 움직이다.

(3) 나와 헤어지는 게 섭섭하다니, 빈말이라도 기분이 좋구나. ( )

㉮ 사실과 조금도 틀림이 없는 말.

㉯ 마음에 없으면서 겉으로만 하는 말.

2 어휘 활용

빈칸에 들어갈 알맞은 낱말을 찾아 선으로 이으세요.

(1) 그만 [ ]거리고 빨리 일어나! •	• ㉮ 빈말
(2) [ ]이라도 그런 말은 하지 마세요. •	• ㉯ 때맞춰
(3) 내가 주문한 선물이 엄마 생신에 [ ] 도착했다. •	• ㉰ 뭉그적
(4) 온몸이 [ ]하고 열이 나는 것을 보니 몸살인가 보다. •	• ㉱ 찌뿌드드

3 어휘 확장

[보기]**에서 밑줄 친 관용 표현의 뜻으로 알맞은 것은 무엇인가요?** ( )

> [보기] 선우는 춥다고 집 안에 틀어박혀 꿈쩍도 안 했다.

① 마구 몸을 움직였다.
② 잔뜩 몸을 움츠렸다.
③ 끈끈하게 달라붙었다.
④ 전혀 움직이지 않았다.
⑤ 아무도 만나지 않았다.

10회

희곡 글 수준: ★★★★ 어휘 수준: ★★★★ 글자 수: 989

공부한 날 [ ]월 [ ]일

15분 안에 푸세요.

12시를 알리는 종소리와 함께 무대 중앙에 불이 켜지고 미래 유령이 스크루지와 함께 서 있다. 미래 유령이 손가락을 뻗어 오른쪽을 가리키면 무대 오른쪽에 불이 켜지며 행인* 1, 2가 등장한다.

행인 1: 어젯밤에 ㉠수전노* 영감이 죽었다던데, 왜 죽었답디까?
행인 2: 혼자 살다 죽었으니 알 길이 없지요. 하지만 천벌*을 받은 걸 겁니다.
행인 1: 쯧쯧, 장례식에 사람들이 오기나 할까 모르겠네요.

무대 오른쪽 불이 꺼지며 행인 1, 2는 퇴장한다*.

스크루지: (유령을 향해) 누가 죽었나 봅니다. 그런데 ㉡사람들이 하나도 슬퍼하질 않는군요.

미래 유령이 손가락을 뻗어 왼쪽을 가리킨다. 무대 왼쪽에 불이 켜지면 가게에서 사람들이 침대 커튼, 셔츠 등을 늘어놓고 흥정하고* 있다.

장물아비*: (침대 커튼을 들추며) 불쌍한 수전노 영감! 사람들이 ㉢자기 죽음을 슬퍼하기는커녕 쓰던 물건을 훔쳐다가 이렇게 팔아먹을 줄은 몰랐을 거야.
남자: 영감의 고약한* 행실*에 비하면 이건 아무것도 아니죠.
여자: 내가 가져온 셔츠는 돈을 많이 줘야 해요. 곧 땅에 묻힐 영감에게 과분해* 보여서 힘들게 벗겨 온 거니까요.

무대 왼쪽 불이 꺼지면 스크루지는 고개를 갸웃거리며 미래 유령에게 묻는다.

스크루지: 도대체 누가 죽은 겁니까? 이 환영*들은 ㉣제게 못된 언행*을 고치지 않으면 저 꼴을 당한다는 걸 보여 주려는 거죠?

그때 스크루지 주위가 밝아지며 무대 위에 묘지의 모습이 드러난다. 그중 두드러지게 눈에 띄는 묘비* 하나가 있다.

스크루지: 여기 죽은 이의 묘비가 있군요. 누가 죽은 건지 어디 좀 볼까? (묘비에 가까이 다가가 적힌 것을 읽는다.) 한평생을 저 혼자만을 위해 산 스크루지, 영원히 잠들다. (크게 놀라며) 뭐? 스크루지? (몸을 부들부들 떨며) 그, 그, 그럼 ㉤아까 죽은 사람이 바로 나, 나였단 말입니까?

미래 유령이 천천히 고개를 끄덕이자, 스크루지가 미래 유령의 손을 붙잡고 눈물을 흘린다.

스크루지: (애원하듯*) 제발 이 끔찍한 환영에서 깨어나 ㉥새사람으로 살 기회를 주십시오!

– 찰스 디킨스, 『크리스마스 캐럴』

*__행인__ 길을 가는 사람. *__수전노__ 돈을 몹시 아껴 모으기만 하고 쓰지는 않는 사람. *__천벌__ 하늘이 내리는 큰 벌. *__퇴장한다__ 등장인물이 무대 밖으로 나간다. *__흥정하고__ 물건을 사고팔고. *__장물아비__ 빼앗거나 훔친 물건을 전문적으로 사고파는 일을 중간에서 하는 사람. *__고약한__ 버릇이나 성격 등이 사납고 못된. *__행실__ 실제 겉으로 드러나는 행동. *__과분해__ 자신의 처지나 자격, 실력에 비해 지나치게 좋아. *__환영__ 실제로는 눈앞에 없는 것이 있는 것처럼 보이는 것. *__언행__ 말과 행동. *__묘비__ 죽은 사람의 무덤 앞에 세우는 비석. *__애원하듯__ 애처롭게 사정하여 간절히 부탁하듯.

1 세부 내용

이 글에 대한 설명으로 알맞지 않은 것은 무엇인가요? (　　　)

① 연극을 공연하기 위해 쓴 글이다.
② 지문, 해설, 대사로 이루어져 있다.
③ 사건이 장소를 바꾸어 가며 일어나고 있다.
④ 사건이 일어난 때는 크리스마스 다음날이다.
⑤ 등장인물은 미래 유령, 스크루지, 행인 1·2, 장물아비, 남자, 여자이다.

2 구조 알기

다음은 이 글의 내용을 정리한 것입니다. ㉮에 들어갈 알맞은 장소는 어디인가요? (　　　)

길거리		장물아비의 가게		㉮
행인들이 스크루지의 죽음에 대해 이야기하지만 슬퍼하지 않는다.	→	스크루지가 죽은 뒤 사람들이 그의 물건을 훔쳐 팔아먹는다.	→	아무도 슬퍼하지 않는 죽음의 주인공이 스크루지 자신임을 깨닫는다.

① 묘지　② 길거리　③ 장례식장
④ 스크루지의 방　⑤ 스크루지의 사무실

3 세부 내용

㉠~㉤ 중 가리키는 대상이 다른 하나는 무엇인가요? (　　　)

① ㉠　② ㉡　③ ㉢　④ ㉣　⑤ ㉤

4 추론하기

미래 유령을 만나기 전 '스크루지'의 성격으로 가장 알맞은 것은 무엇인가요? (　　　)

① 착하고 순진하다.
② 친절하고 상냥하다.
③ 따뜻하고 정이 많다.
④ 수줍음이 많고 자신감이 없다.
⑤ 욕심이 많고 자기밖에 모른다.

5

어휘 어법

밑줄 친 낱말이 ㉥과 다른 뜻으로 쓰인 것은 무엇인가요? (　　　)

① 그는 정신을 차리고 새사람이 되었다.
② 마음을 고쳐먹고 앞으로는 새사람이 되어라.
③ 새사람이 들어온 후에 집안 분위기가 좋아졌다.
④ 그는 과거의 잘못을 뉘우치고 새사람이 되었다.
⑤ 새사람이 되었다는 소문과 달리 그는 예전 그대로였다.

6

주제 찾기

이 글의 주제로 가장 알맞은 것은 무엇인가요? (　　　)

① 돈을 아껴 써야 한다.
② 남과 더불어 살아야 한다.
③ 남을 헐뜯어서는 안 된다.
④ 남의 물건을 탐내서는 안 된다.
⑤ 남의 죽음을 슬퍼할 줄 알아야 한다.

7

감상 하기

[보기]를 참고하여 이 글을 감상한 것으로 알맞지 않은 것은 무엇인가요? (　　　)

> [보기] 찰스 디킨스의 『크리스마스 캐럴』은 1843년에 처음 출간되었다. 180여 년이 지났지만 이 이야기가 여전히 사랑받는 이유는 바로 작품에 담긴 '크리스마스 정신' 때문이다. 찰스 디킨스는 돈에 대한 욕심으로 가득 차, 남에게는 관심이 없던 스크루지가 자비로운 사람으로 바뀌는 모습을 통해 크리스마스가 친절, 용서, 나눔과 즐거움의 날이라는 자신만의 '크리스마스 철학'을 펼치고 있다.

① 스크루지처럼 돈만 밝히는 삶은 진짜 행복한 삶이 아니야.
② 스크루지를 통해 물질적 욕심이 꼭 나쁜 것만은 아니라는 것을 느꼈어.
③ 이번 크리스마스에는 꼭 불우 이웃을 돌아보며 크리스마스 정신을 실천해야겠어.
④ 스크루지처럼 나도 내 주변에 있는 친구나 이웃에게 무관심하지 않았는지 반성했어.
⑤ 크리스마스는 사랑과 관심을 나누는 날인데, 선물 받을 생각만 했던 내가 부끄러웠어.

정답 21쪽

1

어휘 의미

뜻에 알맞은 낱말을 찾아 선으로 이으세요.

(1) 물건을 사고팔다. ● ● ㉮ 행실

(2) 하늘이 내리는 큰 벌. ● ● ㉯ 천벌

(3) 실제 겉으로 드러나는 행동. ● ● ㉰ 흥정하다

(4) 버릇이나 성격, 말이나 행동 등이 사납고 못되다. ● ● ㉱ 고약하다

2

어휘 활용

빈칸에 들어갈 알맞은 낱말을 [보기]에서 찾아 쓰세요.

[보기] 천벌 고약 흥정 행실

(1) 그 청년은 ( )이/가 좋지 못한 친구들과 어울렸다.

(2) 시장에서 상인들이 큰 소리로 외치며 물건값을 ( )했다.

(3) 어린아이를 저렇게 괴롭히다니 정말 ( )을/를 받을 사람들이야.

(4) 놀부는 다른 사람이 잘되는 것을 보지 못하는 ( )한 심보를 가졌다.

3

어휘 확장

밑줄 친 낱말의 뜻을 [보기]에서 찾아 기호를 쓰세요.

[보기] • 잠들다: ㉮ 죽다.
㉯ 자게 되다.
㉰ 사물이 움직이지 않게 되다.

(1) 그의 부인은 공동묘지에 잠들어 있다. ( )

(2) 그의 짧은 일생이 영원히 잠들고 말았다. ( )

(3) 모두 잠들었는지 문을 열어 주는 사람이 없다. ( )

(4) 나는 잠든 엄마의 얼굴을 살며시 들여다보았다. ( )

(5) 바람 소리도 잠들고 짐승들의 울음소리마저 사라졌다. ( )

'언(言)' 자는 '말', '말씀'을 뜻하는 글자예요. 손에 다짐하는 내용의 문서를 들고 있는 모습을 본떠서 만들었어요. 말하는 것 그리고 말과 관련해 언어를 적는 데 사용하는 기호를 뜻해요.

• 다음 획순에 따라 한자를 따라 쓰세요.

言	丶 亠 亠 亠 亠 言 言
言	言 言

언어 言語
(말씀 언, 말씀 어)

생각이나 느낌 등을 나타내거나 전달하는 음성이나 문자 등의 수단.
예 한 나라의 언어에는 그 나라의 문화가 담겨 있다.

조언 助言
(도울 조, 말씀 언)

도움이 되도록 말로 거들거나 깨우쳐 줌.
예 피아노를 배운 언니는 악보 보는 법을 조언했다.
비슷한말 도움말

언행 言行
(말씀 언, 다닐 행)

말과 행동을 아울러 이르는 말.
예 엄마는 밖에 나가서 항상 언행을 조심하라고 하셨다.
비슷한말 언동(言動)

Q 밑줄 친 글자의 뜻으로 알맞은 것은 무엇인가요? (　　　)

<u>언</u>어　　조<u>언</u>　　<u>언</u>행　　<u>언</u>동

① 말　② 입　③ 목　④ 입술　⑤ 목소리

① 말

3주

11회

현대 소설 글 수준: ★★★★ 어휘 수준: ★★ 글자 수: 984

공부한 날 월 일

14분 안에 푸세요.

[앞 이야기] 어느 날 순남이는 학교 컴퓨터 수업 시간에 전자 메일을 보내야 하자 읽던 책의 동화 작가에게 보낸다. 답장을 받은 순남이는 자신의 촌스러운 이름과 어려운 가정 환경을 알리고 싶지 않아 같은 반 친구 혜민이의 이름으로 동화 작가와 메일을 주고받기 시작한다. 동화 작가가 새 책을 혜민이에게 보내면서 순남이의 비밀이 들통날 위기에 처한다.

"근데 걔가 수학 경시대회에서도 일 등 하고, 또 독서왕으로도 뽑혔다고 했대. 순남아, 이상하지 않니?" / 갑자기 신혜가 의심스러운* 눈초리로 순남이를 보며 물었습니다.

"그 선생님 메일을 보면 자기가 혜민이인 척하면서 보낸 모양인데……. 거기다 독서왕이 됐다는 얘기는 왜 썼을까? 누군지 모르지만 작가 선생님한테 메일을 보낼 정도면 책 읽는 것도 좋아하는 아일텐데……. 우리 반에 그런 애가 누가 있을까……."

신혜는 순남이를 이상한 눈으로 쳐다보며 말끝을 흐렸습니다.

"너 지금 무슨 뜻으로 그런 말을 하는 거야?" / 혜민이가 신혜를 보고 벌컥* 화를 냈습니다.

"내가 뭘?" / "꼭 순남이가 그랬다는 것처럼 들리잖아."

"내가 언제 순남이가 그랬다고 했니? 그냥 좀 이상하단 말이지."

신혜는 샐쭉한* 얼굴로 말했습니다.

"쓸데없는 소리 마. 순남이는 컴퓨터가 없어서 메일 같은 건 보내지 않아."

혜민이가 화난 얼굴로 신혜에게 핀잔*을 줬습니다.

"그래? 글쎄……. 메일을 꼭 집에서만 보내나……. 피시방에서도 보낼 수 있고……. 우체국에서 보낼 수도 있지……." / "우체국?" / 혜민이가 어리둥절한* 얼굴로 신혜를 봤습니다.

㉠순남이는 당장이라도 그 자리에서 뛰쳐나가고 싶습니다.

"아무튼 그 선생님한테 답장이 오면 누군지 알게 되겠지……. 누군지 몰라도 지금쯤 되게 걱정이겠다." / 신혜는 이 말을 하고는 자기 자리로 돌아갔습니다.

"아휴, 정말. 순남아, 신경 쓰지 마. 걔 원래 저러잖아."

혜민이가 순남이를 위로했습니다*. / 하지만 순남이는 혜민이 말이 하나도 들리지 않았습니다.

"아무튼 선생님한테 메일을 보냈거든. 내가 박혜민인데, 난 그런 적이 없다고 말이야. 그리고 독서왕으로 뽑힌 건 내가 아니고 순남이라는 내 친구라고 알려 드렸어. 그리고 그 아이 주소랑 메일을 가르쳐 달라고 했어. 누군지 찾아내서 알려 드린다고."

혜민이는 선생님께 보낸 메일 내용을 자세히 이야기했습니다. ㉡그동안 순남이 얼굴은 점점 더 하얗게 질렸습니다*.

– 남찬숙, 『받은 편지함』

*의심스러운 불확실하여 믿지 못할 만한 데가 있는. *벌컥 갑자기 화를 내거나 크게 소리를 지르는 모양. *샐쭉한 마음에 들지 않거나 서운해서 조금 화가 나 있는. *핀잔 못마땅하게 여겨 꾸짖는 일. *어리둥절한 일이 돌아가는 상황을 잘 알지 못해서 정신이 얼떨떨한. *위로했습니다 따뜻한 말이나 행동으로 몸과 마음을 달래 주었습니다. *질렸습니다 얼굴에 핏기가 없어졌습니다.

1 세부 내용

이 글의 내용으로 알맞지 않은 것은 무엇인가요? ( )

① 순남이는 집에 컴퓨터가 없다.
② 혜민이는 독서왕으로 뽑힌 적이 있다.
③ 신혜와 순남이, 혜민이는 모두 같은 반이다.
④ 신혜는 순남이가 메일을 보낸 아이라고 의심했다.
⑤ 혜민이는 순남이가 메일을 보내지 않았다고 믿고 있다.

2 구조 알기

이 글에 대한 설명으로 알맞은 것은 무엇인가요? ( )

① 인물의 대화를 통해 사건이 진행되고 있다.
② 시간의 흐름과 반대로 사건이 진행되고 있다.
③ 이야기의 때와 장소를 자세히 설명하고 있다.
④ 인물의 생김새를 그림을 그리듯이 보여 준다.
⑤ 인물이 있던 곳이 바뀌면서 사건이 달라졌다.

3 세부 내용

㉠과 ㉡의 까닭으로 알맞은 것은 무엇인가요? ( )

① 메일을 보내지 못한 것이 창피해서
② 자신을 믿어 주는 혜민이가 고마워서
③ 자신을 의심하는 신혜에게 화가 나서
④ 자신의 거짓말을 들킬까 봐 두려워서
⑤ 우체국에서 메일을 보낼 수 있다는 것이 놀라워서

4 추론 하기

이 글에 나타난 '신혜'와 '혜민'의 성격으로 알맞은 것은 무엇인가요? ( )

	신혜	혜민
①	점잖고 침착함.	예민하고 까다로움.
②	심술궂고 얄미움.	소심하고 연약함.
③	예민하고 까다로움.	활발하고 적극적임.
④	소심하고 연약함.	정의롭고 의리 있음.
⑤	심술궂고 얄미움.	정의롭고 의리 있음.

5 비판하기

'순남이'에게 해 주고 싶은 말로 가장 알맞은 것은 무엇인가요? (　　　)

① 아무 증거도 없이 친구를 의심해서는 안 돼.
② 거짓말을 고백하고 용서를 구하면 네 마음도 편해질 거야.
③ 무조건 친구를 믿는 것도 친구를 위하는 일이라고 할 수 없어.
④ 친구를 믿고 끝까지 친구 편이 되어 주다니 정말 착한 아이구나.
⑤ 학교 선생님께 거짓 메일을 보낸 친구를 찾아 달라고 하는 것이 좋겠어.

6 적용 창의

이 글과 비슷한 경험을 떠올린 것은 무엇인가요? (　　　)

① 쪽지 시험에서 백 점을 맞았는데 엄마가 믿지 않으셔서 시험지를 보여 드렸어.
② 언니가 만든 찰흙 작품을 실수로 망가뜨리고 솔직히 말씀드려서 엄마께 칭찬받았어.
③ 세뱃돈을 군것질에 다 쓰고 저금했다고 거짓말했는데, 들킬까 봐 한동안 조마조마했어.
④ 유명 가수의 공연에 다녀왔다고 거짓말을 했는데 공연이 취소되어서 거짓말이 들통났어.
⑤ 친구들과 박물관 체험 학습을 같이 가기로 했는데 나만 못 가게 되어서 서운했던 적이 있어.

7 주제 찾기

[보기]**는 이 글 속 동화 작가가 보낸 메일의 일부입니다.** [보기]**를 참고하여 이 글의 주제를 알맞게 말한 것은 무엇인가요? (　　　)**

> [보기] 내가 학교 홈페이지에 널, 아니 혜민이를 찾는 글을 남겨서 네가 얼마나 놀라고 당황했을까, 그 생각을 하니 나도 참 마음이 아팠단다.
> 난 괜찮아. 너한테 꼭 이 말을 해 주고 싶어.
> 그리고 내가 정말 바라는 건……. 메일을 보고 바로여도 좋고, 한 달 뒤여도 좋고, 일 년 뒤여도 좋으니……. 언제라도 좋으니 네가 네 진짜 이름으로 보내는 메일을 받아 보는 거야. 아주 오랜 시간이 흐른 뒤라도 괜찮아. 널 내 마음속에 지우지 않고 기다리고 있을게. 왜냐면 넌 내 소중한 첫 번째 독자니까. 우리 그때는 더 많은 이야기 나누자.

① 거짓말을 하지 말아야 한다.
② 자신을 사랑할 줄 알아야 한다.
③ 친구들과 사이좋게 지내야 한다.
④ 책을 많이 읽고 많은 생각을 나누어야 한다.
⑤ 자신의 꿈을 이루기 위해 최선을 다해야 한다.

11회 지문 익힘 어휘

정답 23쪽

1

어휘 의미

뜻에 알맞은 낱말을 찾아 선으로 이으세요.

(1) 못마땅하게 여겨 꾸짖는 일. •

(2) 갑자기 화를 내거나 크게 소리를 지르는 모양. •

(3) 따뜻한 말이나 행동으로 몸과 마음을 달래 주다. •

(4) 마음에 들지 않거나 서운해서 조금 화가 나 있다. •

• ㉮ 벌컥

• ㉯ 핀잔

• ㉰ 샐쭉하다

• ㉱ 위로하다

2

어휘 활용

밑줄 친 낱말의 쓰임이 알맞지 않은 것은 무엇인가요? (　　　)

① 나는 학기말 시험을 망친 친구를 샐쭉해 주었다.
② 나는 갑자기 문을 연 동생에게 벌컥 화부터 냈다.
③ 엄마는 내가 힘들 때마다 따뜻한 말로 위로하셨다.
④ 초콜릿을 받지 못한 아이들이 샐쭉한 표정을 지었다.
⑤ 할아버지는 씨앗을 함부로 다룬 농부들에게 핀잔을 주셨다.

3

어휘 확장

밑줄 친 낱말의 뜻을 [보기]에서 찾아 기호를 쓰세요.

[보기] • 보내다: ㉮ 시간을 지나가게 하다.
㉯ 어떤 임무나 목적으로 가게 하다.
㉰ 상대가 자신의 마음을 알도록 표현하다.
㉱ 사람이나 물건 등을 다른 곳으로 가게 하다.

(1) 아버지가 크리스마스 선물을 보내 주셨다. (　　　)

(2) 심부름을 보낸 동생이 한참 동안 오지 않았다. (　　　)

(3) 이번 여름 방학은 밀린 공부를 하며 알차게 보냈다. (　　　)

(4) 우리는 경기장에 들어오는 선수들에게 박수를 보냈다. (　　　)

12회

고전 소설 글 수준: ★★★★ 어휘 수준: ★★ 글자 수: 994

공부한 날 [ ] 월 [ ] 일

14분 안에 푸세요.

아득히* 먼 옛날, 적막한* 들판에 옥같이 고운 여자아이가 태어났어요. 아이는 들에서 커다란 학의 보살핌을 받으며 자랐어요. 마을 사람들은 갑자기 나타난 이 아이를 보고 이름을 물었어요. 하지만 아이는 자신의 이름도 나이도 몰랐어요.

"우리와 오늘 만났으니 이름을 '오늘이'라고 하자."

마을 사람들은 아이의 이름을 지어 주고 마을로 데려가 정성껏 돌봤어요. 마을 사람들은 다정했지만*, ㉠오늘이는 마음 한구석이 늘 허전하고* 외로웠어요.

그러던 어느 날, 백씨 부인은 오늘이에게 귀가 번쩍 뜨일* 소식을 전했어요.

"어젯밤 꿈에 네 부모님을 뵈었는데, 원천강에 신관*과 선녀*로 계시더구나."

"정말이세요? 부모님을 뵈러 가야겠어요. 원천강에 가는 길을 알려 주세요."

"그건 안 된다. 원천강은 멀고 험한* 곳이야. 게다가 산 사람은 갈 수 없는 땅이란다."

오늘이는 눈물을 흘리며 백씨 부인을 졸랐어요. 결국 백씨 부인은 흰모래 마을에서 글을 읽는 장상 도령*에게 원천강 가는 길을 물으라고 말해 주었어요.

오늘이는 그 길로 짐을 꾸려* 떠났어요. 남쪽으로 하루 종일 걸은 끝에 흰모래 마을에 도착했어요. 백씨 부인이 말한 장상 도령을 만난 오늘이는 원천강에 가는 길을 물었어요.

"여기서 서쪽으로 가면 연화못이 있습니다. 그곳에서 연꽃나무에게 길을 물으면 가르쳐 줄 것입니다. 그리고 원천강에 가신다면 제가 언제까지 밤낮으로 글을 읽어야 하는지 알아봐 주십시오."

오늘이는 장상 도령의 부탁을 들어주기로 하고 다시 길을 떠났어요. 서쪽으로 몇날 며칠을 가자 연화못이 보였어요. 연꽃나무를 만난 오늘이는 원천강으로 가는 길을 물었어요.

"원천강 가는 길을 알려 드릴 테니, 제 부탁도 들어 주세요. 아랫길로 내려가서 푸른 바닷가에 사는 큰 뱀에게 길을 물으면 알려 줄 것입니다. 그리고 원천강에 가시면 맨 윗가지에만 꽃이 하나 피고 다른 가지에는 꽃이 피지 않는 까닭을 알아봐 주세요."

오늘이는 연꽃나무의 부탁을 들어주고 다시 푸른 바닷가를 향해 길을 떠났어요.

–「원천강 오늘이」

***아득히** 시간이 아주 오래되어 기억이 희미할 정도로 오래된. ***적막한** 아무 소리 없이 조용하고 쓸쓸한. ***다정했지만** 마음이 따뜻하고 정이 많았지만. ***허전하고** 마음이 텅 빈 것처럼 아쉽고. ***귀가 번쩍 뜨일** 들리는 말에 선뜻 마음이 끌릴. ***신관** 신을 받들어 모시는 일을 맡은 관직. ***선녀** 옛날이야기에서, 신선 세계에 산다고 하는 여자. ***험한** 땅이나 길 등이 다니기 어려울 만큼 사납고 가파른. ***도령** 옛날 양반 집안의 결혼하지 않은 남자. ***꾸려** 물건이나 짐 등을 싸서 묶어.

1 세부 내용

이 글에 대한 설명으로 알맞지 않은 것은 무엇인가요? (   )

① 주인공은 여자아이인 '오늘이'이다.
② 시간적 배경은 아득히 먼 옛날이다.
③ 원천강은 신관과 선녀가 사는 신비로운 곳이다.
④ 백씨 부인은 원천강에 가는 길을 알려 주는 인물이다.
⑤ 시간의 순서와 장소의 이동에 따라 사건이 벌어지고 있다.

2 구조 알기

이 글에서 일어난 일의 차례대로 기호를 쓰세요.

㉮ 오늘이가 연화못에서 연꽃나무를 만났다.
㉯ 들판에 옥같이 고운 여자아이가 태어났다.
㉰ 오늘이가 흰모래 마을에서 장상 도령을 만났다.
㉱ 오늘이가 백씨 부인에게 부모님의 소식을 들었다.
㉲ 마을 사람들이 오늘이를 마을로 데려가 보살펴 주었다.

(   ) → (   ) → (   ) → (   ) → (   )

3 세부 내용

㉠의 까닭으로 알맞은 것은 무엇인가요? (   )

① 마을 사람들이 눈치를 주어서
② 마을에 놀 만한 친구가 없어서
③ 부모님이 보고 싶은 마음이 들어서
④ 부모님이 있는 마을 아이들이 부러워서
⑤ 백씨 부인이 부모님 소식을 전해 주어서

4 추론 하기

이 글에 나타난 '오늘이'의 성격으로 알맞은 것은 무엇인가요? (   )

① 예민하고 소심하다.
② 용감하고 씩씩하다.
③ 덤벙대고 산만하다.
④ 겸손하고 사려 깊다.
⑤ 심술궂고 이기적이다.

5 주제 찾기

이 글의 주제로 알맞은 것은 무엇인가요? (   )

① 부모님을 찾아가는 오늘이의 모험
② 서로 도와주는 오늘이와 친구들의 우정
③ 다른 사람을 배려하는 오늘이의 겸손한 마음
④ 저승에 있는 부모님을 구하려는 오늘이의 효심
⑤ 어려운 처지에 있는 사람을 돕는 오늘이의 선행

6 감상하기

[보기]는 이 글 뒷부분의 줄거리입니다. [보기]를 참고하여 이 글을 감상한 것으로 알맞지 않은 것은 무엇인가요? (   )

> [보기] 이 글은 제주도에 전해 내려오는 이야기이다. 오늘이는 여러 인물의 도움으로 원천강에 가서 부모님을 만난다. 부모님을 만난 오늘이는 왔던 길을 거슬러 각 인물들에게 부탁받은 일을 해결해 준다. 모든 일을 마친 오늘이는 옥황상제의 선녀가 되어 사계절을 돌보는 일을 맡게 된다.

① 도윤: 이 글은 오늘이가 부모님을 만나기 전인 앞부분의 이야기구나.
② 민지: 부모님을 찾기 위해 멀고 험한 원천강까지 가려는 오늘이의 모습이 존경스러워.
③ 서준: '오늘이'라는 이름과 사계절을 돌보는 것으로 보아 오늘이는 시간의 신임을 알 수 있어.
④ 지아: 오늘이는 다른 사람의 문제를 해결해 주면서 자신도 사계절을 돌보는 선녀로 성장했어.
⑤ 한율: 신관과 선녀의 딸이면서 옥황상제의 선녀가 된 오늘이는 평범하고 흔히 만날 수 있는 인물이야.

7 추론하기

이 글 다음에 이어질 내용으로 알맞은 것은 무엇인가요? (   )

① 오늘이가 원천강에 도착해 백씨 부인을 만났다.
② 오늘이가 큰 뱀을 만나 원천강에 가는 길을 물었다.
③ 오늘이가 장상 도령에게 연꽃나무를 만나고 온 일을 들려주었다.
④ 오늘이가 연꽃나무의 맨 윗가지에 꽃이 피지 않는 까닭을 알아냈다.
⑤ 오늘이가 마을로 다시 돌아가 백씨 부인에게 원천강에 가는 길을 물었다.

12회 지문 익힘 어휘

1

어휘 의미

빈칸에 들어갈 알맞은 낱말의 기호를 쓰세요.

(1) 다정하다: 마음이 [ ] 정이 많다. ( )
㉮ 차갑고 ㉯ 따뜻하고

(2) 허전하다: [ ]이/가 텅 빈 것처럼 아쉽다. ( )
㉮ 마음 ㉯ 머리

(3) 적막하다: 아무 [ ] 없이 조용하고 쓸쓸하다. ( )
㉮ 소리 ㉯ 색깔

(4) 아득하다: 시간이 아주 오래되어 기억이 [ ] 정도로 오래되다. ( )
㉮ 또렷할 ㉯ 희미할

2

어휘 활용

빈칸에 들어갈 알맞은 낱말을 [보기]에서 찾아 쓰세요.

[보기] 허전 아득 적막 다정

(1) 학교에서 돌아오면 엄마가 ( )하게 맞아 주신다.

(2) 오늘이 이야기는 ( )히 먼 옛날부터 전해져 왔다.

(3) 밤이 되자 사람들의 발길이 끊겨 해수욕장이 ( )했다.

(4) 가족들과 헤어지고 혼자 기숙사에 돌아오니 마음이 ( )했다.

3

어휘 확장

[보기]에서 밑줄 친 관용 표현의 뜻으로 알맞은 것은 무엇인가요? ( )

[보기] 텔레비전에서 학생이라면 누구나 <u>귀가 번쩍 뜨일</u> 뉴스가 나왔다.

① 남의 말을 엿듣다.
② 들리는 말에 선뜻 마음이 끌리다.
③ 너무 여러 번 들어서 듣기가 싫다.
④ 둔하여 남의 말을 잘 이해하지 못하다.
⑤ 어떤 말이나 소리를 자주 들어 버릇이 되다.

13회

현대시 글 수준: ★★★ 어휘 수준: ★★

공부한 날 [ ]월 [ ]일

13분 안에 푸세요.

할머니 집에 가면

박두순

살랑살랑*
강아지 꼬리가
먼저 마중 나옵니다.

할머니
㉠화안한* 웃음이
뒤따라 마중* 나옵니다.

가끔*
㉡할머니 눈물도 그렁그렁*
마중 나옵니다.

*살랑살랑 사람이나 동물이 몸이나 물건 등을 가볍게 자꾸 움직이는 모양. *화안한 표정이나 성격이 구김살 없이 밝은. '환한'을 늘여서 쓴 말. *마중 오는 사람을 나가서 맞이함. *가끔 어쩌다가 한 번씩. *그렁그렁 눈에 눈물이 넘칠 듯이 가득 고인 모양.

1 주제 찾기

이 시의 중심 글감은 무엇인가요? (　　　　)

① 할머니 집에 간 일
② 할머니를 처음 만난 일
③ 할머니와 함께 잠을 잔 일
④ 할머니가 일하다가 다치신 일
⑤ 할머니가 강아지를 선물해 주신 일

2 세부 내용

이 시에 대한 설명으로 알맞지 <u>않은</u> 것은 무엇인가요? (　　　　)

① 말하는 이는 글쓴이 자신이다.
② 말하는 이는 할머니 집에서 계속 살고 있다.
③ '마중 나옵니다'를 반복해 노래하는 느낌을 준다.
④ 1, 2연에는 말하는 이에 대한 할머니의 마음이 드러나 있다.
⑤ 말하는 이는 할머니 집에서 만날 수 있는 것들을 떠올리고 있다.

3 어휘 어법

이 시에 나타난 감각적인 표현은 무엇인가요? (　　　　)

① 웃음　② 마중　③ 눈물
④ 살랑살랑　⑤ 강아지 꼬리

4 추론하기

다음은 이 시를 읽고 떠올린 장면입니다. 이 장면에 해당하는 연을 숫자로 쓰세요.

> 시골집 대문 앞에서 할머니가 함박웃음을 지으시며 흐뭇하게 바라보시는 모습이 떠오른다.

(　　　　　　　　)연

5 ㉠과 ㉡이 뜻하는 할머니의 마음으로 알맞은 것은 무엇인가요? (　　　)

추론하기

	㉠	㉡
①	속상한 마음	기쁜 마음
②	반가운 마음	기쁜 마음
③	반가운 마음	그리운 마음
④	그리운 마음	미안한 마음
⑤	반가운 마음	안타까운 마음

6 이 시를 알맞게 감상하지 못한 친구는 누구인가요? (　　　)

감상하기

① 선우: 할머니는 말하는 이를 웃는 모습으로 맞아 주셨어.
② 민준: 시를 읽고 할머니의 품처럼 따뜻하고 포근한 느낌이 들었어.
③ 정민: 시를 읽고 시골에 계신 외할머니가 보고 싶다는 생각이 들었어.
④ 지아: 시를 읽으면 할머니와 강아지가 함께 있는 시골집의 풍경이 떠올라.
⑤ 혜나: 할머니는 말하는 이를 계속 바라보다가 눈이 시려서 눈물을 흘리셨어.

수능 연계

7 [보기]는 이 시를 고쳐 쓴 것입니다. ㉮와 ㉯에 들어갈 알맞은 낱말은 무엇인가요? (　　　)

적용창의

[보기] **떡볶이 집에 가면**

카랑카랑
아줌마의 목소리가
먼저 마중 나옵니다.

떡볶이
(㉮) 국물 맛이
뒤따라 마중 나옵니다.

가끔
고소한 튀김도 (㉯)
마중 나옵니다.

① ㉮: 달콤한 ㉯: 반짝반짝
② ㉮: 매콤한 ㉯: 보글보글
③ ㉮: 매콤한 ㉯: 바삭바삭
④ ㉮: 매콤한 ㉯: 울긋불긋
⑤ ㉮: 따뜻한 ㉯: 쫀득쫀득

13회 지문 익힘 어휘

정답 27쪽

1

어휘 의미

낱말과 그 뜻이 알맞게 짝 지어지지 <u>않은</u> 것은 무엇인가요? (　　　)

① 가끔: 어느 때에나 변함없이.
② 마중: 오는 사람을 나가서 맞이함.
③ 환하다: 표정이나 성격이 구김살 없이 밝다.
④ 그렁그렁: 눈에 눈물이 넘칠 듯이 가득 고인 모양.
⑤ 살랑살랑: 사람이나 동물이 몸이나 물건 등을 가볍게 자꾸 움직이는 모양.

2

어휘 활용

빈칸에 들어갈 알맞은 낱말을 찾아 선으로 이으세요.

(1) 나는 아빠를 따라 [　　] 낚시터에 갔다. ●	● ㉮ 마중
(2) 소녀는 하얀 부채를 [　　] 흔들고 있었다. ●	● ㉯ 가끔
(3) 형은 미국에서 돌아오는 친구를 [　　]하러 나갔다. ●	● ㉰ 살랑살랑
(4) 어머니의 소식을 들은 동생의 눈에는 눈물이 [　　] 맺혔다. ●	● ㉱ 그렁그렁

3

어휘 확장

밑줄 친 낱말의 뜻을 [보기]에서 찾아 기호를 쓰세요.

[보기] • 환하다: ㉮ 빛이 비치어 맑고 밝다.
㉯ 앞이 탁 트여 넓고 시원스럽다.
㉰ 표정이나 성격이 명랑하고 밝다.
㉱ 어떤 일이나 대상에 대해 잘 알고 있다.

(1) 우리 집은 해가 잘 들어 <u>환한</u> 편이다. (　　　)

(2) 할머니는 나를 <u>환한</u> 웃음으로 반겨 주신다. (　　　)

(3) 수아는 아이돌을 좋아해 연예계 사정에 <u>환하다.</u> (　　　)

(4) 나무가 우거진 숲을 지나자 들판이 <u>환하게</u> 펼쳐졌다. (　　　)

14회

현대 소설 글 수준: ★★★ 어휘 수준: ★★ 글자 수: 942

공부한 날 [ ]월 [ ]일

13분 안에 푸세요.

나는 내가 누군지 몰라요. 당연히 이름도 모르고 풀인지 꽃인지도 모를 수밖에 없어요. 내가 나에 대해서 아는 것이라고는 절 마당에 태어났다는 것뿐이에요.

"팬지야, 저 앤 누구니?" / "몰라, 키만 멀쑥한* 게 잡초* 아니니?"

"잡초인 주제에 꽃밭에 버티고 앉은 심보* 좀 봐. 저 때문에 우리들 체면*이 떨어지는 줄도 모르고." / "그러게 별꼴이야." (중략)

"저것도 꽃나무야, 할머니?"

아이가 손가락으로 날 가리키며 물었어요.

나는 겁이 더럭* 났어요. 족두리꽃처럼 목이 부러지면 어쩌게요.

"아이고, 쇠무릎 아니냐! 눈을 씻고 찾아봐도 없더니 여기 있었구먼."

"쇠무릎이 뭐야, 할머니?" / 아이가 물었습니다.

나는 가슴을 졸이며* 귀를 기울였지요.

"할아버지가 무릎이 아파 고생하시지 않던? 그 병에 좋은 약초*야. 이 풀을 약으로 쓰면 아팠던 무릎이 소의 무릎처럼 튼튼해진다더라." / 쇠, 무, 릎, 쇠무릎…….

이제야 내 이름을 알게 되었습니다. 내가 사람들 병을 낫게 해 주는 약초라니요!

얼마나 좋은지 자꾸자꾸 웃음이 터져 나오고, 저절로 어깨춤*이 추어졌어요. 아이가 손뼉을 치며 말했어요.

"이 풀이 할아버지 약이에요? 할머니, 이 풀을 뽑아 가요. 빨리요."

내가 얼마나 놀랐는지 아세요? 세상에! 날 뽑아 간다고? 꿈에도 그 생각은 못 했는데……. 참말* 어쩌면 좋아요.

문득 스님*의 말씀이 떠올랐어요. / "네 ㉠이름값을 할 게다."

조금 전까지도 나는 내가 누구인지 몰랐어요. 아무것도 아닌 채 살다가 시들어 버릴 줄 알았지요.

그러나 지금은 아니에요. 내가 누구인지 알았고 어떻게 이름값을 해야 하는지도 알게 되었거든요. ㉡잘 생각해 보면 마냥 슬퍼할 일만은 아닌 것 같았어요.

▲ 쇠무릎

"쇠무릎아, 네 덕분에 영감님 병이 씻은 듯이 나았으면 좋겠구나."

할머니가 하는 말에 꽃들이 놀라서 쳐다보았어요.

나는 꽃들에게 자랑스럽게 말했어요. / "내 이름은 쇠무릎이야!"

– 김향이, 「나는 쇠무릎이야」

낱말 풀이

* **멀쑥한** 키가 멋없이 훌쭉하게 큰. * **잡초** 가꾸지 않아도 저절로 나서 자라는 여러 가지 풀. * **심보** 마음을 쓰는 속 바탕. * **체면** 남을 대할 때 떳떳하고 당당한 태도나 처지. * **더럭** 갑자기 불쑥. * **졸이며** 속을 태우다시피 조마조마해 하며. * **약초** 약으로 쓰는 풀. * **어깨춤** 신이 나서 어깨를 위아래로 으쓱거리는 일. * **참말** 사실과 조금도 다르지 않게 말 그대로. * **스님** 승려를 높이는 말.

1 세부 내용

'나'에 대한 설명으로 알맞지 않은 것은 무엇인가요? (　　　)

① 절 마당에서 태어났다.
② 무릎이 아픈 병에 쓰는 약초이다.
③ 약으로 쓰면 소의 무릎을 튼튼하게 해 준다.
④ 자신의 이름조차 몰라 친구들에게 놀림을 받았다.
⑤ 할머니의 말에서 자신이 쇠무릎이라는 것을 알았다.

2 구조 알기

이 글에서 가장 먼저 일어난 일은 무엇인가요? (　　　)

① 할머니가 나의 이름이 쇠무릎이라고 알려 주었다.
② 아이가 나를 할아버지 약으로 뽑아 가자고 졸랐다.
③ 절 마당에서 태어난 나는 친구들의 놀림을 받았다.
④ 나는 꽃들에게 내 이름이 쇠무릎이라고 자랑스럽게 말했다.
⑤ 나는 스님의 말씀을 떠올리며 이름값을 해야겠다고 생각했다.

3 추론 하기

이 글에서 '나'의 마음이 어떻게 바뀌었는지 알맞게 정리한 것은 무엇인가요? (　　　)

① 두려움 → 기쁨 → 속상함 → 행복함
② 속상함 → 기쁨 → 두려움 → 안타까움
③ 부끄러움 → 행복함 → 속상함 → 슬픔
④ 슬픔 → 속상함 → 기쁨 → 자랑스러움
⑤ 속상함 → 두려움 → 행복함 → 자랑스러움

4 어휘 어법

㉠의 뜻으로 알맞은 것은 무엇인가요? (　　　)

① 이름에 숨겨진 뜻
② 이름을 짓는 데 쓰는 돈
③ 세상에 널리 알려진 이름
④ 예쁘고 부르기 쉬운 이름
⑤ 널리 알려진 이름에 걸맞은 행동

5 세부 내용

'내'가 ㉡처럼 생각한 까닭을 찾아 기호를 쓰세요.

㉮ 자신의 이름을 알리는 기회가 될 것 같아서
㉯ 할머니를 따라 새로운 곳으로 떠날 수 있어서
㉰ 자신을 놀리는 친구들 앞에서 자랑할 수 있어서
㉱ 자신이 어떻게 이름값을 해야 되는지 알게 되어서

(　　　　　　　)

6 주제 찾기

이 글의 주제로 알맞은 것은 무엇인가요? (　　　　)

① 이웃에게 관심을 가지고 서로 도와야 한다.
② 모든 생명은 소중하고 가치 있는 존재이다.
③ 사람과 사람 사이에는 믿음이 있어야 한다.
④ 함부로 꽃을 꺾지 말고 자연을 보호해야 한다.
⑤ 친구들 사이에도 기본적인 예절을 지켜야 한다.

7 감상하기

[보기]를 참고하여 이 글을 감상한 것으로 알맞지 <u>않은</u> 것은 무엇인가요? (　　　　)

[보기] 이 글에서 말하는 이는 '쇠무릎'이라는 풀이다. 이름도 모르고 살았던 쇠무릎은 자신이 이름을 찾게 되기까지의 이야기를 담담하게 들려준다. 글쓴이가 사람이 아닌 쇠무릎을 사람처럼 등장시킨 것은 자연에서 사는 동식물도 우리와 마찬가지로 생명을 가진 존재라는 것을 말하기 위해서이다.

① 글쓴이는 쇠무릎을 통해 작고 보잘것없는 풀도 소중한 생명이라고 말하고 있어.
② 식물인 쇠무릎이 자신을 '나'라고 표현하며 자신의 이야기를 직접 들려주고 있어.
③ 쇠무릎에게 일어난 일을 쇠무릎에게 들으니 나와 쇠무릎이 가까운 사이처럼 느껴졌어.
④ 이름 모르는 풀인 쇠무릎을 사람처럼 표현해 쇠무릎이 작고 하찮은 존재라는 것을 드러냈어.
⑤ 자신의 이름도 모른 채 살았던 쇠무릎이 자신의 이름을 찾게 되어 다행이라는 생각이 들었어.

14회 지문 익힘 어휘

정답 29쪽

1
어휘 의미

뜻에 알맞은 낱말을 찾아 선으로 이으세요.

(1) 갑자기 불쑥.	㉮ 체면
(2) 마음을 쓰는 속 바탕.	㉯ 심보
(3) 키가 멋없이 홀쭉하게 크다.	㉰ 더럭
(4) 남을 대할 때 떳떳하고 당당한 태도나 처지.	㉱ 멀쑥하다

2
어휘 활용

빈칸에 들어갈 알맞은 낱말을 [보기]에서 찾아 쓰세요.

[보기] 더럭 심보 멀쑥 체면

(1) 오빠는 공부하느라 야위어서 키만 ( )하게 커 보였다.

(2) 놀이 기구를 혼자 독차지하다니 저 애는 ( )이/가 고약하구나.

(3) 동생이 좋아하는 빵까지 양보하는 것을 보고 의심이 ( ) 들었다.

(4) ○○○ 선수가 골을 넣어서 우리나라 팀의 ( )을/를 살려 주었다.

3
어휘 확장

밑줄 친 낱말의 뜻을 [보기]에서 찾아 기호를 쓰세요.

[보기]
- 졸이다: ㉮ 마음이나 가슴, 속 등을 태우는 듯이 초조해하다.
  ㉯ 찌개, 국, 한약 등의 물을 줄어들게 하여 양이 적어지게 하다.
- 조리다: ㉰ 식물의 열매나 뿌리 등을 꿀이나 설탕에 넣고 끓여 단맛이 나게 하다.
  ㉱ 양념을 한 고기나 채소 등을 국물에 넣고 바짝 끓여서 양념이 배게 하다.

(1) 엄마가 너무 졸여서 국물이 짰다. ( )

(2) 과일을 조리면 오래 보관할 수 있다. ( )

(3) 오늘 저녁으로 고등어를 조려 먹을까? ( )

(4) 태권도 대회를 치르고 나서 마음을 졸이며 결과를 기다렸다. ( )

15회

현대 소설 글 수준: ★★★ 어휘 수준: ★★ 글자 수: 985

공부한 날 월 일

13분 안에 푸세요.

12월 16일 금요일

하루 종일 눈이 내렸다. 하굣길에 아이들 여럿이 큰길로 나가자마자 눈싸움을 했다. 인도*에 있던 한 신사가 소리쳤다.

"이녀석들, 그만두렴. 사람들이 다칠 수 있어."

바로 그 순간, 정확히* 반대편에서 비명* 소리가 들렸다.

"어이쿠! 누가 좀 도와줘요!"

한 노인이 두 손으로 얼굴을 감싸쥐고 비틀거렸다. 금세 사람들이 모여들자, 놀란 아이들은 꼬리가 빠지게* 도망갔다. 나는 아버지와 서점 앞에 있었는데 친구들 몇 명이 달려와 함께 책을 보는 척했다. 그애들 중에는 갈로네와 코레티, 가로피도 있었다. 사람들이 계속 몰리자 경찰관도 달려왔다. 경찰관은 남아 있는 아이들에게 물었다.

"누구냐? 누가 그랬는지 어서 말해라."

아무도 말하지 않자 경찰관은 아이들의 손을 살피기 시작했다. 그때 갈로네가 조용히 말했다.

"가로피, 사실대로 말하고 용서를 빌자. 내가 옆에 있어 줄게."

그러는 사이 경찰관과 다른 사람들이 고함*을 쳤다.

"어서 나와. 노인의 눈에 안경 조각이 들어갔어. 눈이 멀지도 모른다고. 나쁜 녀석들!"

㉠가로피는 금방이라도 쓰러질 것 같았다. / "가자. 내가 널 지켜 줄게."

갈로네는 가로피의 팔을 잡고 사람들 앞으로 나섰다. 몇몇 어른들은 가로피를 혼내 주려고 주먹을 치켜들었다*. 갈로네가 어른들을 막아서며 큰 소리로 말했다.

"어른 여럿이 아이 하나를 상대하실* 건가요?"

사람들이 물러서자 경찰관은 가로피를 데리고 노인이 있는 빵 가게로 갔다. 노인은 손수건으로 눈을 묶고 의자에 기대앉아* 있었다.

"할아버지…, 일부러 그런 건 아니에요. 정말이에요, 흑흑."

두세 명의 아저씨가 가로피를 거칠게 밀면서 말했다.

"어서 용서를 빌어. 무릎 꿇고 엎드려 빌란 말이야."

가로피가 바닥에 힘없이 쓰러졌다. 하지만 누군가 가로피를 안아 일으켜 세웠다. 우리 교장 선생님이었다.

"여러분, 이러면 안 됩니다. 이 아이는 용기 있게 자신이 했다고 인정했습니다. 이 아이를 야단치지 마세요."

– 에드몬도 데 아미치스, 『사랑의 학교』

*인도 사람이 다니는 길. *정확히 바르고 확실하게. *비명 크게 놀라거나 매우 괴로울 때 내는 소리. *꼬리가 빠지게 몹시 빨리 도망치거나 달아나는 모습을 비유적으로 이르는 말. *고함 크게 외치는 목소리. *치켜들었다 위로 올려 들었다. *상대하실 서로 승부를 겨루실. *기대앉아 벽 등에 몸을 의지하여 비스듬히 앉아.

1 세부 내용

이 글의 중심 글감은 무엇인가요? (　　　)

① 하루 종일 눈이 내린 일
② 아이들과 눈싸움을 한 일
③ 가로피가 사람들에게 맞을 뻔한 일
④ 교장 선생님이 가로피를 보호해 준 일
⑤ 한 노인이 눈 뭉치에 맞아 눈을 다친 일

2 구조 알기

이 글에서 일이 일어난 차례대로 기호를 쓰세요.

㉮ 한 노인이 눈에 눈 뭉치를 맞았다.
㉯ 교장 선생님이 가로피를 보호해 주었다.
㉰ 아이들 여럿이 큰길에서 눈싸움을 했다.
㉱ 갈로네가 사실대로 말하자고 가로피를 설득했다.
㉲ 가로피가 다친 노인에게 자신이 한 일을 고백했다.

(　　　) → (　　　) → (　　　) → (　　　) → (　　　)

3 세부 내용

㉠의 까닭으로 알맞은 것은 무엇인가요? (　　　)

① 자신이 도망가지 못한 것이 슬퍼서
② 갈로네가 자신을 지켜 주지 않을 것 같아서
③ 다친 노인이 자신의 할아버지가 아니라 기뻐서
④ 자신이 눈 뭉치를 던진 범인이 아니라 억울해서
⑤ 노인이 맹인이 될 수 있다고 생각하니 두려워져서

4 추론 하기

'갈로네'의 성격으로 알맞은 것은 무엇인가요? (　　　)

① 착하고 순진하다.
② 거칠고 잔인하다.
③ 정의롭고 당당하다.
④ 재치 있고 활동적이다.
⑤ 까다롭고 의심이 많다.

5 비판하기

'가로피'에게 해 줄 말로 알맞지 않은 것은 무엇인가요? (　　　　)

① 할아버지가 다치셔서 많이 놀라고 무서웠을 거야.
② 몇몇 사람들이 주먹을 들었을 때는 두렵지 않았니?
③ 자신이 한 일을 감추지 않고 말한 것은 정말 잘한 일이야.
④ 교장 선생님의 말씀처럼 자신의 잘못을 인정했으면 좋겠어.
⑤ 갈로네같이 힘들 때 옆에 있어 주는 친구가 있다니 너무 부러워.

6 적용 창의

이 글과 비슷한 경험을 말한 친구는 누구인가요? (　　　　)

① 내가 따라 놓은 우유를 마시고 동생이 식중독에 걸렸어.
② 아빠가 깨진 컵 조각에 발을 다치셨는데 내가 약을 발라 드렸어.
③ 언니가 사다 놓은 케이크를 몰래 먹어서 언니가 화를 낸 적이 있어.
④ 엄마가 아끼시던 접시를 실수로 깼는데 엄마께 솔직하게 말씀드렸어.
⑤ 책상을 앞으로 밀어서 친구가 부딪쳤는데 모두 친구 탓이라고 말했어.

7 추론하기

이 글과 [보기]에서 공통적으로 얻을 수 있는 교훈은 무엇인가요? (　　　　)

[보기] 나폴리 총독이었던 오수나 공작은 어느 날 죄수들이 노를 젓는 배를 돌아다니며 살펴보게 되었다. 공작은 죄수들에게 어떤 죄를 짓고 이 곳에 오게 되었는지 물었다. 죄수들은 모두 억울하다, 남이 지은 죄를 뒤집어썼다고 말했지만 단 한 사람만 자신의 죄를 인정했다.

이 죄수는 "저는 남의 돈을 훔친 죄인입니다. 지금 그 벌을 달게 받고 있지요."라고 말했다. 이 말을 들은 공작은 "이 사람은 진짜 죄인이군. 죄 없는 사람들 사이에 죄인을 둘 수 없으니 밖으로 데리고 나가게."라고 말하며 자신의 잘못을 인정하고 뉘우친 죄수를 풀어 주었다.

① 어떤 상황에서도 죄를 지어서는 안 된다.
② 자신의 잘못을 인정하는 것이 참된 용기이다.
③ 자신의 잘못을 말할 기회를 갖는 것이 중요하다.
④ 잘못을 한 사람은 잘못에 맞는 벌을 받아야 한다.
⑤ 친구의 말 때문에 자신의 잘못을 인정해서는 안 된다.

15회 지문 익힘 어휘

정답 31쪽

1 어휘 의미

뜻에 알맞은 낱말을 낱말 카드로 만들어 쓰세요.

대	인	대	명	비	정	상	기

(1) 사람이 다니는 길. → [ ] 도

(2) 바르고 확실하다. → [ ] 확 하다

(3) 서로 승부를 겨루다. → [ ][ ] 하다

(4) 크게 놀라거나 매우 괴로울 때 내는 소리. → [ ][ ]

(5) 벽 등에 몸을 의지하여 비스듬히 앉다. → [ ][ ] 앉 다

2 어휘 활용

빈칸에 들어갈 알맞은 낱말을 찾아 선으로 이으세요.

(1) 인공 지능은 질병을 [ ]하게 판단한다. • • ㉮ 상대

(2) 월드컵에서 우리나라가 [ ] 할 팀이 정해졌다. • • ㉯ 인도

(3) 우리는 무서운 놀이 기구를 탈 때도 [ ]을/를 지른다. • • ㉰ 비명

(4) [ ]에서 킥보드를 타는 사람이 많아 문제가 되고 있다. • • ㉱ 정확

3 어휘 확장

밑줄 친 관용 표현이 알맞게 쓰인 것은 무엇인가요? (   )

① 나는 여름 방학을 <u>꼬리가 빠지게</u> 기다렸다.
② 언니는 <u>꼬리가 빠지게</u> 하는 말만 골라서 했다.
③ 벨 소리가 울리자 동생은 <u>꼬리가 빠지게</u> 방으로 들어갔다.
④ 정민이와 나는 어렸을 때부터 <u>꼬리가 빠지게</u> 놀던 친구였다.
⑤ 나는 사물함에 넣어 둔 선물이 들킬까 봐 <u>꼬리가 빠지게</u> 걱정했다.

正

바를 정

'정(正)' 자는 '바르다', '정당하다'의 뜻을 나타내는 글자예요. 어떤 목표 지점을 향해 걸어가는 모습을 본떠서 만들었지요. 목표를 향해 곧장 나아간다는 데서 '바르다'라는 뜻을 갖게 되었어요.

- 다음 획순에 따라 한자를 따라 쓰세요.

正	一	丅	下	𤴓	正

正	正	正						

정의 正義
(바를 정, 옳을 의)

진리에 맞는 올바른 도리.
예 법을 지키는 사회는 정의가 살아 있다.

공정 公正
(공평할 공, 바를 정)

어느 한쪽으로 이익이나 손해가 치우치지 않고 올바름.
예 공정한 경쟁이 이루어지려면 기회가 평등해야 한다.
반대말 불공정(不公正): 손해나 이익이 어느 한쪽으로 치우쳐 올바르지 않음.

정확 正確
(바를 정, 굳을 확)

바르고 확실함.
예 시계가 정확하게 밤 열두 시를 가리켰다.
반대말 부정확(不正確): 바르지 않거나 확실하지 않음.

Q 빈칸에 공통으로 들어갈 한자는 무엇인가요? (　　　)

□의　　공□　　□확　　불공□

① 正　② 高　③ 告　④ 事　⑤ 生

정답 ①

4주

16회

현대 소설 글 수준: ★★★ 어휘 수준: ★★★★ 글자 수: 985

공부한 날 월 일

14분 안에 푸세요.

"아빠!"

아빠의 휘둥그레진 눈빛이 웬일이냐고 묻고 있었습니다.

"엄마가 약 갖다 드리래. 근데 아빠 혼자 여기서 뭐 해요?"

"그냥, 여기저기 둘러보는 중이다."

"뭘 둘러봐요?"

나는 아빠의 눈길을 좇아 담장을 바라보았습니다.

"저 꽃담* 좀 봐라, 벽돌로 수를 놓듯 하였구나. 저 굴뚝에 새겨진 십장생* 무늬는 또 얼마나 아름답니. 옛 어른들은 담장이나 굴뚝에도 저렇듯 정성을 들였구나."

바지 엉덩이에 묻은 흙을 털어 내며 아빠가 물었습니다.

"은애가 경복궁에 와 봤던가?" / "유치원 때 그림 그리러 왔었어요. 김밥 싸 가지고."

"유치원 때 오고 처음이면 꽤 오랜만에 왔구나. 그럼 아빠랑 한 바퀴 돌아보자."

앞마당으로 발길을 옮긴 아빠가 누마루*의 난간을 가리키며 말했습니다.

"이 자경전은 대원군이 조 대비를 위해 맘먹고 지은 집이란다. 왕실의 어른이 계시는 곳인 만큼 위엄*이 느껴지는 데다 아기자기한* 멋도 있지 않니?"

나는 아빠가 손끝으로 가리키는 대로 눈여겨보기 시작했습니다. 그러나 ㉠내 눈에는 그 집이 그 집 같아 보였습니다. (중략)

"저기 용마루* 양 끝에 얹어 놓은 것은 취라는 새의 머리인데, 저 새가 숨을 들이쉬고 내쉴 때마다 태평양 바닷물이 들락날락한다는구나. 취의 머리를 왜 저기에 얹어 놓았는지 이젠 알겠지?"

"에이, 진짜 취가 아닌데 무슨 소용*이 있어요."

(가) "용마루에 취나 용의 머리를 올려놓은 것은 궁궐이 목조* 건물이기 때문에 [㉡]에 주의*를 게을리하지 않으려는 뜻이었을 게다. '드무'라는 쇠 항아리에 물을 담아 놓아 불귀신이 물에 비친 자기의 험상궂은* 얼굴에 놀라 도망간다고 믿은 것도 화재로부터 궁궐을 지키고자 해서야."

"지붕 끝에 쪼르르 올려놓은 건 또 뭐예요?"

"삼장법사, 손오공, 저팔계, 사오정 등 서유기에 나오는 인물들이다. 삼장법사의 신통력*을 빌려 잡귀*로부터 궁궐을 지키려는 뜻이 담겼다는구나."

나는 아빠를 빤히* 올려다보았습니다. 갑자기 아빠가 선생님이라도 된 듯 대단해 보였기 때문입니다.

– 김향이, 「아버지의 꿈」

＊**꽃담** 여러 가지 색채로 글자나 무늬를 넣고 쌓는 담. ＊**십장생** 오래 살고 죽지 않는다는 10가지. 해, 산, 물, 돌, 구름, 소나무, 불로초, 거북, 학, 사슴을 말함. ＊**누마루** 다락처럼 높게 만든 마루. ＊**위엄** 엄하면서도 점잖고 의젓한 태도. ＊**아기자기한** 크기가 작은 여러 가지가 오밀조밀하게 잘 어울려 예쁜. ＊**용마루** 지붕 가운데 부분에 있는 가장 높은 수평 마루. ＊**소용** 어떤 이익이나 쓸모. ＊**목조** 나무로 만든 것. ＊**주의** 마음에 새겨 두고 조심함. ＊**험상궂은** 모양이나 상태가 매우 거칠고 사나운. ＊**신통력** 보통 사람한테는 없는 신기하고 이상한 힘. ＊**잡귀** 사람에게 나쁜 짓을 하는 잡스러운 모든 귀신. ＊**빤히** 아무 거리낌없이 똑바로.

1 세부 내용

이 글의 내용으로 알맞은 것은 무엇인가요? (   )

① 은애는 경복궁에 처음 와 보았다.
② 은애는 아빠에게 김밥을 갖다 드렸다.
③ 은애는 아빠의 설명이 재미없어 대충 들었다.
④ 은애가 오기 전 아빠는 열심히 공사를 하고 있었다.
⑤ 아빠는 경복궁의 담장과 굴뚝이 아름답다고 생각했다.

2 어휘 어법

㉠의 뜻으로 알맞은 것은 무엇인가요? (   )

① 내 눈에는 한 개만 보였다.
② 내 눈에는 다 똑같아 보였다.
③ 내 눈에는 다 다르게 보였다.
④ 내 눈에는 아무것도 보이지 않았다.
⑤ 내 눈에는 비슷하지만 조금 차이가 있었다.

3 추론 하기

㉡에 들어갈 알맞은 낱말은 무엇인가요? (   )

① 태풍 ② 홍수 ③ 해충
④ 곰팡이 ⑤ 불조심

4 세부 내용

이 글을 읽고 알게 된 사실을 알맞게 말하지 <u>못한</u> 사람은 누구인가요? (   )

① 윤희: 궁궐은 나무로 만들어졌대.
② 범진: 궁궐에는 물을 담아 놓은 쇠 항아리가 있었어.
③ 우찬: 대원군이 조 대비를 위해 지은 집의 이름은 자경전이야.
④ 승하: 용마루에는 취라는 새를 잡아다가 그 머리를 올려놓았어.
⑤ 지아: 지붕 끝에는 서유기에 나오는 인물을 올려놓아 잡귀로부터 궁궐을 지켰어.

5 구조 알기

㈎ 부분에서 아빠가 설명한 방법으로 알맞은 것의 기호로 쓰세요.

[보기] ㉮ 까닭이나 결과를 중심으로 설명하는 방법
㉯ 두 대상의 차이점을 중심으로 설명하는 방법
㉰ 비슷한 성질을 가진 대상에 빗대어 설명하는 방법
㉱ 대상의 생김새를 눈에 보일 듯이 자세하게 설명하는 방법

(　　　　　　　　)

수능 연계

6 추론 하기

[보기]는 이 글의 앞부분입니다. [보기]를 참고해 이 글에 나타난 '은애'의 마음을 알맞게 짐작한 것은 무엇인가요? (　　　　)

[보기] 아빠는 목수 일을 하십니다. 허름한 작업복에 커다란 연장 가방을 둘러메고 다니는 아빠를 내 친구들이 볼까 봐 나는 늘 조마조마합니다. 말쑥하게 양복을 차려입고 출퇴근하는 다른 집 아빠를 얼마나 부러워했는지 모릅니다.

① 은애는 목수인 아빠가 항상 자랑스러울 거야.
② 은애는 아빠가 이제 양복을 입고 출근해서 흡족했을 거야.
③ 은애는 목수인 아빠가 처음에는 부끄러웠지만 이제는 자랑스러울 거야.
④ 은애는 목수인 아빠가 처음에는 자랑스러웠지만 이제는 부끄러울 거야.
⑤ 은애는 목수인 아빠가 여전히 부끄럽고 양복 입고 출근하는 다른 집 아빠가 부러울 거야.

7 감상 하기

이 글을 읽고 난 후의 반응으로 알맞은 것은 무엇인가요? (　　　　)

① 여현: 우리 조상들은 건물을 그저 아름답게만 지으려고 했구나.
② 나희: 아빠의 말을 듣고 옛 건물을 짓는 과정을 자세히 알 수 있었어.
③ 태환: 아빠의 설명이 너무 길어서 은애는 어서 집에 가고 싶었을 것 같아.
④ 정운: 아빠는 은애에게 옛 건물들에 담긴 조상의 지혜를 알려 주고 싶으셨구나.
⑤ 수지: 옛 건물에 대해 자세히 설명하는 아빠의 모습에서 역시 선생님은 다르다고 느꼈어.

16회 지문 익힘 어휘

1

어휘 의미

뜻에 알맞은 낱말을 [보기]에서 찾아 쓰세요.

[보기] 빤히 위엄 소용 험상궂다 아기자기하다

(1) ( ): 어떤 이익이나 쓸모.

(2) ( ): 아무 거리낌없이 똑바로.

(3) ( ): 엄하면서도 점잖고 의젓한 태도.

(4) ( ): 모양이나 상태가 매우 거칠고 사납다.

(5) ( ): 크기가 작은 여러 가지가 오밀조밀하게 잘 어울려 예쁘다.

2

어휘 활용

빈칸에 들어갈 알맞은 낱말을 찾아 선으로 이으세요.

(1) 어머니는 말없이 나를 [ ] 바라보셨다. • • ㉮ 빤히

(2) 돈이 많아도 건강하지 않으면 아무 [ ]이 없다. • • ㉯ 위엄

(3) 가게에는 [ ]한 소품이 많아 한참 동안 구경했다. • • ㉰ 소용

(4) 그의 [ ] 얼굴은 화가 많이 났다는 것을 보여 준다. • • ㉱ 험상궂은

(5) 장군은 부하들에게 [ ]에 찬 목소리로 명령을 내렸다. • • ㉲ 아기자기

3

어휘 확장

밑줄 친 낱말을 '관심'으로 바꾸어 쓸 수 없는 것은 무엇인가요? ( )

① 학생들은 교장 선생님 말씀에 주의를 기울였다.
② 나는 도서관에서 조용히 해 달라는 주의를 받았다.
③ 그가 새로 내놓은 작품은 모든 사람의 주의를 끌었다.
④ 천사 같은 그녀의 노래는 관객들의 주의를 집중시켰다.
⑤ 형의 주의가 딴 곳에 쏠린 틈을 타 영수는 하나 남은 딸기를 얼른 먹었다.

17회

현대 소설 글 수준: ★★★ 어휘 수준: ★★ 글자 수: 998

공부한 날 월 일

13분 안에 푸세요.

(가) "어쩜! 이렇게 잘 만들었을까?"

"눈사람 인형 같군."

유치원 선생님도 찬호의 어머니도 이웃집 아주머니도 모두 찬호의 솜씨를 칭찬해 주었습니다.

"엄마, 이 눈사람을 여름에도 가지고 놀 수 있을까요?"

"호호호, 눈사람은 날씨가 따뜻해지면 살 수 없어요."

어머니께서 찬호의 콧잔등*을 손가락으로 톡 건드리며 대답하셨습니다.

(나) "저기 넣어 두면 안 될까요?"/ 한참을 생각하던 찬호가 냉장고를 가리켰습니다.

"옳아! 그러면 되겠구나."

그날부터 나는 냉장고의 냉동실 안에 살게 되었습니다. ㉠나는 속으로 찬호에게 얼마나 고마워했는지 모릅니다. 다른 눈사람들이 다 녹아 없어진 봄을 지나 여름까지 남아 있는 눈사람으로는 아마 내가 세계에서 처음일 테니까요. (중략)

(다) 그러던 어느 날 밤이었습니다. / "이거 야단났네*. 얼려 둔 얼음이 없으니 어떻게 하지?"

찬호 어머니께서 냉동실 문을 열고 안을 살펴보시더니 ㉡발을 동동 굴렀습니다.

"옆집에서 얻어 올 수 없을까?"/ "이런 밤중에 어떻게 사람을 깨워요."

"참! 찬호가 만들어 둔 눈사람이 있지 않소?"/ "그건 안 돼요. 찬호가 얼마나 아끼는데*."

찬호 어머니께서 손을 내저었습니다*.

"눈사람도 찬호를 위해서라면 기꺼이* 희생할* 거요. 그렇지, 꼬마 눈사람아?"

찬호 아버지께서 나를 꺼내며 속삭였습니다.

(라) 나는 깨끗한 수건에 싸여 찬호의 뜨거운 이마 위에 얹혔습니다*.

나는 그제야 모든 걸 알았습니다. 찬호가 갑자기 열이 많이 나 우선 열을 내릴 수 있는 얼음이 필요했던 것입니다. 그 일을 내가 대신하게* 된 것입니다.

나는 찬호의 뜨거운 이마를 식히며 주르륵 녹아내렸습니다. 정신이 가물가물해졌습니다*.

"찬호야, 그동안 고마웠어. 너를 위해 녹게 되어서 다행이야."

나는 찬호의 이마 위에서 점점 작아지고 있었습니다. 찬호가 열이 떨어지고 다 나으면 나를 찾겠지요. 나는 찬호의 꿈속으로 들어가 마지막 인사를 했습니다.

"찬호야, 하늘에 꼬마 눈사람 모양의 구름이 떠가거든 그게 나인 줄 알아."

찬호가 빙그레 웃었습니다.

– 박성배, 「여름까지 산 꼬마 눈사람」

*콧잔등 콧등의 오목하게 들어간 부분. *야단났네 매우 곤란한 일이 벌어졌네. *아끼는데 사람이나 물건을 보살피고 소중하게 여기는데. *내저었습니다 손이나 팔 등을 앞이나 밖으로 휘둘렀습니다. *기꺼이 기쁜 마음으로. *희생할 어떤 사람이나 목적을 위해 자신의 목숨, 재산, 명예, 이익 등을 바치거나 버림. *얹혔습니다 어떤 물건이 어디 위에 올려놓아졌습니다. *대신하게 어떤 대상이 맡던 구실을 다른 대상이 새로 맡게. *가물가물해졌습니다 의식이나 기억이 희미해져 흐릿해졌습니다.

1 세부 내용

'나'에 대해 알맞게 말한 사람은 누구인지 기호를 쓰세요.

㉮ 유진: '나'는 몸집이 아주 커.
㉯ 은하: '나'는 눈사람 모양의 인형이야.
㉰ 남준: '나'는 날씨가 따뜻해지면 녹아 버려.
㉱ 지웅: '나'는 봄을 지나 여름까지 냉장실에서 살게 되었어.

( )

2 구조 알기

이 글에 대한 설명으로 알맞지 않은 것은 무엇인가요? ( )

① 말하는 이는 찬호가 만든 눈사람이다.
② 사람이 아닌 것을 사람처럼 표현하였다.
③ 모양이나 소리를 흉내 내는 말을 사용하였다.
④ 이야기 속에서 시간의 순서대로 일이 진행되고 있다.
⑤ 인물의 대화 없이 행동만으로 마음을 드러내고 있다.

3 세부 내용

'내'가 ㉠처럼 생각한 까닭은 무엇인가요? ( )

① 찬호가 '나'를 제일 크게 만들어 주어서
② 찬호가 '나'를 제일 잘생기게 만들어 주어서
③ 찬호가 '나'를 올해 처음으로 만들어 주어서
④ 찬호가 '나'를 녹지 않고 여름까지 살게 해 주어서
⑤ 찬호가 '나'를 찬호의 이마에서 녹을 수 있게 해 주어서

4 어휘 어법

㉡의 뜻으로 알맞은 것은 무엇인가요? ( )

① 머무를 곳이 없다.
② 오가지 않거나 관계를 끊다.
③ 매우 안타까워하거나 다급해하다.
④ 걱정되거나 애쓰던 일이 끝나 마음을 놓다.
⑤ 사람이 너무 많이 들어서거나 들어앉아 매우 비좁다.

5 구조 알기

[보기]는 이 글의 일부입니다. [보기]의 내용이 들어갈 곳은 어디인가요? (　　　　)

> [보기] 여름이 되었습니다.
> "넌 여름이 얼마나 더운지 모를 거야."
> 찬호는 나에게 여름을 구경시켜 주려고 나를 꺼내 창문 밖으로 내밀었습니다. 그때 나는 얼마나 혼이 났는지 모릅니다. 숨이 콱 막히고 내 몸이 줄줄 녹아 없어지는 기분이었습니다.
> "봐, 덥지? 이젠 갑갑하더라도 겨울이 올 때까지 이 안에 앉아 있어."

① 글 ㈎의 앞　② 글 ㈎의 뒤　③ 글 ㈏의 뒤
④ 글 ㈐의 뒤　⑤ 글 ㈑의 뒤

6 주제 찾기

이 글의 주제로 알맞은 것은 무엇인가요? (　　　　)

① 새로운 일에 도전하는 용기
② 다른 사람을 위한 희생과 배려
③ 좋아하는 일에 최선을 다하는 열정
④ 맡은 일을 끝까지 해내려는 책임감
⑤ 거짓 없이 참된 삶을 살아가려는 마음

7 감상 하기

[보기]에 나타난 ㉮의 방법으로 이 글을 알맞게 감상한 것은 무엇인가요? (　　　　)

> [보기] 이야기를 읽고 감동적인 부분을 찾으려면 ㉮이야기 속 인물이 되어 인물의 마음을 헤아려 본다. 또한 인물의 말과 행동을 살펴본 다음 자신의 경험을 떠올려 보는 방법이 있다.

① 내가 찬호였다면 눈사람 모양의 구름을 볼 때마다 슬플 것 같아.
② 찬호의 열을 내리기 위해 기꺼이 자신의 몸을 녹인 '나'는 정말 멋져.
③ 나도 열이 났을 때 부모님이 밤새 잠도 못 주무시고 간호해 주셔서 감사했어.
④ '나'를 냉장고에 넣어서 계속 살 수 있게 해 준 데서 찬호의 따뜻한 마음이 느껴져.
⑤ 나도 마당에 눈사람을 만들어 놓고 자고 나면 녹아 버렸을까 봐 걱정했던 적이 있어.

17회 지문 익힘 어휘

정답 35쪽

1 어휘 의미

뜻에 알맞은 낱말을 찾아 선으로 이으세요.

(1) 기쁜 마음으로.	㉮ 아끼다
(2) 어떤 물건이 어디 위에 올려놓아지다.	㉯ 내젓다
(3) 손이나 팔 등을 앞이나 밖으로 휘두르다.	㉰ 기꺼이
(4) 사람이나 물건을 보살피고 소중하게 여기다.	㉱ 얹히다

2 어휘 활용

빈칸에 들어갈 알맞은 낱말을 [보기]에서 찾아 쓰세요.

[보기] 얹힌 아끼는 내저어 기꺼이

(1) 수연이는 큰오빠가 제일 ( ) 동생이다.

(2) 내가 그림을 마음에 들어 하자 그는 ( ) 나에게 주었다.

(3) 내 등에 ( ) 가방이 어찌나 무거운지 나는 한 발짝도 움직이지 못했다.

(4) 건우는 계속 손을 ( ) 우리 반 대표 선수로 나가기 싫다는 뜻을 밝혔다.

3 어휘 확장

밑줄 친 낱말이 [보기]에서 ㉮의 뜻으로 쓰인 것은 무엇인가요? ( )

[보기] • 야단: ㉮ 매우 곤란한 일.
㉯ 다른 사람의 잘못을 큰소리로 혼냄.
㉰ 어떤 일 때문에 시끄럽게 자꾸 떠들거나 소란을 일으킴.

① 비가 며칠째 그치지 않고 계속 와서 참 야단이다.
② 형이 장학금을 타는 바람에 식구들이 좋아서 야단이다.
③ 별일도 아닌데 누나는 항상 큰일이 난 것처럼 야단이다.
④ 아버지께 야단을 맞을까 봐 지각한 일을 숨긴 적이 있다.
⑤ 할머니께 드릴 카드를 만드느라 방이 어질러졌지만 어머니는 야단을 하지 않으셨다.

18회

현대 소설 글 수준: ★★★★ 어휘 수준: ★★★ 글자 수: 961

공부한 날 월 일

14분 안에 푸세요.

틸틸과 미틸은 가난한 나무꾼의 아이들이에요. 내일이 크리스마스지만 틸틸과 미틸의 집에는 크리스마스 선물도, 케이크도 없었어요. 그저 길 건너 이웃집을 보며 부러워했지요. 그때 문이 열리며 한 할머니가 들어왔어요.

"얘들아, 너희 집에 파랑새가 있니?"

"잿빛* 비둘기는 있지만 파랗지는 않아요."

"내 딸이 병이 났는데 나으려면 (㉠)의 파랑새가 있어야 해. 너희가 파랑새를 찾아 주겠니? 그 아이는 행복해지고 싶어 하거든."

"하지만 우리는 파랑새가 어디 있는지 모르는 걸요."

그러자 할머니는 다이아몬드가 박힌 모자를 틸틸에게 주었어요.

"모자를 쓰고 다이아몬드를 왼쪽으로 돌려 보렴. 보지 못하던 것들을 볼 수 있게 될 거야."

할머니의 말대로 모자를 쓰고 다이아몬드를 돌리자 기적* 같은 일이 일어났어요. 할머니가 아름다운 공주로 변했고, 벽들은 온통 보석들로 반짝반짝 빛났으며, 낡고 초라한* 가구들은 윤기* 있고 세련되게* 바뀌었어요. 시계 속 숫자들도 살아 움직이며 신나게 춤을 추었지요.

(가) "시간의 요정들이란다. 사람의 눈에 보이는 것이 행복해서 춤을 추는 거야."
"우리 집이 왜 이렇게 변했죠?"

㉡"변한 건 없어. 그동안 너희가 제대로 볼 수 없었을 뿐이지."

뚱뚱한 빵의 요정은 반죽* 통에서 나왔고, 빨갛고 노란 옷을 입은 불의 요정도 벽난로에서 튀어나왔어요. 그리고 개의 얼굴을 한 사람이 나타나 틸틸에게 말을 걸었어요.

"오! 꼬마 주인님. 아무리 꼬리를 흔들고 짖어도 주인님은 내 말을 이해하지 못했는데, 비로소* 주인님과 말을 할 수 있게 되었군요."

"이 사람은 누구죠?"

"이런! 누군지 모르는 거야? 너희 집 개 틸로잖니!"

"안녕하세요?"

이번엔 고양이 얼굴을 한 여자가 틸틸에게 인사했어요.

"이 사람은 누구예요?" / 틸틸은 할머니에게 다시 물었어요.

"이렇게 답답할* 데가 있나. 네 고양이 틸레트잖아."

그 후로도 수도꼭지에서 흠뻑* 젖은 물 요정이, 깨진 우유병에서는 하얀 우유 요정이 나타났지요.

"자, 다들 어서 가서 파랑새를 찾아오렴."

– 모리스 마테를링크, 『파랑새』

*잿빛 재의 빛깔과 같이 흰빛을 띤 검은빛. *기적 상식으로는 생각할 수 없는 기이한 일. *초라한 겉모습이 허술하고 보잘것없는. *윤기 기름을 바른 듯 반들반들하고 매끈한 것. *세련되게 생김새나 차림새가 깔끔하고 맵시 있게. *반죽 가루에 물을 넣고 섞어 개어 놓은 것. *비로소 어떤 일이 있고 나서야. *답답할 행동이나 모습이 시원스럽지 못할. *흠뻑 물이 밖으로 스며 나올 정도로 몹시 축축하게 젖은 모양.

1 구조 알기

이 글을 읽는 방법으로 알맞은 것은 무엇인가요? (　　　)

① 새롭게 알게 된 사실을 중심으로 읽는다.
② 재미있게 표현한 낱말을 찾아 가며 읽는다.
③ 이야기 속 인물이 되어 장면을 떠올리며 읽는다.
④ 사실과 사실이 아닌 것이 무엇인지 구별하며 읽는다.
⑤ 글쓴이의 주장과 그 주장을 뒷받침하는 내용을 찾아 가며 읽는다.

2 세부 내용

이 글의 내용으로 알맞지 <u>않은</u> 것은 무엇인가요? (　　　)

① 할머니의 딸이 아프다.
② 크리스마스에 일어난 일이다.
③ 틸틸과 미틸의 집에는 새가 있다.
④ 다이아몬드가 박힌 모자는 신비한 능력이 있다.
⑤ 할머니는 틸틸과 미틸에게 파랑새를 찾아 달라고 부탁했다.

3 세부 내용

다이아몬드를 돌리고 나서 일어난 일이 <u>아닌</u> 것은 무엇인가요? (　　　)

① 할머니가 아름다운 공주로 변했다.
② 시계 속 숫자들이 신나게 춤을 추었다.
③ 가족들이 개와 고양이의 모습을 하고 나타났다.
④ 낡고 초라한 가구가 윤기 있고 세련되게 바뀌었다.
⑤ 반죽 통에서 빵의 요정, 벽난로에서 불의 요정이 튀어나왔다.

4 추론 하기

이 글에 나타난 '틸틸'과 '미틸'의 마음을 알맞게 짐작한 것은 무엇인가요? (　　　)

① 원망스러움.
② 슬프고 우울함.
③ 무섭고 두려움.
④ 지치고 피곤함.
⑤ 신기하고 놀라움.

5 ㉠에 들어갈 알맞은 낱말은 무엇인가요? (　　　　)

추론하기

① 슬픔　② 풍요　③ 행복
④ 재능　⑤ 마술

6 다음은 ㈎ 부분을 희곡으로 고쳐 쓴 것입니다. 빈칸에 들어갈 내용으로 알맞은 것은 무엇인가요? (　　　　)

적용 창의

[보기] 할머니: (숫자들을 바라보며) 시간의 요정들이란다. 사람의 눈에 보이는 것이 행복해서 춤을 추는 거야.
틸틸: (　　　　　　　)우리 집이 왜 이렇게 변했죠?

① 매우 화난 표정으로
② 두 눈을 동그랗게 크게 뜨고
③ 눈물을 흘리며 슬픈 표정으로
④ 손으로 가슴을 치며 답답하다는 표정으로
⑤ 두 손으로 머리를 감싸며 절망적인 표정으로

7 [보기]는 이 글의 마지막 부분입니다. ㉡과 [보기]에서 글쓴이가 말하려고 한 생각은 무엇인가요? (　　　　)

주제 찾기

[보기] "얘들아, 어서 일어나렴. 크리스마스란다."
틸틸과 미틸은 엄마의 목소리에 잠에서 깨어났어요. 집은 모든 것이 그대로였지만 무언가 더욱 아름다워진 것 같았어요.
"엄마, 우리는 파랑새를 찾아 여행을 했어요."
"어젯밤에 무척 즐거운 꿈을 꾸었나 보구나."
"오빠! 저것 좀 봐. 우리가 떠날 때는 잿빛 비둘기였는데, 그 새가 지금은 파랑새가 되었어."
"정말이네. 파랑새가 바로 우리 집에 있었어."

① 눈이 좋아야 행복해질 수 있다.
② 행복은 특별한 사람에게만 보인다.
③ 파랑새가 없으면 행복해질 수 없다.
④ 이 세상 모든 사람들은 행복하게 살고 있다.
⑤ 행복은 우리 가까이에 있지만 사람들이 잘 깨닫지 못한다.

18회 지문 익힘 어휘

정답 37쪽

1
어휘 의미

뜻에 알맞은 낱말을 찾아 선으로 이으세요.

(1) 겉모습이 허술하고 보잘것없다.	㉮ 기적
(2) 생김새나 차림새가 깔끔하고 맵시 있다.	㉯ 윤기
(3) 상식으로는 생각할 수 없는 기이한 일.	㉰ 흠뻑
(4) 기름을 바른 듯 반들반들하고 매끈한 것.	㉱ 초라하다
(5) 물이 밖으로 스며 나올 정도로 몹시 축축하게 젖은 모양.	㉲ 세련되다

2
어휘 활용

빈칸에 들어갈 알맞은 낱말을 [보기]에서 찾아 쓰세요.

[보기] 기적 윤기 초라 세련

(1) 성냥팔이 소녀는 몹시 마르고 옷차림은 매우 (   )해 보였다.

(2) 신발장에서 꺼낸 아빠의 새 구두에서 (   )이/가 자르르 흘렀다.

(3) 이모가 생일 선물로 사 준 옷은 디자인이 (   )돼 보여서 마음에 들었다.

(4) 멕시코의 한 교회에서 죽었던 아이가 되살아나는 (   ) 같은 일이 일어났다.

3
어휘 확장

[보기]의 빈칸에 공통으로 들어갈 낱말은 무엇인가요? (   )

[보기]
- 틸틸과 미틸은 가난한 나무☐의 아이들이었다.
- 거리에서 공연이 시작되자 구경☐들이 모였다.
- 우리 엄마는 옛날부터 동네에서 소문난 살림☐이셨다.
- 저수지에는 일요일 아침부터 낚시☐ 복장을 한 사람들이 몰려 있었다.

① -가 ② -보 ③ -꾼 ④ -장이 ⑤ -쟁이

19회

고전 소설 글 수준: ★★★★ 어휘 수준: ★★★★★ 글자 수: 985

공부한 날 월 일

15분 안에 푸세요.

용왕이 토끼를 보고 말했다.

"과인*이 우연히 병을 얻어 몸에 좋다는 약은 다 써 보았지만 효험*이 없었다. 내 병에는 그대의 간이 으뜸*이라 하여 자라에게 명을 내려 너를 데려오게 하였다. 내 그대의 이름을 후세*에 알리고 그 은혜를 잊지 않을 것이니 과인을 위해 죽는 것을 영광으로 알아라."

그리고 용왕이 신하들에게 명령을 내렸다.

"여봐라, 어서 토끼의 배를 가르고 간을 꺼내라."

㉠토끼는 자라에게 속았다는 것을 깨닫고 어찌 이곳을 살아나갈지 궁리하였다*.

"용왕님, 제가 용왕님을 위해 죽는 것은 아깝지 않으나 제 배를 갈라도 간이 없으니 용왕님의 병을 고치지 못하는 것이 한*입니다."

용왕이 화가 나 말하였다.

"배를 갈라도 간이 없다니 그게 무슨 소리냐? 네가 잔꾀*를 부리는구나."

"그게 아니옵고 제 간이 특효약*이라 탐내는* 자들이 많습니다. 그래서 보름*은 간을 뱃속에 넣고 다니고 나머지 보름은 밖에 꺼내 두고 다닌답니다. 마침 간을 빼 놓고 자라를 만나 용궁에 동행하느라* 간이 없으니 원통할* 따름입니다."

용왕이 듣자니 더욱 화가 나 버럭 소리를 질렀다.

"네 이놈! 어떤 짐승이 간을 마음대로 꺼내고 넣을 수 있단 말이냐!"

토끼는 답답하다는 표정으로 말하였다.

"세상을 만든 복희씨*는 사람 머리에 뱀의 몸을 하였고, 농사를 시작한 신농씨*는 사람 몸에 소의 얼굴이라 합니다. 용궁에 사는 여러분들은 비늘이 있고, 육지에 사는 저는 몸에 털이 나 있습니다. 세상 만물*이 이처럼 서로 다른데, 간을 마음대로 꺼내고 넣을 수 있는 짐승이 왜 없겠습니까?"

용왕은 아직 의심스러워 다시 물었다. / "그럼 그 간을 어디로 꺼내고 넣는단 말이냐?"

㉡"제 밑구멍은 세 개가 있는데, 하나는 똥을 누고, 하나는 오줌을 누고, 하나는 간을 꺼낼 때 사용합니다. 넣을 때는 입으로 넣습니다."

신하를 시켜 토끼의 몸을 살펴보니 과연* 구멍이 세 개 있었다. 용왕은 점점 더 토끼의 말이 그럴듯하여 토끼의 배를 가르지도 못하고 난감해졌다*.

-『토끼전』

*과인 옛날에 임금이 스스로 자기를 낮추어 이르던 말. *효험 약을 쓰거나 어떤 일을 하여 얻는 좋은 결과. *으뜸 여럿 가운데 가장 뛰어나거나 첫째가 되는 것. *후세 다음 세대의 사람들. *궁리하였다 어떤 일을 해결할 방법을 깊이 생각하였다. *한 몹시 원망스럽고 억울하거나 안타깝고 슬퍼서 응어리진 마음. *잔꾀 자잘하고 약은 꾀. *특효약 어떤 병이나 증세에 특별히 효과가 좋은 약. *탐내는 자기 것으로 가지고 싶어 하는. *보름 십오 일 동안. *동행하느라 함께 길을 가느라. *원통할 분하고 억울할. *복희씨 옛날 중국의 전설 속에 나오는, 세상을 창조한 신. *신농씨 옛날 중국의 전설 속에 나오는 농업의 신. *만물 세상에 있는 모든 것. *과연 생각대로 정말로. *난감해졌다 분명하게 마음을 정하기 어려워졌다.

1 세부 내용

이 글의 내용으로 알맞지 않은 것은 무엇인가요? (　　　)

① 용왕은 고치기 힘든 병에 걸렸다.
② 토끼는 자라에게 속아 용궁에 갔다.
③ 토끼는 간을 꺼내 놓고 와서 간이 없다고 말했다.
④ 토끼는 용왕을 위해 죽는 것을 영광스럽게 생각했다.
⑤ 용왕은 토끼의 배를 가르고 토끼의 간을 꺼내려고 했다.

2 어휘 어법

㉠과 같은 토끼의 상황에 어울리는 속담은 무엇인가요? (　　　)

① 꿩 먹고 알 먹는다
② 빈 수레가 요란하다
③ 백지장도 맞들면 낫다
④ 모르는 게 약이요, 아는 게 병이다
⑤ 하늘이 무너져도 솟아날 구멍이 있다

3 세부 내용

용왕이 토끼의 배를 가르지 못한 까닭은 무엇인가요? (　　　)

① 지혜로운 토끼가 죽는 것이 아까워서
② 토끼의 말이 의심스럽고 믿을 수 없어서
③ 토끼가 거짓말을 한다고 생각해 괘씸해서
④ 용궁에 있는 신하들이 살려 주자고 말해서
⑤ 토끼의 말이 사실일지도 모른다고 생각해서

4 추론 하기

이 글에서 짐작할 수 있는 토끼의 마음 상태로 알맞은 것은 무엇인가요? (　　　)

	앞부분		뒷부분
①	신기한 마음	→	불안한 마음
②	차분한 마음	→	불안한 마음
③	조마조마한 마음	→	비참한 마음
④	조마조마한 마음	→	차분한 마음
⑤	당황스러운 마음	→	미안한 마음

5 ㉡을 실감 나게 읽는 방법으로 알맞은 것은 무엇인가요? (   )

추론하기

① 용왕을 꾸짖듯이 큰 목소리로 읽는다.
② 또박또박 자신 있는 목소리로 읽는다.
③ 모든 것을 다 포기한 목소리로 읽는다.
④ 바들바들 떨며 두려워하는 목소리로 읽는다.
⑤ 슬프게 우는 것처럼 간청하는 목소리로 읽는다.

6 이 글에 대한 감상으로 알맞지 않은 것은 무엇인가요? (   )

감상하기

① 유진: 아프다는 용왕을 속이다니 토끼가 아주 못됐네.
② 민서: 간을 빼놓고 왔다는 말을 믿다니 용왕은 생각보다 어리석네.
③ 연지: 나라면 무서워서 아무 생각도 안 났을 텐데 토끼는 재치가 대단하네.
④ 승준: 아무리 용왕이라도 남의 간을 달라고 하다니 용왕은 아주 이기적이야.
⑤ 수근: 용왕의 병을 치료하려고 토끼를 데리고 오다니 자라는 충성심이 대단한가 봐.

7 [보기]는 이 글의 마지막 부분입니다. [보기]를 참고할 때 이 글의 주제로 알맞은 것은 무엇인가요? (   )

주제찾기

> [보기] "이놈, 토끼야. 이제 간을 숨겨 놓은 곳으로 안내해라."
> 육지로 나오자 자라는 토끼에게 어서 간을 가지러 가자고 재촉하였다.
> "하하하. 이 세상 천지에 간을 빼놓고 다니는 짐승이 어디 있단 말이냐."
> 토끼는 자라를 비웃고 나서 깡충거리며 숲속으로 사라져 버렸고 자라는 주저앉아 멀어져 가는 토끼만 멍하니 바라보았다.

① 위기를 극복하는 지혜
② 꾸준한 노력의 중요성
③ 자연과 동물을 사랑하는 마음
④ 어려운 이웃을 돕는 봉사 정신
⑤ 백성을 사랑하는 지도자의 필요성

19회 지문 익힘 어휘

정답 39쪽

1

어휘 의미

뜻에 알맞은 낱말을 [보기]에서 찾아 쓰세요.

[보기] 효험 후세 궁리하다 원통하다 난감하다

(1) (　　　　　　): 분하고 억울하다.

(2) (　　　　　　): 다음 세대의 사람들.

(3) (　　　　　　): 분명하게 마음을 정하기 어렵다.

(4) (　　　　　　): 어떤 일을 해결할 방법을 깊이 생각하다.

(5) (　　　　　　): 약을 쓰거나 어떤 일을 하여 얻는 좋은 결과.

2

어휘 활용

빈칸에 들어갈 알맞은 낱말을 찾아 선으로 이으세요.

(1) 수아는 친구들에게 도둑이라는 오해를 받아 [　　　]해했다. •　　　• ㉮ 궁리

(2) 선생님은 여러 아이들이 반장이 되겠다고 나서자 [　　　]해 하셨다. •　　　• ㉯ 효험

(3) 민우는 아무리 우유를 먹어도 키 크는 데 [　　　]이/가 없다며 울상이었다. •　　　• ㉰ 원통

(4) 운동회에서 우리 반이 승리할 방법을 [　　　]했지만 뾰족한 수가 없었다. •　　　• ㉱ 난감

3

어휘 확장

[보기]에서 밑줄 친 '탐내다'와 바꾸어 쓸 수 있는 낱말을 찾아 기호를 쓰세요.

[보기] 삼촌이 어제 야구 모자 하나를 ㉮<u>놓고</u> 가셨다. 삼촌은 누구든 ㉯<u>필요한</u> 사람이 사용하라고 하셨다. 검은색 바탕에 금색으로 글씨가 새겨진 모자는 무척이나 멋졌다. 엄마는 누나와 나에게 필요할 때마다 ㉰<u>번갈아</u> 가며 쓰라고 하셨지만, 누나는 그 모자를 <u>탐내서</u> 혼자 쓰려고 했다. 나 역시 그 모자를 ㉱<u>넘보고</u> 있었다. 내 검은색 운동화와 잘 ㉲<u>어울릴</u> 것이라고 생각했기 때문이다.

(　　　　　　)

20회

현대 소설 글 수준: ★★★★ 어휘 수준: ★★★ 글자 수: 991

공부한 날 월 일

14분 안에 푸세요.

한밤중에 메리는 창문을 때리는 빗방울 소리에 눈을 떴다. 비가 억수*같이 쏟아졌고 거친 바람이 울부짖었다*. 메리는 폭풍우* 소리에 귀를 기울였다. 그러다가 갑자기 벌떡 일어나 중얼거렸다*.

"방금 그건 바람 소리가 아니야. 분명 전에 들었던 그 울음소리야."

도대체 누가 우는지 궁금했던 메리는 복도로 나가 희미한* 울음소리를 따라갔다. 복도 끝에 있는 모퉁이*를 돌자 커튼이 드리워진 문이 나타났다. 그 문을 열고 들어가니 고풍스러운* 가구들이 놓인 큰 방이 보였다. 그리고 방 한쪽에는 창백한* 얼굴의 남자아이가 침대 위에서 신경질적*으로 울고 있었다. 아파서 울고 있다기보다 짜증 나고 외로워서 우는 것 같았다. 메리가 다가가자 소년은 울음을 멈추고 겁에 질려* 말했다.

"넌 누구야? 유령이냐?"

"아니야. 넌 유령이니?"

"난 콜린 크레이븐이야."

"나는 메리 레녹스야. 크레이븐 씨는 우리 고모부인데……."

"그 분이 우리 아버지야."

"아버지라고? 고모부에게 아들이 있다는 소리는 듣지 못했는데!"

소년은 다시 물었다. / "넌 어디서 왔니?"

"내 방에서 왔지. 네 울음소리에 잠을 잘 수가 없었어. 왜 아무도 네 이야기를 해 주지 않은 거지?"

"나에 대해 이야기한다면 내가 가만두지 않거든. 난 아파서 이렇게 매일 누워만 있잖아. 내가 죽지 않는다 해도 아버지처럼 곱사등이*가 되고 말 거야."

"아버지가 널 보러 오시지 않니?"

"내가 잠들었을 때 가끔. 내가 태어날 때 어머니가 돌아가셔서 아버지는 날 보고 싶어 하지 않아."

"고모부는 비밀의 화원*도 싫어하시지." / "비밀의 화원?"

"고모가 전에 좋아했던 화원이야. 고모가 거기서 돌아가셔서 고모부가 10년 동안 문을 잠갔고 열쇠도 어딘가에 묻어 버렸대."

"난 그 화원이 보고 싶어. 하인들을 불러 나를 그곳에 데리고 가라고 해야겠어."

㉠콜린의 눈이 반짝거리기 시작했다. 하지만 메리는 울 것 같은 얼굴로 말했다.

㉡"제발 그러지 마. 그러면 더 이상 그곳은 비밀의 화원이 아니야."

– 프랜시스 호지슨 버넷, 『비밀의 화원』

*억수 물이 쏟아지듯이 세차게 많이 내리는 비. *울부짖었다 바람이 세차게 큰 소리를 냈다. *폭풍우 몹시 세찬 바람이 불면서 많이 쏟아지는 비. *중얼거렸다 낮은 목소리로 남이 알아듣지 못하게 혼잣말을 했다. *희미한 분명하지 못하고 흐릿한. *모퉁이 구부러지거나 꺾여 돌아간 자리. *고풍스러운 보기에 옛것과 같은 멋이 있는. *창백한 얼굴빛이나 살빛이 핏기 없이 하얀. *신경질적 신경이 너무 예민해 작은 일에도 짜증을 내는 것. *질려 몹시 놀라거나 무서워서 얼굴빛이 변해. *곱사등이 등뼈가 굽어서 혹처럼 불쑥 튀어나온 사람. *화원 꽃을 심은 동산.

1 세부 내용

이 글에서 알 수 있는 사실로 알맞지 않은 것은 무엇인가요? (　　　)

① 콜린은 10살이다.
② 고모부는 곱사등이다.
③ 메리는 전에도 울음소리를 들은 적이 있다.
④ 비밀의 화원에는 그동안 아무도 들어갈 수 없었다.
⑤ 콜린의 울음소리는 아주 커서 울부짖는 소리처럼 들렸다.

2 세부 내용

'콜린'이 아픈 아이라는 것을 알려 주는 낱말은 무엇인가요? (　　　)

① 유령　② 침대　③ 창백한
④ 울음소리　⑤ 거친 바람

3 추론하기

'콜린의 아버지'가 콜린을 보러 오지 않고 화원을 잠근 까닭은 무엇인가요? (　　　)

① 아내를 너무 미워해서야.
② 콜린과 화원에 관심이 없어서야.
③ 아내의 죽음을 떠올리기 싫어서야.
④ 자신이 곱사등이인 것이 싫었기 때문이야.
⑤ 콜린과 화원을 돌보지 못할 만큼 바빴기 때문이야.

4 비판하기

'콜린'에게 해 줄 말로 알맞은 것은 무엇인가요? (　　　)

① 우림: 너는 진짜 많이 아픈가 봐. 아파서 매일 밤 울고 있으니 말이야.
② 희태: 병이 나을 것이라고 굳게 믿고 있다니 넌 참 의지가 강한 아이야.
③ 예솔: 나는 아버지처럼 비밀의 화원에 들어가고 싶지 않은 너의 마음을 이해해.
④ 유현: 방을 나가고 싶지만 하인들이 나가지 못하게 하다니 너는 진짜 답답하겠다.
⑤ 다희: 너는 자신의 아픈 모습이 싫어서 다른 사람들에게 널 숨기고 싶어 하는구나.

5 어휘 어법

㉠의 뜻으로 알맞은 것은 무엇인가요? (   )

① 콜린은 눈이 아프기 시작했다.
② 콜린은 눈물이 나기 시작했다.
③ 콜린의 눈이 좋아지기 시작했다.
④ 콜린은 화원이 마음에 안 들기 시작했다.
⑤ 콜린이 화원에 대해 관심을 가지기 시작했다.

6 추론하기

㉡에 나타난 '메리'의 마음으로 알맞은 것은 무엇인가요? (   )

① 메리는 하인들을 힘들게 하고 싶지 않았다.
② 메리는 화원의 이름을 바꾸고 싶지 않았다.
③ 메리는 콜린에게 화원을 보여 주고 싶지 않았다.
④ 메리는 화원이 여러 사람들에게 알려지는 것을 원하지 않았다.
⑤ 메리는 화원이 계속 버려지고 황폐한 채로 있기를 바라고 있다.

7 주제 찾기

[보기]는 이 글 전체의 줄거리입니다. [보기]를 참고해 글쓴이가 나타내고자 한 '비밀의 화원'의 의미를 두 가지 고르세요. (,   )

> [보기] 메리는 가족들이 모두 전염병으로 죽고 고모부인 크레이븐 씨 집에서 살게 된다. 고집스럽고 심술궂던 성격의 비쩍 마른 메리는 비밀의 화원을 발견하고 가꾸면서 작은 동물들과 친구가 되고 주변 사람들과도 친해진다. 자신이 아파서 오래 살지 못할 것이라고 생각하던 콜린도 메리와 함께 비밀의 화원에 나와 맑은 공기를 마시면서 점점 더 건강해져서 결국 휠체어에서 일어나 걷고 달리게 되었다.

① 비밀의 화원은 자신의 문제를 스스로 극복하고 성장하는 곳이다.
② 비밀의 화원은 상처받은 아이들을 세상으로부터 숨겨 주는 곳이다.
③ 비밀의 화원은 상처받은 아이들의 마음을 자연으로 치유해 주는 곳이다.
④ 비밀의 화원은 아이들도 어른처럼 일을 해야 한다는 것을 보여 주는 곳이다.
⑤ 비밀의 화원은 아이들에게 비밀의 장소가 꼭 필요하다는 것을 보여 주는 곳이다.

20회 지문 익힘 어휘

정답 41쪽

1

어휘 의미

뜻에 알맞은 낱말을 찾아 선으로 이으세요.

(1) 분명하지 못하고 흐릿하다.	㉮ 희미하다
(2) 보기에 옛것과 같은 멋이 있다.	㉯ 창백하다
(3) 얼굴빛이나 살빛이 핏기 없이 하얗다.	㉰ 중얼거리다
(4) 낮은 목소리로 남이 알아듣지 못하게 혼잣말을 하다.	㉱ 고풍스럽다

2

어휘 활용

빈칸에 들어갈 알맞은 낱말을 [보기]에서 찾아 쓰세요.

[보기] 고풍 창백 희미 중얼

(1) 사람들은 자주 혼잣말을 ( )거린다.

(2) 어디가 많이 아픈지 오빠의 얼굴이 ( )했다.

(3) 전주는 곳곳에 한옥이 보여 ( )스러운 느낌이 든다.

(4) 어렸을 때 잠깐 보았던 삼촌의 얼굴이 ( )하게 떠올랐다.

3

어휘 확장

밑줄 친 부분이 [보기]에서 ㉯의 뜻으로 쓰인 것은 무엇인가요? ( )

[보기] • 질리다: ㉮ 어떤 일이나 음식 등에 싫증이 나다.
㉯ 몹시 놀라거나 무서워 얼굴빛이 변하다.
㉰ 놀라거나 두려워서 기가 막히거나 풀이 꺾이거나 하다.

① 영화 속 귀신의 등장에 동생은 얼굴이 하얗게 질렸다.
② 매일 치킨을 먹었더니 고기는 질려서 먹고 싶지 않았다.
③ 경서는 매일 어머니께 공부하라는 말을 질리도록 들었다.
④ 우리 모두는 너무 당당한 지아의 모습에 기가 질리고 말았다.
⑤ 선우의 잔소리에 질려서 사람들은 선우 목소리만 들어도 도망갈 지경이었다.

同

한가지 동

'동(同)' 자는 몸체와 뚜껑이 잘 맞도록 만들어진 원통 모양의 그릇을 본떠서 만들었어요. 몸체와 뚜껑의 길이가 같다는 의미에서 '한가지', '같이', '함께'라는 뜻을 나타내요.

● 다음 획순에 따라 한자를 따라 쓰세요.

同 丨 冂 冂 冋 同 同

同 同 同

동행 同行
(한가지 동, 다닐 행)

함께 길을 감.

예 누나는 여름 방학에 유럽 여행을 가려고 동행할 친구를 찾고 있다.

비슷한말 동반(同伴)

협동 協同
(화할 협, 한가지 동)

어떤 일을 하기 위해 서로 마음과 힘을 하나로 합함.

예 우리 마을은 이웃끼리 협동해서 마을에 꽃밭을 만들었다.

비슷한말 협력(協力)

동의 同意
(한가지 동, 뜻 의)

같은 의견을 가짐.

예 학급 회의에서 채식 급식을 하자는 의견에 동의했다.

반대말 이의(異意): 다른 의견이나 생각.

Q 낱말의 관계가 다른 하나를 찾아 기호를 쓰세요.

㉮ 동행 – 동반　　㉯ 협동 – 협력　　㉰ 동의 – 이의

(　　　　　　)

정답 ㉰

5주

21 현대 소설 | 신발귀신나무_오미경

22 고전 소설 | 흥부전

23 현대시 | 홍시_김종영

24 현대 소설 | 베니스의 상인_셰익스피어

25 현대 소설 | 행복한 왕자_오스카 와일드

한자 立 (설 립) 자

21회

현대 소설 글 수준: ★★★ 어휘 수준: ★★★ 글자 수: 999

공부한 날 월 일

13분 안에 푸세요.

영호는 느티나무 가지에 팔을 베고 누웠습니다. ㉠하늘이 나뭇잎 사이로 깨진 유리 조각처럼 보였습니다.

"이 구멍 안에는 뭐가 있을까?" / "신발귀신!"

민수의 물음에 영호는 누운 채로 대답했습니다.

"시, 신발귀신? 그, 그게 뭔데?" / "뭐긴? 신발 잡아먹는 귀신이지. 이히히히히!"

영호는 몸을 일으키며 귀신 시늉*을 했습니다.

"야! 안 그래도 어지러운 것 같은데, 무서워. 그만해!"

하얀 민수 얼굴이 더 하얘졌습니다.

"우리 동네 애들 중에 이 구멍에 한 번이라도 신발 안 빠뜨려 본 애가 거의 없어. 한번 빠뜨리기만 하면 못 꺼내. 그래서 어른들은 동구나무*라고 부르지만 애들은 모두 신발귀신나무라고 불러."

"정말? 그럼 내 신발도 한번 빠뜨려 볼까?"

"너, 신발 잃어버리고 후회해도* 소용없어."

민수는 영호의 말이 끝나기가 무섭게 신발을 벗어 구멍 속으로 넣었습니다. 민수의 운동화는 온데간데없이* 사라졌습니다. 그리고 시커먼 구멍만 아무 일 없었다는 듯 시치미를 뗀* 채 입을 벌리고 있었습니다.

"영호야! 어떻게 좀 해 봐. 넌 못하는 게 없잖아." / "내가 어떻게 신발귀신을 당해*!"

겉으론 그렇게 말했지만, 언젠가 쓸쓸히 내뱉던* 느티나무의 말소리가 들리는 듯 했습니다.

"나도 이젠 많이 늙었어. 가슴 한가운데에 구멍이 뻥 뚫려 바람이라도 불면 뼈 마디마디가 시리지*. 그런데도 동네 개구쟁이 녀석들은 내 몸에 구멍이 생긴 뒤로 날 더 좋아했어. 영호, 니들 아버지 어렸을 때만 해도 개구쟁이들 소란*에 동네가 시끄러웠단다. 준식이, 철규, 수희, 상훈이. 신발을 빠뜨리고는 발을 동동 구르던 그 녀석들이 아직도 눈에 선하구나*. 도시로 떠나 다들 잘 살고 있는지, 이젠 동네에 신발을 빠뜨리며 놀아 줄 개구쟁이 녀석들도 없으니……."

㉡그때, 영호의 마음에도 구멍이 하나 생기는 것 같았습니다. 어쩌면 느티나무가 오랜만에 신발을 삼키고 흐뭇해할지도* 몰랐습니다.

영호는 길다란 나뭇가지를 주워 와 구멍 안을 휘휘* 저어 보았습니다. 그렇지만 신발은 걸리지 않았습니다.

– 오미경, 「신발귀신나무」

*__시늉__ 어떤 모양이나 동작을 실제로 하는 것처럼 흉내 냄. *__동구나무__ 동네의 어귀에 서 있는 나무. *__후회해도__ 자기가 한 말이나 행동의 잘못을 깨닫고 뉘우쳐도. *__온데간데없이__ 흔적도 없이 사라져 찾을 수가 없게. *__시치미를 뗀__ 자기도 하고도 하지 않은 척하거나 알고도 모르는 척을 한. *__당해__ 상대나 상황을 감당하거나 맞서 이겨 내. *__내뱉던__ 못마땅한 태도로 말을 불쑥 해 버리던. *__시리지__ 찬 것에 닿아서 이나 뼈마디가 아프지. *__소란__ 시끄럽고 정신없게 복잡함. *__선하구나__ 눈앞에 생생하게 보이는 듯하구나. *__흐뭇해할지도__ 마음에 들어 매우 만족스러워할지도. *__휘휘__ 이리저리 휘두르거나 휘젓는 모양.

1 세부 내용

이 글의 내용으로 알맞지 <u>않은</u> 것은 무엇인가요? (　　　)

① 느티나무는 아주 오래되었다.
② 민수는 이 동네 아이가 아니다.
③ 느티나무는 곧 베어질 예정이다.
④ 영호가 사는 동네는 도시가 아니다.
⑤ 영호네는 이 동네에서 아주 오래 살았다.

2 세부 내용

느티나무를 신발귀신나무라고 부르는 까닭은 무엇인가요? (　　　)

① 아이들이 느티나무에서 귀신놀이를 해서
② 귀신이 나타나 아이들의 신발만 훔쳐 가서
③ 아이들이 느티나무 구멍에 신발 빠뜨리기 놀이를 해서
④ 느티나무 구멍에 신발을 빠뜨리면 신발을 찾을 수가 없어서
⑤ 아이들이 느티나무에 올라가지 못하게 어른들이 귀신이 산다는 소문을 만들어서

3 어휘 어법

㉠의 뜻으로 알맞은 것은 무엇인가요? (　　　)

① 하늘이 환하게 잘 보였다.
② 하늘이 곧 비가 내릴 것 같아 보였다.
③ 나뭇잎과 하늘이 같은 색으로 보였다.
④ 나뭇잎이 하늘을 가리고 있어 하늘이 하나도 보이지 않았다.
⑤ 나뭇잎이 하늘을 가리고 있어 그 사이로 하늘이 조금씩 보였다.

4 추론 하기

㉡에 나타난 영호의 마음으로 알맞은 것은 무엇인가요? (　　　)

① 실망스러운 마음
② 반갑고 궁금한 마음
③ 놀라고 무서운 마음
④ 신나고 즐거운 마음
⑤ 허전하고 쓸쓸한 마음

5 감상하기

이 글에 대한 감상으로 알맞지 않은 것은 무엇인가요? (　　　)

① 규희: 느티나무가 말을 한다고? 이 이야기는 다 거짓말이야.
② 시원: 민수는 정말 신발을 찾지 못할 것이라고 생각하지 못했나 봐.
③ 상민: 신발귀신나무라니 밤에 그 나무를 보면 좀 으스스할 것 같아.
④ 희주: 느티나무는 아이들이 예전처럼 많이 찾아오기를 바라고 있어.
⑤ 효승: 내가 민수라도 궁금해서 나무 구멍에 신발을 넣어 봤을 것 같아.

6 추론하기

글쓴이가 느티나무를 사람처럼 표현한 까닭을 두 가지 고르세요. (　　,　　)

① 느티나무의 마음을 실감 나게 표현하기 위해서
② 느티나무가 신발귀신이라는 것을 실감 나게 표현하기 위해서
③ 느티나무를 신발귀신이 사는 무서운 곳으로 표현하기 위해서
④ 읽는 이들이 느티나무를 친구처럼 편하게 여기도록 하기 위해서
⑤ 영호가 자연과 말을 할 줄 아는 특별한 능력을 가졌다는 것을 나타내기 위해서

7 주제찾기

[보기]는 이 글의 전체 줄거리입니다. [보기]를 참고할 때 글쓴이가 이 글에서 말하고자 한 것은 무엇인가요? (　　　)

[보기] 영호가 사는 마을에 도시에서 살던 민수네가 이사 오게 된다. 영호는 또래 친구인 민수가 이사 오는 것이 반가웠지만, 토박이 농사꾼인 영호 아버지와 대학 교수인 민수 아버지는 서로를 이해하지 못해 티격태격했다. 아버지들은 서로 사이가 좋지 않았지만 영호는 민수에게 '신발귀신나무'라고 불리는 느티나무를 소개하면서 둘은 점점 더 친해졌다. 그러다가 민수 아버지가 독사에 물리고 영호 아버지가 입으로 독을 빨아내 구하면서 영호 아버지와 민수 아버지는 그동안의 오해를 풀고 화해하게 된다. 영호와 민수는 느티나무에 올라가 민수가 이사도 오고 전학도 오게 된 소식을 느티나무에게 전한다.

① 사람들의 갈등을 모두 해결해 주는 자연의 소중함
② 귀농한 민수네를 통해 볼 수 있는 농촌 생활의 좋은 점
③ 영호네와 민수네를 통해 볼 수 있는 농촌 생활과 도시 생활의 차이
④ 토박이 농사꾼의 아들인 영호와 귀농한 교수의 아들인 민수의 갈등
⑤ 토박이 농사꾼의 아들인 영호와 귀농한 교수의 아들인 민수의 우정

21회 지문 익힘 어휘

정답 43쪽

1 어휘 의미

뜻에 알맞은 낱말을 낱말 카드로 만들어 쓰세요.

선	후	당	소	늉	란	시	회

(1) 시끄럽고 정신없게 복잡함. → ☐☐

(2) 눈앞에 생생하게 보이는 듯하다. → ☐하다

(3) 상대나 상황을 감당하거나 맞서 이겨 내다. → ☐하다

(4) 어떤 모양이나 동작을 실제로 하는 것처럼 흉내 냄. → ☐☐

(5) 자기가 한 말이나 행동의 잘못을 깨닫고 뉘우치다. → ☐☐하다

2 어휘 활용

빈칸에 들어갈 알맞은 낱말을 찾아 선으로 이으세요.

(1) 엄마가 책 좀 읽으라고 하면 오빠는 책을 읽는 ☐만 했다. •

(2) 고집쟁이 여동생이 울기 시작하면 아무도 ☐ 낼 수가 없다. •

(3) 할머니가 쓰시던 재봉틀을 보면 할머니의 모습이 ☐ 떠오른다. •

(4) 온 가족이 엄마 생일잔치 준비로 ☐을/를 피운 탓에 거실이 엉망이 되었다. •

• ㉮ 소란

• ㉯ 당해

• ㉰ 시늉

• ㉱ 선하게

3 어휘 확장

밑줄 친 관용 표현의 쓰임이 알맞지 <u>않은</u> 것은 무엇인가요? (　　　)

① 우리 집 강아지는 신발을 다 물어뜯어 놓고 <u>시치미를 떼었다.</u>

② 현수는 귤을 혼자 다 먹어 놓고도 먹지 않은 척 <u>시치미를 떼었다.</u>

③ 그는 그녀와 영화를 보려고 이미 본 영화인데 안 본 척 <u>시치미를 떼었다.</u>

④ 태오는 집에 가자마자 이번 시험에서 자신이 1등을 했다고 <u>시치미를 떼었다.</u>

⑤ 형은 할머니께 용돈을 받고도 <u>시치미를 떼고</u> 나에게 돈이 하나도 없다고 하였다.

22회

고전 소설 글 수준: ★★★★ 어휘 수준: ★★★★ 글자 수: 985

공부한 날 [ ] 월 [ ] 일

15분 안에 푸세요.

㉠흥부가 제비의 다리를 고쳐 준 다음 제비가 물어다 준 박씨 덕분에 부자가 되었다는 소식*을 들은 놀부는 그날부터 제비를 몰러* 다녔다.

"내 제비, 내 제비. 어디 있는가, 내 제비."

그러나 한겨울에 제비는 볼 수 없고 삼월이 되자 제비 한 쌍이 놀부 집에 둥지를 틀고 새끼를 깠다*.

"아이고! 내 제비가 이제 왔으니 구렁이만 오면 되겠구나."

(가) 아무리 기다려도 구렁이가 오지 않아 놀부는 애*가 탔다. 결국 새끼 제비를 꺼내 다리를 분지른* 후 마룻바닥에 던져 놓고는 모르는 척 뒷짐을 지고* 있다가 소리쳤다.

"아이고, 여보 마누라. 제비가 떨어져서 다리가 부러졌으니 명주실*을 가져오게."

명주실로 제비 다리를 수백 번을 칭칭 감으니 너무 무거워 살 수나 있으려나. 그렇다고 놀부를 망하게 할 제비인데 죽을 리가 있겠는가. 제비가 어찌어찌 살아서 강남*으로 돌아가려 할 때 놀부가 말하였다.

"이봐라, 내 제비야. 네 목숨을 내가 살렸으니 은혜를 잊지 말고 박씨를 물고 오너라."

그렇게 강남 갔던 제비가 다음 해 삼월이 되어 돌아와 놀부의 손바닥에 박씨 하나를 떨어뜨리고는 날아가 버렸다.

"얼씨구나 좋을씨고. 이제 흥부보다 곱절*로 부자가 되겠구나."

놀부는 박씨를 심고 박이 열리기만 기다렸다. 박이 하루가 다르게 자라 여섯 통이나 열리니 놀부댁은 불길하다고* 뽑아 버리자 하나 놀부는 부자가 될 생각에 입이 귀밑까지 찢어져* 박을 타기 시작했다.

"슬근슬근 톱질이야."

드디어 박이 열리자 허름한* 옷차림의 웬 노인이 나타나 호통*을 쳤다.

"네 이놈, 놀부야! 네 할애비와 할미, 네 아비와 어미는 대대로 모두 나의 종이었다. 내가 과거 보러 한양에 올라간 사이 내 재산을 모두 훔쳐 간 후로 소식을 몰랐는데 제비에게 전해 듣고 먼 길을 달려왔다. 내 재산을 돌려받아야 하니 이 주머니를 가득 채워 오너라."

박에서 몽둥이를 든 하인들이 우르르 나오니 놀부는 거역할* 수 없는 입장*이라 작은 주머니를 채우는데 돈과 쌀을 채워도 어느새 사라지고 없었다.

– 『흥부전』

*소식 멀리 떨어져 있거나 자주 만나지 않는 사람의 사정이나 상황을 알리는 말이나 글. ***몰러** 짐승이나 공을 바라는 쪽으로 움직여 가게 하러. ***깠다** 알을 품어서 새끼가 껍질을 깨고 나오게 했다. ***애** 초조한 마음속. ***분지른** 단단한 것을 꺾어서 부러지게 한. ***뒷짐을 지고** 어떤 일에 자신은 전혀 상관없는 것처럼 구경만 하고. ***명주실** 누에고치에서 뽑은 실. ***강남** 중국 양쯔강의 남쪽 지역. ***곱절** 두 배. ***불길하다고** 나쁜 일이 생길 것 같다고. ***입이 귀밑까지 찢어져** 기쁘거나 즐거워 입이 크게 벌어져. ***허름한** 좀 낡은 듯한. ***호통** 몹시 화가 나서 크게 소리를 지르거나 꾸짖음. ***거역할** 윗사람의 말이나 뜻을 따르지 않을. ***입장** 바로 눈앞에 처하고 있는 처지나 상황.

1 세부 내용

이 글에서 일어난 일이 아닌 것은 무엇인가요? (　　　)

① 놀부가 새끼 제비의 다리를 고쳐 주었다.
② 놀부 집에 있던 새끼 제비의 다리가 부러졌다.
③ 구렁이가 놀부네 제비를 잡아먹으려고 하였다.
④ 강남 갔던 제비가 박씨를 물고 와 놀부에게 주었다.
⑤ 놀부가 제비가 준 박씨를 심었더니 박이 여섯 통이나 열렸다.

2 구조 알기

이 글의 '말하는 이'에 대한 설명으로 알맞은 것은 무엇인가요? (　　　)

① 말하는 이는 놀부의 아내이다.
② 등장인물인 제비가 일어난 일을 설명하고 있다.
③ 말하는 이가 직접 자신의 이야기를 들려주고 있다.
④ 말하는 이가 일어난 일에 대한 의견을 말하고 있다.
⑤ 말하는 이가 놀부와 대화하며 이야기를 이끌어 가고 있다.

3 어휘 어법

㉠에 나타난 '놀부'의 마음을 속담으로 표현한 것은 무엇인가요? (　　　)

① 달면 삼키고 쓰면 뱉는다
② 매도 먼저 맞는 놈이 낫다
③ 사촌이 땅을 사면 배가 아프다
④ 호박이 넝쿨째로 굴러떨어졌다
⑤ 가지 많은 나무에 바람 잘 날이 없다

4 비판 하기

㈎ 부분을 보고 '놀부'에게 해 줄 말로 가장 알맞은 것은 무엇인가요? (　　　)

① 놀부야, 제비 다리가 부러져서 많이 놀랐지?
② 제비 다리를 고쳐 주다니, 너는 아주 나쁜 사람이 아닌가 봐.
③ 자기가 제비 다리를 분질러 놓고 아닌 척하다니 진짜 뻔뻔하구나.
④ 네가 제비 다리를 분질렀지만 고쳐 주기도 했으니까 괜찮을 것 같아.
⑤ 부자가 되려고 제비 다리를 분질렀지만 속으로는 제비에게 많이 미안했지?

5 세부 내용

놀부가 박에서 나타난 노인의 주머니를 채운 까닭은 무엇인가요? ( )

① 사정이 딱한 노인을 도와주고 싶어서
② 박에서 나타난 노인이 놀부의 조상이라서
③ 노인의 주머니를 채우는 만큼 더 많은 보물을 받을 수 있어서
④ 놀부가 노인의 재산을 다 가지고 도망간 적이 있어서 되갚으려고
⑤ 노인이 놀부의 조상들이 가져간 재산을 다시 돌려받아야 한다고 해서

6 추론 하기

[보기]는 이 글이 쓰여졌던 시대에 대한 설명입니다. [보기]를 참고할 때 놀부가 바라는 삶으로 알맞은 것은 무엇인가요? ( )

> [보기] 「흥부전」의 배경이 되는 조선 후기에는 재산을 잃고 망하여 평민보다 못사는 양반들이 생겨났다. 또, 농업 기술과 상업이 발달하면서 평민이나 천민 출신들이 큰 재산을 모아 양반 못지않게 잘살기도 하였다. 이런 상황이 벌어지면서 돈이 있으면 양반 신분을 살 수 있을 정도로 신분보다는 부를 중요하게 생각하기 시작하였다.

① 형제간의 우애를 중요시한다.
② 기술을 배워서 부자가 되고자 한다.
③ 성실하게 농사를 지어서 부자가 되고자 한다.
④ 돈보다는 양반이라는 신분을 더 중요하게 여긴다.
⑤ 수단과 방법을 가리지 않고 재산을 모아 부자가 되고자 한다.

7 주제 찾기

이 글의 주제로 알맞은 것은 무엇인가요? ( )

① 부모님께 효도를 해야 한다.
② 동물을 아끼고 사랑해야 한다.
③ 한번 한 약속은 꼭 지켜야 한다.
④ 다른 사람에게 받은 도움을 꼭 갚아야 한다.
⑤ 착한 사람은 복을 받고, 악한 사람은 벌을 받는다.

22회 지문 익힘 어휘

정답 45쪽

1

어휘 의미

뜻에 알맞은 낱말을 [보기]에서 찾아 쓰세요.

[보기] 호통 입장 허름하다 불길하다 거역하다

(1) (   ): 좀 낡은 듯하다.

(2) (   ): 나쁜 일이 생길 것 같다.

(3) (   ): 윗사람의 말이나 뜻을 따르지 않다.

(4) (   ): 바로 눈앞에 처하고 있는 처지나 상황.

(5) (   ): 몹시 화가 나서 크게 소리를 지르거나 꾸짖음.

2

어휘 활용

빈칸에 들어갈 알맞은 낱말을 찾아 선으로 이으세요.

(1) 엄마는 내가 연락도 없이 늦게 들어왔다고 [ ]을 치셨다. •	• ㉮ 불길
(2) 내가 좋아하는 분식집은 아주 오래되고 [ ]한 곳이었다. •	• ㉯ 거역
(3) 우리 조상들은 까마귀의 울음소리를 [ ]한 징조라고 여겼다. •	• ㉰ 호통
(4) 삼촌은 의사가 되라는 할아버지의 뜻을 [ ]하고 화가가 되었다. •	• ㉱ 허름

3

어휘 확장

[보기]에서 밑줄 친 관용 표현의 뜻으로 알맞은 것은 무엇인가요? (   )

[보기] 누나가 전교 회장이 되었다는 소식에 아빠의 <u>입이 귀밑까지 찢어졌다.</u>

① 조금도 놀라지 않고 태연하다.
② 몹시 애타게 오랫동안 기다리다.
③ 배가 출출하여 무엇이 먹고 싶다.
④ 기쁘거나 즐거워 입이 크게 벌어지다.
⑤ 바른말을 매우 날카롭게 거침없이 하다.

23회

현대시　　글 수준: ★★★　　어휘 수준: ★★

공부한 날 [　] 월 [　] 일

13분 안에 푸세요.

홍시

김종영

쪽쪽 햇살*을 빨아 먹고
쪽쪽 ㉠노을*을 빨아 먹고.

통통
말랑말랑*
익은* ㉡홍시.

톡 건드리면
좌르르* 햇살이 쏟아질* 것 같아.
톡 건드리면
쭈르르* 노을이 흘러내릴 것 같아.

색동옷* 입은 아기 바람도
입만 맞추고 가고,
장난꾸러기* 참새들도
침만 삼키고 간다.

*햇살 해에서 나오는 빛의 줄기. *노을 해가 뜨거나 질 때 하늘이 붉게 보이는 현상. *말랑말랑 매우 보들보들하여 연하고 부드러운 느낌. *익은 열매나 씨가 여물은. *좌르르 물줄기 등이 잇따라 세차게 쏟아지는 소리나 모양. *쏟아질 담겨 있던 액체나 물질이 한꺼번에 바깥으로 나옴. *쭈르르 굵은 물줄기 등이 빠르게 흘러내리는 소리나 모양. *색동옷 색동의 옷감을 대서 만든 옷. *장난꾸러기 장난이 심한 아이.

1 세부 내용

이 시에 대한 설명으로 알맞은 것은 무엇인가요? (　　　)

① 4연에서는 홍시를 바람에 빗대어 표현하였다.
② 이 시에서 말하는 이는 홍시를 먹고 싶어 하는 '참새'이다.
③ 1, 2연은 홍시가 익어 가는 과정을 과학적으로 설명하였다.
④ 장난꾸러기 아이들이 홍시가 익어 가는 것을 방해하고 있다.
⑤ 1연과 3연은 비슷한 문장과 낱말을 반복해서 노래하는 느낌을 준다.

2 세부 내용

이 시에 나타난 계절은 언제인가요? (　　　)

① 봄　② 여름　③ 가을
④ 겨울　⑤ 알 수 없다.

3 추론 하기

㉠과 ㉡의 공통점으로 알맞은 것은 무엇인가요? (　　　)

① 색이 붉다.　② 크기가 작다.
③ 모양이 동글다.　④ 만지면 뜨겁다.
⑤ 모양이 통통하다.

4 어휘 어법

다음 설명에 해당하는 말은 무엇인가요? (　　　)

손으로 느껴지듯 홍시의 촉감을 생생하게 표현함.

① 쪽쪽　② 좌르르　③ 쭈르르
④ 말랑말랑　⑤ 쏟아질 것 같아

5 추론하기

이 시를 읽고 떠오르는 장면으로 알맞은 것은 무엇인가요? (　　　　)

① 햇살 아래 홍시가 익어 가는 장면
② 참새들이 홍시를 쪼아 먹고 있는 장면
③ 색동옷을 입은 아기가 홍시에 입 맞추는 장면
④ 아이들이 돌로 홍시를 톡 건드려서 따려고 하는 장면
⑤ 말랑말랑한 초록색 홍시들이 감나무에 주렁주렁 열린 장면

6 감상하기

이 시를 감상한 것으로 알맞지 않은 것은 무엇인가요? (　　　　)

① 글쓴이는 흉내 내는 말로 홍시를 생생하게 표현했어.
② 홍시가 하나도 남지 않을까 봐 아슬아슬한 마음이 들어.
③ 색동옷을 입은 아기 바람이라고 표현하니 바람이 귀엽게 느껴져.
④ 홍시가 사람처럼 햇살과 노을을 빨아 먹는다고 표현한 것이 재미있어.
⑤ 글쓴이는 홍시를 통해 시골의 한가롭고 따뜻한 풍경을 보여 주고 있어.

수능 연계

7 감상하기

이 시와 [보기]를 비교한 내용으로 알맞지 않은 것은 무엇인가요? (　　　　)

[보기]

홍시

심재기

훌- 훌-
가을을 벗어 버린
장독대 감나무
장대 들고 홍시 찾던
할머니

할머니 등 뒤로
타오르던 저녁놀
빠알갛게
빠알갛게
타오른다.

쏘옥- 쏙
입 안 가득 빨아들인 홍시
달디 단
할머니 맛이 난다.

① 아인: 두 시는 모두 홍시를 보고 쓴 시야.
② 은빈: 이 시는 아무도 홍시를 먹지 않고 지켜 줬는데, [보기]는 홍시를 먹고 있어.
③ 성현: 이 시는 흉내 내는 말을 사용했지만, [보기]는 흉내 내는 말을 사용하지 않았어.
④ 민재: 이 시는 손으로 느껴지듯 홍시의 촉감을 표현했지만, [보기]는 입으로 느껴지듯 홍시의 맛을 표현했어.
⑤ 윤지: 이 시는 자연 속에서 익어 가는 홍시를 보고 감탄하는 마음을 표현했다면, [보기]는 홍시를 통해 할머니를 그리워하는 마음을 표현했어.

23회 지문 익힘 어휘

정답 47쪽

1 어휘 의미

뜻에 알맞은 낱말을 찾아 선으로 이으세요.

(1) 열매나 씨가 여물다. •　　　　• ㉮ 노을

(2) 해가 뜨거나 질 때 하늘이 붉게 보이는 현상. •　　　　• ㉯ 익다

(3) 물줄기 등이 잇따라 세차게 쏟아지는 소리나 모양. •　　　　• ㉰ 좌르르

(4) 담겨 있던 액체나 물질이 한꺼번에 바깥으로 나오다. •　　　　• ㉱ 쏟아지다

2 어휘 활용

빈칸에 들어갈 알맞은 낱말을 [보기]에서 찾아 쓰세요.

[보기]	노을	익은	쏟아져	좌르르

(1) 여름 햇살에 잘 ( ) 옥수수는 꿀맛이었다.

(2) 보온병이 엎어졌는지 가방에서 물이 ( ) 흘렀다.

(3) 바닷가에서 아버지와 함께 본 ( )은/는 정말 예뻤다.

(4) 밀가루 봉지에 구멍이 나서 가루가 밖으로 ( ) 나왔다.

3 어휘 확장

[보기]를 참고할 때 밑줄 친 낱말의 쓰임이 알맞지 않은 것은 무엇인가요? ( )

[보기]	• –꾸러기: '그것이 심하거나 많은 사람'이라는 뜻을 더하는 말.

① 일꾸러기 윤호는 오늘도 아침부터 바쁘다.
② 말썽꾸러기 승수 때문에 하루도 조용할 날이 없다.
③ 엄살꾸러기 누나는 주사를 맞기도 전에 소리부터 질렀다.
④ 자기 과자를 다 먹고도 내 과자를 먹겠다는 욕심꾸러기 내 동생.
⑤ 깨우지 않으면 아침 11시에 일어나는 우리 형은 정말 잠꾸러기다.

24회

현대 소설 글 수준: ★★★★ 어휘 수준: ★★★★ 글자 수: 982

공부한 날 월 일

15분 안에 푸세요.

[앞 이야기] 청년 바사니오는 포샤에게 청혼하기 위해 친구인 안토니오에게 돈을 빌려 달라고 한다. 당장 돈이 없던 안토니오는 고리대금업자* 샤일록에게 정해진 날에 돈을 갚지 않으면 살을 1파운드* 잘라서 가져가겠다는 계약서를 쓰고 돈을 빌린다. 바사니오는 무사히 포샤와 결혼하지만, 안토니오는 물건을 실은 배가 침몰해 돈을 갚지 못했다. 포샤는 감옥에 갇힌 안토니오를 돕기 위해 안토니오의 변호사로 나선다.

재판이 시작되자 포샤는 공작*에게 벨라리오의 편지를 전했다. 벨라리오가 몸이 아파 안토니오의 변호*를 해 줄 사람을 대신 보낸다는 편지였다. 그 변호사는 바로 법복*을 입고 남자로 변장한* 포샤였다. 샤일록은 음흉한* 표정을 지었고 안토니오는 근심*에 찬 얼굴로 서 있었다. 그 곁에 선 바사니오는 자신의 아내를 전혀 알아보지 못했다. 포샤는 먼저 샤일록에게 말했다.

"베니스 법에 따르면 당신은 계약서대로 안토니오의 살 1파운드를 떼어 갈 수 있습니다. 하지만 당신은 자비*를 택할* 수도 있습니다. 자비란 하늘에서 내리는 단비*와 같습니다. 자비는 베푸는 사람도, 받는 사람도 축복을 받을 수 있으니까요. 자비는 하나님의 뜻이고 하나님은 우리가 서로에게 자비를 베풀기를 원하십니다."

감동적인 연설*이었지만 샤일록은 자비를 베풀 생각이 전혀 없었다.

"됐소. 나는 계약서대로 안토니오의 살 1파운드를 베어 내겠소."

포샤는 안토니오에게 물었다. / "아직도 빚을 갚을 능력이 없습니까?"

"아닙니다. 이미 빌린 돈의 몇 배라도 주겠다고 했지만 샤일록이 받지 않겠다고 했습니다."

바사니오는 포샤에게 무릎을 꿇고 친구의 목숨을 살려 달라고 간청했다*. 하지만 포샤는 한번 정해진 법을 마음대로 고칠 수 없다고 말했다. 포샤의 말에 샤일록은 신나서 어서 안토니오의 살을 도려내어 달라고 했다. / "안토니오, 죽기 전에 할 말이 있습니까?"

"없습니다. 저는 죽을 각오*가 되어 있습니다. 바사니오, 잘 있게. 내 죽음을 자네 때문이라고 생각하지 말게. 자네 아내에게도 안부*를 전해 주게."

(가) 바사니오는 울고 샤일록은 웃으며 칼을 집어 들었다. 그때 포샤가 샤일록에게 말했다.

"좋습니다. 안토니오의 살 1파운드는 당신 것입니다. 하지만 피는 한 방울도 가질 수 없습니다. 계약서에는 피도 준다는 말은 없습니다. 한방울이라도 피를 흘린다면 베니스 법으로 당신의 재산을 모두 빼앗을 것이오!"

칼을 들고 다가가던 샤일록은 포샤의 말에 당황해* 아무 말도 하지 못했다.

– 셰익스피어, 「베니스의 상인」

*고리대금업자 비싼 이자를 받고 돈을 빌려주는 사람. *파운드 무게의 단위. *공작 옛날 서양 귀족의 다섯 등급 중 첫째 등급. *변호 법정에서 검사에 맞서 피고인을 편들어 말하는 것. *법복 법관이 재판을 할 때 입는 옷. *변장한 옷차림이나 모습을 남이 알아보지 못하게 꾸민. *음흉한 겉과 다르게 속으로는 엉큼하고 흉악한. *근심 좋지 않은 일이 생길지도 모른다는 두렵고 불안한 마음. *자비 남을 깊이 사랑하고 불쌍하게 여김. *택할 여럿 가운데서 고를. *단비 꼭 필요한 때에 적당하게 내리는 비. *연설 여러 사람 앞에서 자기의 생각이나 주장을 발표함. *간청했다 간절히 부탁했다. *각오 앞으로 겪을 힘든 일에 대한 마음의 준비. *안부 어떤 사람이 편안하게 잘 지내는지에 대한 소식. *당황해 놀라거나 매우 급하여 어떻게 해야 할지를 몰라.

1 세부 내용

이 글에 대한 설명으로 알맞지 않은 것은 무엇인가요? (　　　)

① 결말이 슬프게 끝나는 이야기이다.
② 중심 사건은 안토니오의 재판이다.
③ 포샤의 지혜로 이야기 속 상황이 뒤바뀐다.
④ 사건이 일어나는 장소는 베니스의 재판정이다.
⑤ 가장 큰 갈등은 안토니오와 샤일록이 벌이는 갈등이다.

2 세부 내용

안토니오와 샤일록이 계약한 내용은 무엇인가요? (　　　)

① 안토니오가 샤일록에게 빌린 돈을 정해진 날짜에 갚지 못하면 바사니오가 대신 갚는다.
② 안토니오가 샤일록에게 빌린 돈을 정해진 날짜에 갚지 못하면 몇 배의 돈으로 물어 준다.
③ 바사니오가 샤일록에게 빌린 돈을 정해진 날짜에 갚지 못하면 안토니오의 살 1파운드를 잘라서 갚는다.
④ 안토니오가 샤일록에게 빌린 돈을 정해진 날짜에 갚지 못하면 안토니오의 살 1파운드를 잘라서 갚는다.
⑤ 안토니오가 샤일록에게 빌린 돈을 정해진 날짜에 두 배로 갚지 못하면 안토니오의 살 1파운드를 잘라서 갚는다.

3 추론하기

샤일록의 성격으로 알맞은 것은 무엇인가요? (　　　)

① 불의를 못 참는다.
② 규칙을 잘 지킨다.
③ 지혜롭고 논리적이다.
④ 야박하고 인정이 없다.
⑤ 남에게 자비를 베풀 줄 안다.

4 어휘 어법

㈎ 부분에서 샤일록이 처한 상황을 나타낸 한자 성어는 무엇인가요? (　　　)

① 다다익선(多多益善): 많으면 많을수록 좋음.
② 천만다행(千萬多幸): 뜻밖에 운이 좋아 일이 매우 잘됨.
③ 자승자박(自繩自縛): 자기가 한 말과 행동 때문에 자신이 곤란하게 됨.
④ 전화위복(轉禍爲福): 불행하고 나쁜 일이 바뀌어 오히려 좋은 일이 됨.
⑤ 어부지리(漁夫之利): 두 사람이 다투는 사이에 다른 사람이 대신 이익을 얻음.

5 **[보기]를 참고할 때 포샤가 남자로 변장한 까닭은 무엇인가요? (　　　)**

추론하기

> [보기] 셰익스피어가 살았던 시대에는 여성의 사회 활동을 좋아하지 않았다. 사회 활동은 남성이 해야 하고, 여성은 아이를 낳아 기르고 남성에게 순종하는 것이 바람직하다고 여겼다.

① 포샤가 원래 연극 배우라서
② 여자는 집 밖으로 나올 수 없어서
③ 포샤가 남자로 변장하는 것을 좋아해서
④ 남자로 변장하면 더 멋지다고 생각해서
⑤ 여자는 재판에 나가 변호를 할 수 없어서

6 **이 글을 감상한 내용으로 알맞지 않은 것은 무엇인가요? (　　　)**

감상하기

① 계약서대로 하되, 안토니오를 살려 낸 포샤는 정말 영리한 여성이야.
② 계약서대로 실행했을 뿐인데 악한 사람처럼 표현된 샤일록이 불쌍해.
③ 바사니오는 무릎을 꿇고 간청할 정도로 친구 안토니오를 정말 아끼나 봐.
④ 안토니오는 계약서 때문에 목숨을 잃을 뻔했어. 계약서는 신중하게 써야 해.
⑤ 아무리 변장을 했더라도 자기 아내를 알아보지 못하다니 바사니오는 참 답답하군.

7 **[보기]를 참고하여 오늘날이라면 이 재판의 판결로 알맞은 것은 무엇인가요? (　　　)**

적용창의

> [보기] 현대의 법은 개인의 재산을 인정해 특별한 상황을 제외하고 개인 간의 계약을 간섭하지 않는다. 다만 타인에게 손해를 끼쳤다면 책임을 따져 그 손해를 물어 주는 것을 원칙으로 한다. 또한 사람의 생명을 걸고 한 계약이나 사회 질서를 해치는 계약은 처음부터 이루어지지 않는다.

① 샤일록의 재산을 인정하여 안토니오의 살 1파운드를 주라고 판결한다.
② 안토니오의 생명을 걸고 한 계약이니 처음부터 계약이 이루어지지지 않는다.
③ 포샤처럼 안토니오의 살 1파운드를 가져가되, 피를 흘려서는 안 된다고 판결한다.
④ 개인 간의 계약을 간섭하지 않으므로, 샤일록과 안토니오가 알아서 해결하게 놔둔다.
⑤ 안토니오가 샤일록의 재산에 손해를 끼쳤으므로 안토니오에게 돈을 갚으라고 판결한다.

정답 49쪽

24회 지문 익힘 어휘

1 어휘 의미

낱말과 그 뜻이 알맞게 짝 지어지지 않은 것은 무엇인가요? (　　　)

① 간청하다: 간절히 부탁하다.
② 각오: 남을 깊이 사랑하고 불쌍하게 여김.
③ 음흉하다: 겉과 다르게 속으로는 엉큼하고 흉악하다.
④ 변장하다: 옷차림이나 모습을 남이 알아보지 못하게 꾸미다.
⑤ 당황하다: 놀라거나 매우 급하여 어떻게 해야 할지를 모르다.

2 어휘 활용

빈칸에 들어갈 알맞은 낱말을 찾아 선으로 이으세요.

(1) 영화 속 악당들은 항상 [　　]한 미소를 짓고 있다.	㉮ 당황
(2) 이순신은 죽을 [　　]을/를 하고 적과 싸우러 그 바다로 나갔다.	㉯ 변장
(3) 아빠는 산타 할아버지로 [　　]하고 선물을 들고 집에 오셨다.	㉰ 각오
(4) 지율이는 갑자기 불이 켜지며 폭죽이 터지자 [　　]한 표정이었다.	㉱ 음흉
(5) 첼로 연주자는 오디션에서 실수를 한 뒤 다시 한 번 기회를 달라고 [　　]했다.	㉲ 간청

3 어휘 확장

밑줄 친 낱말과 바꾸어 쓸 수 있는 낱말의 기호를 쓰세요.

(1) 나는 시험을 망칠 것 같아 <u>근심</u>에 싸여 있었다. ………………………… (　　　)
㉮ 관심　㉯ 걱정　㉰ 비밀

(2) 언니는 중학교 때부터 피아노를 전공으로 <u>택했다</u>. ……………………… (　　　)
㉮ 가렸다　㉯ 남겼다　㉰ 골랐다

(3) 우리는 의사에게 아버지의 수술을 맡아 달라고 <u>간청했다</u>. …………… (　　　)
㉮ 애원했다　㉯ 명령했다　㉰ 노력했다

25회

현대 소설 글 수준: ★★★ 어휘 수준: ★★ 글자 수: 986

공부한 날 월 일

13분 안에 푸세요.

[앞 이야기] 도시 한복판에 '행복한 왕자'의 조각상이 있었다. 왕자의 몸은 순금*이었고 몸에는 각종 보석이 박혀 있었다. 어느 날 시기를 놓쳐 혼자서 남쪽으로 날아가던 제비 한 마리가 도시로 날아왔다. 밤이 되자 제비는 행복한 왕자의 동상 아래서 잠을 청했다. 그런데 그때 제비의 몸에 물방울이 떨어졌고 제비는 왕자의 눈물을 보았다.

"당신은 누구세요?" / 제비가 물었다.

"나는 행복한 왕자란다." / "그런데 왜 울고 있어요?"

"내가 인간의 심장을 가지고 살아 있을 때 난 눈물을 몰랐단다. 슬픔과 근심, 걱정이 없는 궁전에 살았으니까. 내 주위엔 온통 아름다운 것들이었고 사람들은 나를 행복한 왕자라고 불렀지. 즐거운 것이 행복이라면 나는 정말 행복했어. 그러다 내가 죽자 사람들은 순금을 바르고 보석을 박은 동상*으로 만들어 나를 이 높은 곳에 세워 놓았지. 여기서는 이 도시의 비참하고* 추한* 모습들이 모두 보인단다. 내 심장은 납덩이*지만 이렇게 눈물을 흘릴 수밖에 없어."

'뭐야? 심장이 순금이 아니라고?'

하지만 예의 바른 제비는 속으로만 생각하고 그 말을 하지는 않았다.

"저 멀리 좁은 골목길, 낡은 집에 여위고* 지친 얼굴을 한 여인이 보여. 재단사*인 그녀는 여왕님의 시녀가 입을 드레스에 시계풀꽃 무늬를 수놓고* 있구나. 방 한구석 침대에는 그녀의 어린 아들이 아파서 누워 있어. 열이 펄펄 나는 아들은 오렌지가 먹고 싶다고 조르지만* 엄마는 강에서 떠 온 물밖에 줄 것이 없단다. 제비야, 귀여운 제비야. 내 칼자루에 박힌 루비*를 그 여인에게 가져다주지 않을래? 내 발은 받침대에 붙어서 움직일 수가 없구나."

"저는 이집트에 가야 해요. 친구들은 날 기다리며 나일강 위를 날고, 밤에는 위대한 왕의 무덤에서 잠을 잘 거예요." / 행복한 왕자가 다시 말했다.

"제비야, 귀여운 제비야. 딱 하룻밤만 내 곁에서 심부름을 해 주지 않겠니? 아이의 병이 깊어 그 어머니는 몹시도 슬퍼하고 있구나."

"저는 아이들을 좋아하지 않아요. 지난 여름 강가에서 아이들이 저에게 돌을 던졌거든요. 제가 잽싸서* 한 번도 맞지는 않았지만 못된* 아이들이지요."

하지만 왕자의 슬픈 표정을 보니 제비는 맘이 좋지 않았다.

"여기는 춥지만 딱 하룻밤만 당신의 심부름을 해 드릴게요."

"정말 고마워. 귀여운 제비야."

제비는 왕자의 칼자루에서 루비를 빼어 물고 도시의 지붕 위를 날아갔다.

– 오스카 와일드, 「행복한 왕자」

*순금 다른 것이 섞이지 않은 순수한 금. *동상 사람이나 동물의 모습으로 만든 기념물. *비참하고 몹시 슬프며 끔찍하고. *추한 말과 행동 등이 지저분하고 더러운. *납덩이 가장 무겁고 열에 잘 녹는 잿빛의 금속으로 된 덩어리. *여위고 살이 빠져 몹시 마르고. *재단사 옷을 만들 때 옷감을 일정한 모양이나 크기로 자르는 사람. *수놓고 바늘에 색실을 꿰어 헝겊에 무늬나 그림, 글자를 떠서 놓고. *조르지만 누구에게 무엇을 해 달라고 자꾸 요구하지만. *루비 붉은빛을 띤 투명한 보석. *잽싸서 눈치나 동작이 매우 빨라서. *못된 성질이나 하는 행동이 좋지 않거나 고약한.

1 구조 알기

이 글에 대한 설명으로 알맞은 것은 무엇인가요? (　　　)

① 두 인물의 대화를 통해 이야기가 진행된다.
② 주인공이 사건을 자세하게 설명해 주고 있다.
③ 두 인물이 갈등을 일으키며 이야기가 진행된다.
④ 인물의 대화 없이 장면 설명으로만 이야기가 진행된다.
⑤ 현재보다 과거에 일어났던 일을 중심으로 이야기가 진행된다.

2 세부 내용

사람들이 '나'를 행복한 왕자라고 부르는 까닭은 무엇인가요? (　　　)

① 죽은 후에 더 행복해져서
② 행복하지 않은 '나'를 놀리기 위해서
③ '나'가 항상 행복하기를 바라는 마음을 전하려고
④ '내'가 스스로 자신을 행복한 왕자라고 말하고 다녀서
⑤ 살아 있을 때 슬픔과 근심, 걱정 없이 행복하게만 살아서

3 세부 내용

'행복한 왕자'가 '제비'에게 부탁한 일은 무엇인가요? (　　　)

① 재단사 대신 수를 놓아 달라는 것
② 재단사의 아들에게 물을 가져다주라는 것
③ 재단사의 아들에게 약을 가져다주라는 것
④ 재단사에게 자신의 루비를 가져다주라는 것
⑤ 행복한 왕자의 발을 받침대에서 떨어지게 해 달라는 것

4 어휘 어법

다음 두 낱말과 같은 관계로 짝 지어진 낱말은 무엇인가요? (　　　)

추하다 – 아름답다

① 곁 – 옆　② 궁전 – 궁궐　③ 행복 – 불행
④ 온통 – 전부　⑤ 예의 – 예절

5 추론하기

'행복한 왕자'와 '제비'의 성격으로 알맞은 것은 무엇인가요? (   )

	행복한 왕자	제비
①	뻔뻔하고 치사하다.	겸손하고 신중하다.
②	노는 것을 좋아한다.	성실하고 부지런하다.
③	눈물이 많고 여리다.	의심이 많고 냉정하다.
④	마음이 착하고 너그럽다.	마음이 여리고 정이 많다.
⑤	이기적이고 자기밖에 모른다.	참을성이 없고 급하다.

6 감상하기

이 글을 감상한 것으로 알맞지 않은 것은 무엇인가요? (   )

① 제비는 아이들이 던진 돌에 맞을 뻔한 적이 있군.
② 제비는 따뜻한 곳을 찾아 이집트로 가는 길이었구나.
③ 왕자의 심장은 납덩이지만 살아 있을 때보다 더 따뜻한 마음을 가지고 있네.
④ 왕자는 받침대에 발이 붙어 움직일 수 없으니 심부름을 한 제비가 고맙겠군.
⑤ 지금도 늦었는데 남쪽으로 가려는 제비를 붙잡다니 왕자는 뻔뻔한 사람이야.

7 주제 찾기

[보기]는 이 글의 다른 부분입니다. [보기]를 참고할 때, 이 글의 주제로 알맞은 것은 무엇인가요? (   )

> [보기] 행복한 왕자의 부탁대로 제비는 행복한 왕자에게 마지막 남은 사파이어 눈을 뽑았다. 그리고 그것을 성냥팔이 소녀에게 살며시 떨어뜨려 주었다.
> "이제 왕자님은 앞을 볼 수가 없네요. 제가 왕자님 곁에 계속 있을게요."
> "귀여운 제비야. 너는 이제 이집트로 떠나야 해."
> "저는 이제 영원히 왕자님 곁에 있겠어요."
> 제비는 왕자의 발 아래에서 잠이 들었다.

① 새로운 모험과 자연의 소중함
② 위기 상황을 극복할 수 있는 지혜
③ 지나친 욕심이 부르는 비극적 결말
④ 나누는 삶의 기쁨과 진정한 행복의 의미
⑤ 포기하지 않고 끝까지 노력하는 태도의 중요성

정답 51쪽

25회 지문 익힘 어휘

1
어휘 의미

밑줄 친 낱말의 뜻을 찾아 기호를 쓰세요.

(1) 여러 사람이 다친 사고 현장은 비참했다. .... (　　　)
㉮ 몹시 슬프고 끔찍하다.
㉯ 과거의 좋지 않았던 일들을 깨끗이 해결하다.

(2) 엄마는 못된 짓만 하던 내가 달라졌다며 기뻐하셨다. .... (　　　)
㉮ 마음씨나 행동 등이 곱고 바르며 상냥하다.
㉯ 성질이나 하는 행동이 좋지 않거나 고약하다.

(3) 나와 누나는 주말에 놀이공원에 가자고 부모님을 졸랐다. .... (　　　)
㉮ 요청하는 일을 하도록 들어주다.
㉯ 누구에게 무엇을 해 달라고 자꾸 요구하다.

(4) 방에 들어가자 동생이 먹던 과자를 잽싸게 책상 속에 넣었다. .... (　　　)
㉮ 눈치나 동작이 매우 빠르다.
㉯ 움직임이 답답할 만큼 매우 느리다.

2
어휘 활용

밑줄 친 낱말의 쓰임이 알맞지 않은 것은 무엇인가요? (　　　)

① 형은 심심할 때마다 나를 괴롭히는 못된 버릇이 있다.
② 독수리가 들고 있던 고기를 잽싸게 낚아채서 멀리 날아갔다.
③ 어머니는 며칠 동안 밥을 제대로 잡수시지 못해 몸이 여위셨다.
④ 학교에 초대받은 마술사가 조른 손놀림으로 동전을 소매 속에 감추었다.
⑤ 일제 강점기에 우리나라 사람들은 일본에게 모든 물자를 빼앗겨 비참한 생활을 했다.

3
어휘 확장

빈칸에 들어갈 알맞은 낱말을 [보기]에서 찾아 기호를 쓰세요.

[보기] ㉮ 여위다: 살이 빠져 몹시 마르다.
㉯ 여의다: 부모나 배우자가 죽어서 이별하다.

(1) 밥을 잘 안 먹는지 그녀는 너무 [　　　]. (　　　)

(2) 그녀는 전쟁터에서 사랑하는 남편을 [　　　]. (　　　)

(3) 며칠 심하게 앓고 나더니 성진이의 얼굴이 몹시 [　　　]. (　　　)

(4) 할아버지는 안타깝게도 어린 시절 일찍이 부모를 [　　　]. (　　　)

'립(立)' 자는 '서다', '똑바로 서다', '임하다'라는 뜻을 가진 글자예요. 이 글자는 사람이 땅 위에 선 모습을 흉내 내어 만들었지요. 땅을 딛고 선다는 뜻에서 사물의 위치가 바로 세워져 있다는 뜻도 있어요.

• 다음 획순에 따라 한자를 따라 쓰세요.

立	丶 亠 亣 立

立	立	立					

성립 成立
(이룰 성, 설 립)

일이나 관계 등이 제대로 이루어짐.
예 휴전이 성립되어 전쟁터에서 총소리가 멈추었다.
반대말 불성립(不成立): 일이나 관계 등이 제대로 이루어지지 않음.

입장 立場
(설 립(입), 마당 장)

바로 눈앞에 처하고 있는 처지나 상황.
예 독도에 대한 정부의 입장은 독도가 우리 고유의 영토라는 것이다.

대립 對立
(대할 대, 설 립)

생각이나 의견, 입장이 서로 반대되거나 맞지 않음.
예 두 사람은 의견 대립이 심각해 말다툼으로 번졌다.
비슷한말 대치(對峙)

Q 빈칸에 공통으로 들어갈 한자는 무엇인가요? (　　　)

성☐　　☐장　　대☐　　불성☐

① 心　② 立　③ 山　④ 美　⑤ 生

정답 ②

❸ 학년 | 문학_사진 출처

66쪽 쇠무릎 Dinesh Valke(위키백과)

수능 국어

실전 30분 모의고사

문학

3학년 | 2회분 수록

NE 능률

3학년

제1회 모의고사

문학

이름	

※ 모의고사 유의 사항

○ 문제지의 해당란에 이름을 쓰십시오.

○ 모의고사의 문항 수는 총 20문제이며, 시간은 총 30분입니다.

○ 표지를 넘기면 우측 상단에 있는 QR 코드를 스마트폰으로 찍으십시오.

○ 타이머 영상이 재생되면 스마트폰을 옆에 두고 남은 시간을 확인하면서 문제를 풀면 됩니다.

NE 능률

제1회 모의고사

문학

3학년

30분 안에 푸세요.

[1~4] 다음 글을 읽고 물음에 답하시오.

[앞 이야기] 벼 이삭 나라에서 벼 이삭들이 여름내 자라고 가으내 익으며 살고 있었다. 어느 날 농부가 낫으로 벼 이삭을 잘랐다. 잘 말린 벼알을 털어낼 때 제일 정답던 삼 형제도 헤어졌다. 볏섬에 담긴 맏형 벼알은 큰 도시의 창고 안으로 들어갔다.

(가) 그 창고 안에 가만히 좀 누워서 오랜 여행에 피곤해진 몸을 좀 쉬려 했더니 그럴 사이도 없이 섬은 다시 들려 나와서 정미소로 끌려갔습니다.

물론 경험이 없는 맏형 벼알은 그런 줄은 모르고 정신이 알딸딸해 있었습니다.

무엇인지 무슨 홈통 같은 속으로 쑤루루 쏟겨 들어간 기억은 있는데 그다음부터는 어떻게도 몹쓸게 얻어맞고 밟히고 했는지 그냥 정신을 차릴 수가 없었습니다.

방 안이 어두워서 무엇이 무엇인지 잘 분간할 수도 없는데 하여튼 무엇이 핑핑 돌아가고 요란한 소리가 나고 하는데 맏형 벼알은 어찌나 두들겨 맞고 밟혔던지 그만 후줄근해지고 말았습니다.

매질이 끝나자 몸을 돌아보니 어느새 그 노랗고 까슬까슬한 옷을 홀짝 벗기우고 맨 벌거숭이가 되고 말았습니다.

참으로 오래간만에 밝은 데를 나와 보니 눈이 부신데다가 벌거벗은 벼알의 몸들이 어떻게도 하얀지 얼른 눈을 뜰 수가 없었습니다.

<중략>

(나) 쌀이 된 맏형님은 그 후 어떤 큰 기와집으로 팔려 갔습니다.

그 큰 집 하인 여편네는 쌀을 씻고 또 씻더니 솥에다 넣고 불을 때서 밥을 ㉠<u>지었습니다.</u>

맏형님 쌀알은 처음에는 멋도 모르고서 보들보들 마른 몸을 찬물에 목욕을 시켜 주니까 좋아서 싱글벙글하였더니 웬걸, 시커먼 솥 속에 갇히어 버리자 솥 안이 차차 뜨거워 지더니만 그 안에는 어떻게도 뜨거운지 그냥 참을 수 없어서 펄펄 끓어올랐습니다.

(다) 물에 불어 눅눅하고 뜨거운 물에 대서 보드라워진 몸이 맥이 없어 누워 있노라니까 이번에는 하얀 사발에 주섬주섬 담겨서 방 안으로 들어갔습니다.

"야, 밥 먹어라."

하고 그 집 마나님이 아들을 불렀습니다.

맏형님 벼알은 속으로 갑자기,

'또 내 이름이 밥이 되었나, 원, 이름도 참 잘두 갈아들인다. 참.'

하고 생각하였습니다.

부잣집 아이는 배가 불러서 밥투정이 심했습니다.

그래서 밥을 먹지는 않고 숟갈로 퍼 뚱기기만 하고 앉아 있는 바람에 고만, 밥이 된 맏형 벼알은 다른 밥알들 틈에 섞인 채로 방바닥에 나와 떨어지고 말았습니다.

그날 이 밥알들은 먹다 남긴 반찬 부스러기들과 함께 쓰레기통으로 들어가고 말았습니다.

- 주요섭, 「벼알 삼 형제」

1. 이 글의 내용으로 알맞지 <u>않은</u> 것은 무엇인가요? (　　　)

① 부잣집 아이는 밥투정이 심했다.
② 만형님은 가난한 집으로 팔려 갔다.
③ 사발에 담긴 만형님은 이름이 밥이 되었다.
④ 만형 벼알은 반찬과 함께 쓰레기통으로 들어갔다.
⑤ 만형 벼알은 매질이 끝나고 맨 벌거숭이가 되었다.

2. (가)~(다)에서 만형의 이름이 변화된 순서로 알맞게 연결된 것은 무엇인가요? (　　　)

	(가)	(나)	(다)
①	이삭	벼	밥
②	이삭	벼	이삭
③	벼	정미	쌀
④	벼	쌀	밥
⑤	벼	쌀	사발

3. 밑줄 친 ㉠과 비슷한 뜻으로 사용한 말은 무엇인가요? (　　　)

① 한숨을 지었습니다.
② 소설을 지었습니다.
③ 미소를 지었습니다.
④ 노래를 지었습니다.
⑤ 아침을 지었습니다.

4. <보기>는 만형 벼알의 삶을 요약한 내용입니다. 이 글과 <보기>를 통해서 '만형 벼알'에게 하고 싶은 말을 가장 알맞게 한 친구는 누구인가요? (　　　)

<보 기>

만형 벼알은 정미소에서 얻어 맞고, 시커먼 솥 속에서 펄펄 끓어올랐습니다. 그리고 방바닥에 떨어지고 반찬 부스러기와 함께 쓰레기통으로 들어갔습니다. 이후 만형 벼알은 쓰레기 속에서 빗물에 씻겨 물이 되어 둘째 벼알이 잎을 내보내는 데 큰 도움이 되었습니다.

① 영우: 밥이 되려고 정미소로 간 만형은 정말 똑똑해.
② 선아: 솥 속에서 끓어오르지 않으려면 불조심을 해야 해.
③ 명석: 동생보다 자신을 위한 모습이 이기적으로 느껴졌어.
④ 수현: 힘든 상황을 극복하고 동생에게 도움을 준 모습이 멋있어.
⑤ 준호: 도망가지 않고 바보처럼 정미소에서 얻어 맞는 모습이 안타까워.

[5~8] 다음 글을 읽고 물음에 답하시오.

[앞 이야기] 크리스마스 이브날 밤, 스크루지에게 친구 말리의 유령이 나타나 크리스마스 유령들이 곧 찾아올 것이라고 말해 준다. 얼마 후 '과거 유령'이 나타나 순수했던 스크루지의 어린 시절을 보여 준다. 그다음으로 '현재 유령'이 나타나 화내고 부려 먹기만 한 자신을 위해 가족들과 함께 축배를 드리는 직원, 봅의 모습을 보여 준다.

ⓐ12시를 알리는 종소리와 함께 무대 중앙에만 불이 켜지고 까만 망토를 뒤집어쓴 미래 유령이 스크루지와 함께 서 있다. 미래 유령이 손가락을 뻗어 오른쪽을 가리키면 무대 오른쪽에 불이 켜지며 행인 1, 2 등장한다.

ⓑ행인 1: 어젯밤에 수전노 영감이 죽었다던데, 왜 죽었답디까?

행인 2: 혼자 살다 죽었으니 알 길이 없지요. 하지만 천벌을 받은 걸 겁니다.

행인 1: 쯧쯧, 장례식에 사람들이 오기나 할까 모르겠네요.

무대 오른쪽 불이 꺼지며 행인 1, 2 퇴장한다.

스크루지: (유령을 향해) 누가 죽었나 봅니다. 그런데 사람들이 하나도 슬퍼하질 않는군요.

미래 유령이 손가락을 뻗어 왼쪽을 가리킨다. 무대 왼쪽에 불이 켜지면 가게에서 사람들이 침대 커튼, 셔츠 등을 늘어놓고 흥정하고 있다.

장물아비: ⓒ(침대 커튼을 들추며) 불쌍한 수전노 영감! 사람들이 자기 죽음을 슬퍼하기는 커녕 쓰던 물건을 훔쳐다가 이렇게 팔아먹을 줄은 몰랐을 거야.

남자: 영감의 고약한 행실에 비하면 이건 아무것도 아니죠.

여자: 내가 가져온 셔츠는 돈을 많이 줘야 해요. 곧 땅에 묻힐 영감에겐 과분해 보여서 힘들게 벗겨 온 거니까요.

무대 왼쪽 불이 꺼지면 스크루지는 고개를 갸웃거리며 미래 유령에게 묻는다.

스크루지: 도대체 누가 죽은 겁니까? 이 환영들은 제게 못된 행실을 고치지 않으면 저 꼴을 당한다는 걸 보여 주려는 거죠?

ⓓ그때 스크루지 주위가 밝아지며 무대 위에 묘지의 모습이 드러난다. 그중 두드러지게 눈에 띄는 묘비 하나가 있다.

스크루지: 여기 죽은 이의 묘비가 있군요. 누가 죽은 건지 어디 좀 볼까? (묘비에 가까이 다가가 거기에 적힌 걸 읽는다.) 한평생을 저 혼자만을 위해 산 스크루지, 영원히 잠들다. (크게 놀라며) 뭐? 스크루지? (몸을 부들부들 떨며) 그, 그, 그럼 아까 죽은 사람이 바로 나, 나였단 말입니까?

미래 유령이 천천히 고개를 끄덕이면 스크루지, 미래 유령의 손을 붙잡고 눈물을 흘린다.

스크루지: (㉠) 제발 이 끔찍한 환영에서 깨어나 새사람으로 살 기회를 주십시오!

[뒷이야기] 크리스마스 아침에 눈을 뜬 스크루지는 봅의 집에 이름을 밝히지 않고 칠면조를 보내고 가난한 사람들을 위하여 큰돈을 기부한다. 그런 다음, 조카 프레드의 집으로 가 크리스마스 파티에 참석한다.

- 찰스 디킨스, 「크리스마스 캐럴」

5. 이 글의 주제로 가장 알맞은 것은 무엇인가요? (　　　)

① 유령의 말을 잘 들어야 한다.
② 남의 물건을 훔쳐서는 안 된다.
③ 돈을 아껴 쓰는 삶을 살아야 한다.
④ 규칙적인 생활을 하며 살아야 한다.
⑤ 다른 사람에게 베풀며 더불어 살아야 한다.

6. 여러 등장인물의 대화를 통해 알 수 있는 '스크루지'의 성격으로 알맞은 것은 무엇인가요? (　　　)

① 착하고 순진하다.
② 상냥하며 친절하다.
③ 따뜻하고 정이 많다.
④ 괴팍하며 이기적이다.
⑤ 사람들과 어울리는 것을 좋아한다.

7. 글의 흐름상 ㉠에 들어갈 내용으로 알맞은 것은 무엇인가요? (　　　)

① 애원하듯이
② 기쁜 목소리로
③ 신나는 표정으로
④ 조용히 속삭이며
⑤ 졸린 듯 하품하며

8. <보기>를 바탕으로 이 글에 대한 설명으로 알맞지 않은 것은 무엇인가요? (　　　)

<보 기>

희곡은 무대 위에서 배우들이 연극을 하기 위해 쓴 글로 다른 문학 작품과는 다른 점이 있다. 등장인물들이 주고받는 대사 외에 때와 장소, 인물이나 무대 장치를 알려주는 해설이 있으며, 인물의 말과 행동 등을 지시한 부분인 지문도 있다. 해설, 지문과 함께 대사를 살펴보면 희곡을 깊이 있게 즐길 수 있다.

① ⓐ를 통해 시간 배경과 무대 조명을 알 수 있다.
② ⓑ는 대사로 등장인물이 주고받는 대화이다.
③ ⓒ는 지문으로 무대에서 인물이 해야 할 행동을 보여준다.
④ ⓓ는 등장인물이 관객과 나누는 대화이다.
⑤ ⓐ~ⓓ는 희곡이 가지고 있는 특징이다.

[9~12] 다음 글을 읽고 물음에 답하시오.

아득히 먼 옛날, 적막한 들판에 옥같이 고운 여자아이가 태어났어요. 아이는 들에서 커다란 학의 보살핌을 받으며 자랐어요. 마을 사람들은 갑자기 나타난 이 아이를 보고 이름을 물었어요. 하지만 아이는 자신의 이름도 나이도 몰랐어요.

"우리와 오늘 만났으니 이름을 '오늘이'라고 하자."

마을 사람들은 아이의 이름을 지어 주고 마을로 데려가 정성껏 ⓐ돌봤어요. 마을 사람들은 다정했지만, 오늘이는 마음 한구석이 늘 허전하고 외로웠어요.

그러던 어느 날, 백씨 부인은 오늘이에게 귀가 번쩍 뜨일 소식을 전했어요.

"어젯밤 꿈에 네 부모님을 뵈었는데, 원천강에 신관과 선녀로 계시더구나."

"정말이세요? 부모님을 뵈러 가겠어요. 원천강에 가는 길을 알려 주세요."

"그건 안 된다. 원천강은 멀고 험한 곳이야. 게다가 산 사람은 갈 수 없는 땅이란다."

오늘이는 눈물을 흘리며 백씨 부인을 ⓑ졸랐어요. 결국 백씨 부인은 흰모래 마을에서 글을 읽는 장상 도령에게 원천강 가는 길을 물으라고 말해 주었어요.

㉠오늘이는 그 길로 짐을 꾸려 떠났어요. 남쪽으로 온종일 걸은 끝에 흰모래 마을에 도착했어요. 백씨 부인이 말한 장상 도령을 만난 오늘이는 원천강에 가는 길을 물었어요.

"여기서 서쪽으로 가면 연화못이 있습니다. 그곳에서 연꽃 나무에게 길을 물으면 가르쳐 줄 것입니다. 그리고 원천강에 가신다면 제가 언제까지 밤낮으로 글을 읽어야 하는지 알아봐 주십시오."

오늘이는 장상 도령의 부탁을 들어주기로 하고 다시 길을 떠났어요. 서쪽으로 몇 날 며칠을 가자 연화못이 보였어요. 연꽃 나무를 만난 오늘이는 원천강으로 가는 길을 물었어요.

"원천강 가는 길을 알려 드릴 테니, 제 부탁도 들어주세요. 아랫길로 내려가서 푸른 바닷가에 사는 큰 뱀에게 길을 물으면 알려 줄 것입니다. 그리고 원천강에 가시면 ⓒ맨 윗가지에만 꽃이 하나 피고 다른 가지에는 꽃이 피지 않는 ⓓ까닭을 알아봐 주세요."

오늘이는 연꽃나무의 부탁을 ⓔ들어주고 다시 푸른 바닷가를 향해 길을 떠났어요.

-『원천강본풀이』 신화

9. '오늘이'에 대한 설명으로 알맞지 않은 것은 무엇인가요? (　　　)

① 적막한 들판에서 태어 났다.
② 부모님을 만나고 싶어 한다.
③ 신관이 이름을 '오늘이'라 지었다.
④ 장상 도령과 연꽃 나무의 부탁을 들어주었다.
⑤ 마을 사람들에게 사랑을 받았지만 마음이 늘 허전했다.

10. ⓐ~ⓔ와 바꾸어 쓸 수 있는 낱말로 알맞지 않은 것은 무엇인가요? (　　　)

① ⓐ: 보살폈어요.
② ⓑ: 물었어요.
③ ⓒ: 제일
④ ⓓ: 원인
⑤ ⓔ: 받아들이고

11. ㉠을 보고 백씨 부인은 한 생각으로 알맞은 것은 무엇인가요? (　　　)

① 부모님을 꼭 만나고 오렴.
② 은혜도 모르고 떠나는 걸 보니 서운하군.
③ 어차피 중간에 포기하고 돌아온다는 걸 알아.
④ 이제 마을 사람들은 오늘이를 반겨주지 않을 거야.
⑤ 오늘이에게 도움을 주지 못하게 미리 손을 써야지.

12. <보기>는 '바리데기 설화'를 요약한 내용입니다. 두 이야기를 읽고 난 후 반응으로 알맞은 것은 무엇인가요? (　　　)

<보 기>

막내딸로 태어난 바리데기는 부모님에게 버림을 받았다. 바리데기 부모님은 병에 걸렸고, 회복하려면 약수가 꼭 필요했다. 바리데기 부모님은 자신의 여섯 딸들에게 약수를 구해 달라고 부탁했지만, 모두 거절하고 바리데기가 약수를 구하러 떠난다. 고생 끝에 약수를 구해 온 바리데기는 부모님을 모두 살려 낸다.

① 오늘이와 바리데기 모두 혼자서 일을 해결했어.
② 오늘이와 바리데기 모두 부모님 때문에 길을 떠나는군.
③ 부모님을 위해 오늘이와 바리데기는 편안한 길을 선택했군.
④ 두 이야기 모두 남성 중심으로 구성된 내용을 가지고 있군.
⑤ 바리데기는 부모님과 사이가 좋지만 오늘이는 그렇지 않군.

[13~16] 다음 글을 읽고 물음에 답하시오.

한밤중에 메리는 창문을 때리는 거친 빗방울 소리에 눈을 떴다. 비는 억수같이 쏟아졌고 거친 바람은 울부짖는 소리 같았다. 메리는 가만히 폭풍우 소리에 귀를 기울이고 있었다. 그러다 갑자기 벌떡 일어나 중얼거렸다.

"방금 그건 바람 소리가 아니야. 분명 전에 들었던 그 울음소리야."

도대체 누가 우는 건지 궁금해서 가만히 있을 수가 없었다. 메리는 희미한 그 울음소리를 따라갔다. 복도를 따라가다 모퉁이를 돌자 커튼이 드리워진 문이 나타났다. 그 문을 열고 들어가니 고풍스러운 가구들이 멋지게 놓인 큰 방이 보였다. 그리고 한쪽에 침대 위에서 창백한 얼굴의 남자아이가 신경질적으로 울고 있었다. 어딘가 아파서 울고 있다기보다 짜증 나고 외로워서 우는 것 같았다. 메리가 조심스럽게 다가가자 소년은 울음을 멈추더니 겁에 질린 목소리로 말했다.

"넌 누구야? 유령이냐?"

"아니야. 넌 유령이니?"

"난 콜린 크레이븐이야."

"나는 메리 레록스야. 크레이븐 씨는 우리 고모부인데……."

"그분은 우리 아버지야."

"아버지라고? 고모부에게 아들이 있다는 소리는 듣지 못했는데!"

소년은 다시 물었다.

"넌 어디서 왔니?"

"내 방에서 왔어. 네 울음소리에 잠을 잘 수가 없었어. ㉠왜 아무도 나에게 네 이야기를 해주지 않은 거지?"

"나에 대해 이야기한다면 내가 가만두지 않거든. 난 이렇게 아파서 매일 누워만 있잖아. 내가 죽지 않는다 해도 아버지처럼 곱사등이가 되고 말 거야."

"아버지가 널 보러 오질 않니?"

"내가 잠들었을 때 가끔. 내가 태어날 때 어머니가 돌아가셔서 아버지는 날 보고 싶어 하지 않으셔."

"고모부는 비밀의 화원도 싫어하시지."

"비밀의 화원?"

"고모가 전에 좋아했던 화원이야. 고모가 거기서 돌아가셔서 고모부가 10년 동안 문을 잠갔고 열쇠는 어딘가에 묻어버렸대."

"난 그 화원이 보고 싶어. 하인들을 불러 나를 그곳에 데리고 가라고 해야겠어."

콜린의 눈이 반짝거리기 시작했다. 하지만 메리는 울 것 같은 얼굴로 말했다.

"제발 그러지 마. 그러면 더 이상 그곳은 비밀의 화원이 아니야."

- 프랜시스 호지슨 버넷, 「비밀의 화원」

13. 이 글의 내용으로 알맞지 않은 것은 무엇인가요? (　　　)

① 메리의 고모부에겐 아들이 있다.
② 고모부는 비밀의 화원을 싫어한다.
③ 비밀의 화원에서 고모가 돌아가셨다.
④ 콜린은 비밀의 화원을 보고 싶어 한다.
⑤ 콜린은 한밤중에 소리 내지 않고 울었다.

14. ㉠의 이유로 알맞은 것은 무엇인가요? (　　　)

① 콜린은 여행을 떠났기 때문이다.
② 콜린이 가만두지 않기 때문이다.
③ 콜린이 집에 들어오지 않기 때문이다.
④ 콜린과 고모부 사이가 좋기 때문이다.
⑤ 콜린에 대해서 모두 알지 못하기 때문이다.

15. 메리에게 콜린은 어떤 관계인가요? (　　　)

① 엄마의 여자 형제의 아들
② 엄마의 남자 형제의 아들
③ 아빠의 여자 형제의 딸
④ 아빠의 남자 형제의 딸
⑤ 아빠의 여자 형제의 아들

16. <보기>는 이 글의 마지막 부분입니다. 이 글과 <보기>를 통해서 콜린과 고모부의 변화에 대해 알맞지 않게 말한 친구는 누구인가요? (　　　)

<보 기>

크레이븐 씨는 콜린이 화원에 있다는 소리를 듣고 그곳으로 달려갔다. 10년 동안 담쟁이덩굴로 덮여 있었고 열쇠는 땅에 묻혀 있어 아무도 드나든 적이 없었던 그 화원에서 어린 아이들의 웃음소리가 들렸다. 그때 남자 아이 하나가 그 화원에서 달려 나왔고 그대로 그의 품 안에 안겨버렸다.

"넌 누구지?"

"아버지, 저 콜린이에요."

"네가 콜린이라고?"

"화원이 살아났고 절 이렇게 만들어 주었어요. 전 더 이상 휠체어를 타지 않을래요. 아버지와 함께 걸어갈래요."

① 지석: 콜린은 고모부를 좋아하게 되었어.
② 도혁: 고모부는 여전히 콜린을 보고 싶어 하지 않아.
③ 동하: 콜린은 우는 아이에서 밝은 모습을 가진 아이로 바뀌었어.
④ 수지: 콜린은 이제 누워있지 않고 밖에서 잘 노는 아이가 되었어.
⑤ 우진: 고모부는 콜린 덕분에 앞으로 비밀의 화원에 자주 올 것 같아.

[17~20] 다음 글을 읽고 물음에 답하시오.

(가) 용왕이 토끼를 보고 말하니,

"토끼는 듣거라. 과인이 우연히 병을 얻어 몸에 좋다는 약은 다 써 보았지만 효험이 없었다. 내 병에는 그대의 간이 으뜸이라 하여 자라에게 명을 내려 너를 데려오게 하였다. 내 그대의 이름을 후세에 알리고 그 은혜를 잊지 않을 것이니 과인을 위해 죽는 것을 영광으로 알아라."

그리고 용왕이 신하들에게 명령을 내리길,

"여봐라, 어서 칼을 가져와 토끼의 배를 가르고 간을 꺼내라."

(나) 토끼는 자라에게 속았다는 것을 깨닫고 어찌 이곳을 살아나갈지 궁리하였다.

"용왕님, 제가 용왕님을 위해 죽는 것은 아깝지 않으나 제 배를 갈라도 간이 없으니 용왕님의 병을 고치지 못하는 것이 한이옵니다."

용왕이 화가 나 말하였다.

"배를 갈라도 간이 없다니 그게 무슨 소리인가? 네가 잔꾀를 부리는구나."

"그게 아니옵고 제 간이 특효약이라 탐내는 자들이 많아 저는 간을 보름은 배 속에 넣고 다니고 나머지 보름은 밖에 꺼내두고 다닙니다. 마침 간을 빼놓고 놀러 나왔다가 자라를 만나 용궁에 오느라 간이 없으니 원통할 따름이옵니다."

용왕이 듣자니 더욱 화가 나 버럭 소리를 질렀다.

"네 이놈! 어찌 간을 마음대로 꺼내었다가 다시 넣었다가 한단 말이냐!"

토끼는 답답하다는 표정으로 말하였다.

"세상을 만든 복희씨는 사람 머리에 뱀의 몸을 하였고, 농사를 시작한 신농씨는 사람 몸에 소의 얼굴이라 하옵니다. 용궁에 사는 여러분들은 비늘이 있고, 육지에 사는 저는 몸에 털이 나 있습니다. 세상 만물이 이처럼 서로 다 다른데, 간을 마음대로 꺼내고 넣을 수 있는 짐승이 있음을 왜 모르시옵니까?"

(다) 용왕은 아직 의심스러워 다시 물었다.

"그럼 그 간을 어디로 꺼내고 넣는단 말이냐?"

"제 밑구멍은 세 개가 있는데, 하나는 똥을 누고, 하나는 오줌을 누고, 하나는 간을 꺼낼 때 사용합니다. 넣을 때는 입으로 넣습니다."

신하를 시켜 토끼의 몸을 살펴보니 구멍이 세 개 있었다. 용왕은 점점 더 토끼의 말이 그럴 듯하여 토끼의 배를 가르지도 못하고 난감해졌다.

- 작가 미상, 「토끼전」

17. 이 글의 내용으로 알맞지 않은 것은 무엇인가요? (   )

① 용왕은 큰 병에 걸렸다.
② 토끼에겐 현재 간이 없는 상태다.
③ 용왕은 자라를 시켜 토끼를 데려왔다.
④ 토끼는 거짓말로 용왕을 속이고 있다.
⑤ 용왕은 간을 주는 토끼에게 은혜를 잊지 않겠다고 했다.

18. 토끼의 상황을 나타내는 성어로 적절한 것은 무엇인가요? (   )

① 금시초문(今時初聞): 이제야 처음으로 들음.
② 기사회생(起死回生): 거의 죽을 뻔하다가 도로 살아남.
③ 개과천선(改過遷善): 지난날의 잘못을 뉘우치고 고쳐 착하게 됨.
④ 견물생심(見物生心): 어떤 물건을 실제로 보면 가지고 싶은 욕심이 생김.
⑤ 망연자실(茫然自失): 황당한 일을 당하거나 어찌할 줄을 몰라 정신이 나간 듯이 멍함.

19. (가)~(다)를 통해 용왕의 기분 변화로 알맞게 연결된 것은 무엇인가요? (   )

	(가)	(나)	(다)
①	불안	편안	초조
②	불안	편안	억울
③	편안	난감	다행
④	편안	화남	억울
⑤	편안	화남	난감

20. <보기>는 자라의 입장에서 쓴 소설입니다. 이 글과 <보기>를 통해서 알 수 있는 주제로 알맞지 않은 것은 무엇인가요? (   )

<보 기>

육지에서 토끼를 잡는 일을 모두 미루었지만 자라만이 토끼 간을 구해 온다고 했다. 자라는 토끼를 만나서 토끼에게 벼슬과 보물을 준다고 꼬셔 용궁으로 데려간다. 용궁에 잡힌 토끼는 꾀를 내어 자라와 함께 다시 육지로 올라간다. 육지에 도착한 토끼는 자라에게 "간을 내놓고 사는 동물이 어디 있냐?"며 놀리고 숲속으로 도망간다. 자라는 용왕에 대한 충성이 부족해서 토끼를 놓쳤다고 후회한다.

① 임금에 대한 충성
② 토끼와 자라의 우정
③ 위기를 극복하는 지혜
④ 돈을 탐하는 태도의 비판
⑤ 지나친 욕심에 대한 주의

끝

3학년

제 2회 모의고사

문학

이름	

※ 모의고사 유의 사항

○ 문제지의 해당란에 이름을 쓰십시오.

○ 모의고사의 문항 수는 총 20문제이며, 시간은 총 30분입니다.

○ 표지를 넘기면 우측 상단에 있는 QR 코드를 스마트폰으로 찍으십시오.

○ 타이머 영상이 재생되면 스마트폰을 옆에 두고 남은 시간을 확인하면서 문제를 풀면 됩니다.

NE 능률

제 2회 모의고사
문학

3학년

30분 안에 푸세요.

[1~4] 다음 글을 읽고 물음에 답하시오.

[앞 이야기] 구만네와 엄지네 소가 비슷한 시기에 새끼를 뱄는데 엄지네 소가 먼저 새끼를 낳았다. 엄지가 자꾸만 송아지 자랑을 하자 구만이가 울타리 구멍으로 엿보지 말라며 화를 내며 울타리 구멍을 막았다.

구만네 엄마소도 마침내 송아지를 낳게 된 것은, 엄지네보다 꼭 나흘 뒤였습니다.

엄마소가 송아지를 낳자, 구만이가 기뻐하는 모습이란 말할 수가 없었습니다. 깡충깡충 뛰다 못해 마구 땅바닥에 데굴데굴 구르며 야단인 것입니다.

그리고 제가 막아 놓았던 울타리 구멍을 헤치고 엄지를 불렀습니다.

"엄지야, 우리 소도 송아지를 낳았다. 빨리 와 봐. 우리 송아지가 훨씬 더 크고 더 예쁘다. 빨리빨리!"

하고 구만이가 뽐내자, 이번에는 엄지가 화가 나서 소리쳤습니다.

"임마, 울타리 구멍이 사립문이야? 너하곤 말도 안 해!"

하며 울타리 구멍을 막아 버리는 것입니다. 뚫릴 듯하던 울타리 구멍은 다시 꼭 막혀 버리고 말았습니다.

〈중략〉

㉠"구만아, 우리 송아지 못 봤니?" / 하다 말고, "어? 너네 집에 갔구나!"

하며, 엄지는 울타리 구멍으로 고개만 내밀고 멀뚱멀뚱해 있었습니다. 선뜻 구만네 집으로 들어오기가 어쩐지 쑥스러운 것입니다.

"그래, 우리 집에 와 있어. 빨리 와 봐."

구만이가 웃으며 소리치자, 엄지도 마주 웃으며 달려왔습니다. 하지만 엄지도 자기네 송아지를 모르겠답니다.

"난 암만 봐도 모르겠는데." / 구만이가 고개를 갸웃거리자,

"정말 나도 모르겠어. 꼭같구나. 꼭 쌍둥이 같애." / 엄지도 고객만 갸웃거렸습니다.

마침내 엄지네 송아지를 찾아 낸 것은 해질 무렵이 되어서였습니다.

들일을 마친 엄지네 엄마소가 마당으로 들어서며 음매 하고 우렁차게 운 순간입니다.

그 때까지 구만네 마당에서 뛰어놀고 있던 송아지 한 마리가 느닷없이 울타리 구멍을 빠져나간 것입니다.

그런 일이 있고부터, 울타리 구멍은 다시 막혀지지 않았습니다.

- 손춘익, 「송아지가 뚫어 준 울타리 구멍」

1. 이 글에 대한 설명으로 알맞지 <u>않은</u> 것은 무엇인가요? (　　　)

① 등장인물은 구만이와 엄지이다.
② 송아지로 인해 사건이 일어난다.
③ 두 사람의 대화를 통해 내용이 진행된다.
④ 울타리 구멍은 구만이와 엄지가 싸우는 원인이다.
⑤ 이 글은 친구 사이의 우정에 대한 내용을 담고 있다.

2. 엄지가 ㉠과 같이 말하고 행동한 까닭은 무엇인가요? (　　　)

① 구만네 송아지를 보고 싶어서
② 엄지네 엄마 소가 구만이네 마당에 있어서
③ 엄지가 울타리 구멍을 다시 막아 버리고 말아서
④ 구만네 송아지가 엄지네 마당에 들어와 있어서
⑤ 구만이와 엄지가 서로 좋아하는 사이여서 부끄러워서

3. 다음 <보기>를 보고, 일이 일어난 차례에 맞게 ㉮~㉱의 기호를 쓰세요.

(　　) → (　　) → (　　) → (　　) → (　　)

<보　기>

㉮ 구만네와 엄지네 소가 비슷한 시기에 새끼를 뱄다.
㉯ 구만네 소도 새끼를 낳았고, 엄지에게 자랑하자 엄지도 울타리 구멍을 막았다.
㉰ 엄지네 소가 먼저 새끼를 낳았다.
㉱ 엄지네 소가 울타리 구만이네 마당에 놀러 갔고, 울타리 구멍은 다시 막혀지지 않았다.
㉲ 엄지가 자꾸 송아지를 자랑하자 구만이가 울타리 구멍을 막았다.

4. 이 글을 읽고 '구만이와 엄지'에게 하고 싶은 말을 가장 알맞게 한 친구는 누구인가요? (　　　)

① 수연: 울타리 구멍을 서로 막는 장난은 치지 않아야 해.
② 지현: 울타리 구멍을 막으면 안 돼. 가족들이 지나다니기 불편하잖아.
③ 나은: 구만이는 엄지네 송아지가 더 귀여워서 울타리 구멍을 막았구나?
④ 태민: 엄지네 소가 먼저 송아지를 낳아서 구만이는 기분이 너무 좋았나 봐.
⑤ 준광: 이번 일을 통해 구만이와 엄지의 우정이 돈독해졌을 것 같아서 보기 좋아.

[5~8] 다음 글을 읽고 물음에 답하시오.

틸틸과 미틸은 가난한 나무꾼의 아이들이에요. 크리스마스에도 틸틸과 미틸의 집에는 크리스마스 선물도, 케이크도 없었어요. 그저 길 건너 이웃집을 보며 부러워했지요. 그 때 문이 열리며 한 할머니가 들어왔어요.

"얘들아, 너희 집에 파랑새가 있니?"

"잿빛비둘기는 있지만 파랗지는 않아요."

"내 딸이 병이 났는데 ㉠나으려면 행복의 파랑새가 있어야해. 너희가 파랑새를 찾아 주겠니? 그 아이는 행복해지고 싶어 하거든."

"하지만 우리는 파랑새가 어디 있는지 모르는걸요."

그러자 할머니는 다이아몬드가 박힌 모자를 틸틸에게 주었어요.

"모자를 쓰고 다이아몬드를 왼쪽으로 돌려보렴. 보지 못하던 것들을 볼 수 있게 될 거야."

모자를 쓰고 다이아몬드를 돌리자 기적 같은 일이 일어났어요. 할머니가 아름다운 공주로 변했고, 벽들은 온통 보석들로 반짝반짝 빛났으며, 낡고 초라한 가구들은 윤기 있고 세련되게 바뀌었어요. 시계 속 숫자들이 살아 움직이며 신나게 춤을 추었지요.

"시간의 요정들이란다. 사람의 눈에 보이는 것이 행복해서 춤을 추는 거야."

"우리 집이 왜 이렇게 변했죠?"

"변한 건 없어. 그동안 너희가 제대로 볼 수 없었을 뿐이지."

뚱뚱한 빵의 요정은 반죽 통에서 나왔고, 빨갛고 노란 옷을 입은 불의 요정도 벽난로에서 튀어나왔어요. 그리고 개의 얼굴을 한 사람이 나타나 틸틸에게 말을 걸었어요.

"오! 꼬마 주인님, 아무리 꼬리를 흔들고 짖어도 주인님은 내 말을 이해하지 못했는데 비로소 주인님과 말을 할 수 있게 되었군요."

"이 사람은 누구죠?"

"이런! 누군지 모르는 거야? 너희 집 개 틸로잖니!"

"안녕하세요?"

이번엔 고양이 얼굴을 한 여자가 틸틸에게 인사했어요.

"이 사람은 누구예요?"

틸틸은 할머니에게 다시 물었어요.

"이렇게 답답할 때가 있나. 네 고양이 틸레트잖아."

그 후로도 수도꼭지에서 흠뻑 젖은 물 요정이, 깨진 우유병에서는 하얀 우유 요정이 나타났지요.

"자, 다들 어서 가서 ㉡파랑새를 찾아오렴."

- 모리스 마테를링크, 「파랑새」

5. 이 글의 내용으로 알맞지 않은 것은 무엇인가요? (　　　)

① 틸틸과 미틸은 가난한 집에서 살고 있다.
② 개 틸로와 고양이 틸레트가 사람처럼 말을 했다.
③ 모자를 쓰고 다이아몬드를 돌리자 주변이 변했다.
④ 틸틸과 미틸은 동물로 변해 파랑새를 찾으러 갔다.
⑤ 할머니가 딸을 위해 행복의 파랑새를 찾아 달라고 했다.

6. 밑줄 친 낱말이 ㉠과 같은 의미로 사용된 것은 무엇인가요? (　　　)

① 감기가 씻은 듯이 나았다.
② 여름보다 추운 겨울이 낫다.
③ 더 나은 곳으로 여행을 떠났다.
④ 모양이 가장 나은 것을 골랐다.
⑤ 강아지를 키우기에는 주택이 낫다.

7. ㉡이 뜻하는 것은 무엇인가요? (　　　)

① 파랑새를 잡아오는 것
② 스스로 행복을 찾는 것
③ 이웃집을 부러워하는 것
④ 잿빛비둘기를 찾아 주는 것
⑤ 크리스마스 선물을 받는 것

8. 이 글은 원래 희곡입니다. <보기>를 읽고 감상한 내용으로 알맞지 않은 것은 무엇인가요? (　　　)

<보　기>

할머니: 무엇이든 새로운 눈으로 본다는 게 중요해! 이게 뭔지 아니?
틸틸: (궁금한 표정으로) 초록색 모자네요. 모자에 달린 이 반짝거리는 장식은 뭐예요?
할머니: 사람들이 못 보는 걸 보게 해 주는 다이아몬드란다. 머리에 이 모자를 쓰고 다이아몬드를 왼쪽으로 돌리면, 머리 위의 작은 혹이 눌려서 눈을 활짝 열어 준단다.
틸틸: (고개를 갸우뚱하며) 머리가 아프지 않을까요?
할머니: (웃는 모습으로) 아프긴! 사물들 안에 뭐가 있는지 즉시 볼 수 있게 해 주는 마법!

① 눈앞에서 일어나는 일을 보는 것 같아서 재미있어.
② 할머니와 틸틸의 대화를 통해 내용이 진행되고 있어.
③ 틸틸의 표정을 알 수 있어서 생동감이 넘치는 것 같아.
④ 작가가 내용에 대해 상세하게 설명해 주고 있어서 지루해.
⑤ 할머니와 틸틸이 말을 할 때 어떤 표정을 하는지 알 수 있어.

[9~12] 다음 글을 읽고 물음에 답하시오.

아주 먼 옛날, 하늘나라 임금님인 천지왕이 땅에 사는 총명부인과 결혼을 했다. 아기가 생겨 천지왕은 무척 기뻤지만 하늘나라를 오래 비워 둘 수가 없었다.

"부인! 이제 떠날 때가 되었구려. 머잖아 아들 쌍둥이가 태아날 것이니, 아이들이 자라 아비를 찾으면 이 박씨를 울타리에 심으라 하시오."

천지왕은 박씨와 함께 얼레빗을 주고 하늘로 돌아갔다.

얼마 후 총명부인은 쌍둥이를 낳아 형은 대별, 동생은 소별이라 이름지었다. 열다섯 살이 되자 형제는 아버지에 대해 물었고, 어머니가 준 박씨를 울타리에 심었다. 그러자 순식간에 줄기가 하늘까지 뻗어나갔고 형제는 그걸 타고 하늘로 갔다. 얼레빗을 본 천지왕은 형제에게 무쇠 활과 화살을 주며 말했다.

"해와 달이 두 개씩이라 낮에는 뜨겁고 밤에는 춥구나. 해와 달을 하나씩 없애거라."

대별은 해를, 소별은 달을 없앴다. 천지왕은 아들임을 인정하고 둘에게 인간 세상을 다스리게 해 주었다. ㉠둘은 누가 이승을 다스릴지 수수께끼로 정하기로 했다.

"소별아, 어떤 나무는 평생 잎이 안 지고, 어떤 나무는 잎이 지느냐?"

"속이 찬 나무는 평생 잎이 안 지고, 속이 빈 나무는 잎이 집니다."

그러자 대별은 대나무와 갈대는 속이 비어도 잎이 안 진다며 답이 틀렸다고 했다.

"그럼 왜 동산 위 언덕의 풀은 못 자라지만, 아래 밭의 풀은 잘 자라느냐?"

"비 때문입니다. 비가 오면 위의 흙이 아래로 내려가니 밭의 풀이 더 잘 자라지요."

"그럼 사람의 머리는 길고 발등의 털은 짧은 건 어떻게 설명할 테냐?"

대별의 말에 소별은 할 말을 잃었다. 그래서 꽃가꾸기로 다시 결정하기로 했다. ㉡하지만 꽃가꾸기도 실패한 소별은 몰래 대별의 꽃과 바꿔치기 했다. 대별은 그 속임수를 모른 척하며 말했다.

"내가 졌으니 저승을 다스리마. 소별아, 부디 지혜와 참된 마음으로 이승을 잘 다스려 평화로운 세상을 만들기 바란다."

소별왕은 대별왕의 말처럼 이승을 잘 다스리고 싶었지만 힘에 부쳐 잘 안 될 때도 있었다. 그래서 세상에는 선함과 악함이 공존하게 되었다고 한다.

- 작자 미상, 「대별왕과 소별왕」

9. 이 글의 내용으로 알맞은 것은 무엇인가요? (　　　)

① 땅에 사는 천지왕과 총명부인이 결혼했다.
② 형 대별과 동생 소별은 어머니를 찾으러 갔다.
③ 천지왕은 두 아들에게 인간 세상을 다스리게 해 주었다.
④ 누가 저승을 다스리면 좋을지 수수께끼로 정하기로 했다.
⑤ 대별이가 소별이를 이겨서 원하던 대로 이승을 다스리게 되었다.

10. ㉠의 이유는 무엇인가요? (　　　)

① 인간 세상을 다스리기 싫어서
② 소별이가 저승을 다스리고 싶어 해서
③ 형제가 모두 저승을 다스리고 싶어서
④ 대별이가 수수께끼 내는 것을 좋아해서
⑤ 수수께끼를 통해 공평하게 결정하기 위해서

11. ㉡을 나타내는 속담으로 알맞은 것은 무엇인가요? (　　　)

① 가재는 게 편
② 눈 가리고 아웅
③ 누워서 떡 먹기
④ 눈에는 눈 이에는 이
⑤ 사공이 많으면 배가 산으로 간다

12. 다음 <보기>를 읽고, 이 글의 소별왕에게 해 줄 수 있는 조언으로 알맞지 <u>않은</u> 것은 무엇인가요? (　　　)

<보 기>

'아우야, 이승에는 다양한 사람들이 살고 있단다. 그중에는 도둑놈도 있고 사기꾼도 있지. 그들을 잘 다스리려면 힘과 슬기도 필요하지만 무엇보다도 참된 마음을 가지고 있어야 한다. 그러니 그들을 다스려서 아름답고 평화로운 세상을 만들 수 있길 바란다.'

① 이승에는 선한 사람과 악한 사람이 모두 살고 있어.
② 참된 마음으로 다스리면 평화로운 세상을 만들 수 있을 거야.
③ 도둑놈과 사기꾼이 있는 이승이 저승보다 다스리기 더 편할 거야.
④ 대별왕이 해 준 이야기를 잘 듣고 생각해서 행동하면 좋을 것 같아.
⑤ 이승을 잘 다스리려면 힘과 슬기뿐만 아니라 지혜와 참된 마음도 필요해.

[13~16] 다음 글을 읽고 물음에 답하시오.

"당신은 누구세요?" 제비가 물었다.

"나는 행복한 왕자란다."

"그런데 왜 울고 있어요?"

"내가 인간의 심장을 가지고 살아 있을 때 난 눈물을 몰랐단다. 슬픔도, 근심도, 걱정도 없는 궁전에 살았으니까. 내 주위엔 온통 아름다운 것들이었고 신하들은 나를 행복한 왕자라고 불렀지. 즐거운 것이 행복이라면 나는 정말 행복했었어. 그러다 내가 죽자 사람들은 순금을 바르고 보석들을 박은 동상으로 만들어 나를 이 높은 곳에 세워 놓았지. 여기서는 이 도시의 비참하고 추한 모습들이 모두 보인단다. ㉠내 심장이 납덩이지만 이렇게 눈물을 흘릴 수밖에 없어."

'뭐야? 심장은 순금이 아니라고?'

하지만 예의 바른 제비는 속으로만 생각하고 그 말을 하지는 않았다.

"저 멀리 좁은 골목길, 허름한 집에 여위고 지친 얼굴의 여인이 보여. 재단사인 그녀는 여왕님의 예쁜 시녀가 입을 드레스에 시계풀꽃 무늬를 수놓고 있구나. 방 한 구석 침대에는 그녀의 어린 아들이 아파서 누워 있어. 열이 펄펄 나는 아들은 오렌지가 먹고 싶다고 조르지만 엄마는 강에서 떠온 물밖에 줄 것이 없어서 아이는 계속 울고 있단다. 제비야, 제비야, 귀여운 제비야. 내 칼자루에 박힌 루비를 빼서 그 여인에게 가져다주지 않을래? 내 발은 받침대에 붙어 있어 난 움직일 수가 없구나."

"저는 이집트에 가야 해요. 친구들은 날 기다리며 나일강 위를 날고, 밤에는 위대한 왕의 무덤에서 잠을 잘 거예요."

행복한 왕자가 다시 말했다.

"제비야, 제비야, 귀여운 제비야. 딱 하룻밤만 내 곁에서 심부름을 해주지 않겠니? 아이는 너무 목마르고 그 어머니는 몹시도 슬퍼하고 있구나."

"저는 아이들을 좋아하지 않아요. 지난 여름 강가에서 아이들이 저에게 돌을 던졌거든요. 내가 잽싸서 한번도 맞지는 않았지만 못된 아이들이지요."

㉡하지만 너무 슬픈 표정의 왕자를 보니 제비는 맘이 좋지 않았다.

"여기는 춥지만 딱 하룻밤만 당신의 심부름을 해 드릴게요."

"정말 고마워. 귀여운 제비야."

제비는 왕자의 칼자루에서 루비를 빼어 물고 도시의 지붕 위를 날아갔다.

- 오스카 와일드, 「행복한 왕자」

13. 이 글에 대한 설명으로 알맞지 않은 것은 무엇인가요? (　　　)

① 나눔에 대한 행복을 담고 있다
② 말로 전해 내려오는 이야기이다.
③ 대화를 통해 내용이 전개되고 있다.
④ 등장인물은 행복한 왕자와 제비이다.
⑤ 작가가 등장인물의 감정을 설명해 준다.

14. ㉠에서 행복한 왕자가 눈물을 흘리는 까닭은 무엇인가요? (　　　)

① 심장이 납덩이라 몸이 추워서
② 제비가 심부름해 주지 않아서
③ 슬픔, 근심, 걱정이 없는 궁전에서 살지 못해서
④ 도시에서 일어나는 비참하고 추한 모습이 보여서
⑤ 죽고 나서 순금으로 만들어진 몸에 보석이 박힌 동상이 되어서

15. ㉡을 보고 알 수 있는 제비의 성격으로 알맞은 것은 무엇인가요? (　　　)

① 말이 많고 유쾌하다.
② 마음이 여리며 착하다.
③ 행동이 느리고 게으르다.
④ 남의 말을 쉽게 무시한다.
⑤ 속임수에 잘 넘어가며 어리석다.

16. <보기>는 전체 이야기의 결말 부분입니다. 이 글과 <보기>를 통해 볼 때 주제로 가장 알맞은 것은 무엇인가요? (　　　)

<보 기>

제비는 행복한 왕자의 몸에 붙은 금박을 벗겨 내어 가난한 사람들에게 모두 나누어 주었다. 행복한 왕자의 몸은 잿빛으로 초라하게 변해버렸다. 눈이 내리고 제비는 몹시 추웠지만 왕자의 곁을 지켰다. 제비는 마지막으로 행복한 왕자의 입술에 입을 맞추고 그 발 밑에 쓰러져 숨을 거두었다.

① 가난에 대한 슬픔
② 친구와 돈독한 우정
③ 진정한 행복의 의미
④ 이루어질 수 없는 사랑
⑤ 불행한 삶에 대한 원망

[17~20] 다음 글을 읽고 물음에 답하시오.

홍부가 부러진 제비 다리를 고쳐주고 제비가 물어다 준 박씨 덕분에 부자가 되었다는 이야기를 들은 놀부는 그날부터 제비를 몰러 다녔다.

"내 제비, 내 제비, 어디 있는가 내 제비."

그러나 겨울이라 제비 소식은 들을 수가 없고 삼월이 되니 제비 한쌍이 놀부 집에 둥지를 틀고 새끼를 깠다.

"아이고! 내 제비가 이제 왔으니 구렁이만 오면 되겠구나."

그러나 아무리 기다려도 구렁이가 오지 않고 제비가 떨어지지도 않으니 놀부의 애가 탔다. 결국 새끼 제비를 꺼내 다리를 분지른 후 마룻바닥에 던져놓고는 모르는 척 뒷짐을 서고 있다가 소리쳤다.

"아이고, 여보 마누라. 제비가 떨어져서 다리가 부러졌으니 명주실을 가져오게."

명주실로 제비 다리를 수백번을 칭칭 감으니 너무 무거워 살 수나 있으려나. 그렇다고 놀부를 망하게 할 제비인데 죽을 리가 있겠는가. 제비가 어찌어찌 살아서 강남으로 돌아가려 할 때 놀부가 말하였다.

"이봐라. 내 제비야. 네 목숨을 내가 살렸으니 은혜를 잊지 말고 ㉠박씨를 물고 오너라."

그렇게 강남 갔던 제비가 삼월이 되어 돌아와 놀부의 손바닥에 ㉡박씨 하나를 떨어뜨리고는 날아가 버렸다.

"얼씨구나 좋을씨고. 이제 홍부보다 곱절 부자가 되는 일만 남았구나."

놀부는 박씨를 심고 박이 열리기만 기다리는데 하루가 다르게 자라고 박이 여섯통 열리니 놀부댁은 불길하다고 뽑아버리자 하나 놀부는 부자가 될 생각에

㉢입이 귀에 찢어져 박을 타기 시작했다.

"슬근슬근 톱질이야."

드디어 박이 열리고 허름한 옷차림의 웬 노인이 나타나더니 호통을 쳤다.

"네 이놈 놀부야! 네 할애비, 네 할미, 네 아비, 네 어미는 대대로 모두 나의 종이었다. 내가 과거 보러 한양에 올라간 사이 내 재산을 모두 훔쳐 가지고 간 후로 소식을 몰랐는데 제비에게 전해 듣고 내 먼 길을 달려왔다. 내 재산을 돌려받아야 하니 이 주머니를 가득 채워 오너라."

박에서 몽둥이를 든 하인들이 우르르 나오니 놀부는 거역할 수 없어 작은 주머니를 채우는데 돈을 채워도 쌀을 채워도 어느새 사라지고 없었다.

- 작자 미상, 「홍부전」

17. 놀부에 대한 행동으로 알맞지 <u>않은</u> 것은 무엇인가요? (　　　)

① 부자가 된 흥부를 부러워한다.
② 제비에게 박씨를 물고 오라고 했다.
③ 새끼 제비를 꺼내 다리를 분질렀다.
④ 구렁이 때문에 다친 새끼 제비를 구해줬다.
⑤ 제비 다리에 명주실을 칭칭 감아 고쳐 주었다.

18. ㉠과 ㉡이 가리키는 것을 바르게 연결한 것은 무엇인가요? (　　　)

① ㉠: 돈이 들어있는 박씨
　㉡: 흥부가 들어있는 씨앗
② ㉠: 과일이 들어있는 박씨
　㉡: 욕심쟁이 놀부에게 호통을 치는 박씨
③ ㉠: 부자가 되고 싶은 마음
　㉡: 놀부를 혼내 주는 물건
④ ㉠: 제비가 은혜를 갚는 물건
　㉡: 흥부처럼 부자가 되는 씨앗
⑤ ㉠: 제비의 고마움이 담긴 씨앗
　㉡: 허름한 옷차림의 노인이 들어있는 박씨

19. ㉢의 뜻으로 알맞은 것은 무엇인가요? (　　　)

① 매우 입이 무겁다.
② 말이 분명하고 실속이 있다
③ 입맛이 당기어 음식이 맛있다.
④ 배가 출출하여 무엇이 먹고 싶다.
⑤ 기쁘거나 즐거워 입이 크게 벌어지다.

20. 이 글을 읽고 등장인물에게 하고 싶은 말을 가장 알맞게 한 친구는 누구인가요? (　　　)

① 혜진: 놀부야, 제비 다리를 고쳐 준 건 잘한 일이야.
② 상현: 제비야, 너도 놀부의 도움을 받아서 다행이야.
③ 민주: 놀부 부인, 당신은 제비를 정말 사랑하는 것 같아.
④ 소영: 놀부야, 나쁜 행동을 하면 나중에 벌을 받고 말아!
⑤ 지훈: 제비야, 너는 흥부보다 놀부를 더 좋아하는 것 같아.

끝

모의고사 정답 및 해설

제1회 모의고사 문학 정답 및 해설

1. ② 2. ④ 3. ⑤ 4. ④ 5. ⑤ 6. ④ 7. ① 8. ④ 9. ③ 10. ② 11. ① 12. ② 13. ⑤
14. ② 15. ⑤ 16. ② 17. ② 18. ② 19. ⑤ 20. ②

1. ② 만형님은 가난한 집으로 팔려 간 것이 아니라 큰 기와집으로 팔려 갔습니다.
① 부잣집 아이는 배가 불러 밥투정이 심했습니다. ③ '밥 먹어라'는 말을 듣고 만형님은 이름이 밥이 된 걸 알았습니다. ④ 다른 밥알들과 방바닥에 떨어지고 먹다 남긴 반찬 부스러기들과 함께 쓰레기통으로 들어갔습니다. ⑤ 매질이 끝나고 노랗고 까슬까슬한 옷이 벗겨진 맨 벌거숭이가 되었습니다.

2. (가)에서는 까슬까슬한 노란 옷을 입은 '벼'입니다. (나)에서는 맨 벌거숭이인 '쌀'이 되었습니다. (다)에서는 솥에서 끓어오르고 난 뒤 '밥'이 되었습니다.

3. ㉠은 '재료를 가지고 밥을 만들다'는 뜻입니다. 이와 같은 뜻으로 쓰인 말은 ⑤입니다.

4. <보기>에서 만형 벼알은 매질을 견디고, 펄펄 끓은 뒤 밥이 되었고 이후 쓰레기가 되었습니다. 하지만 빗물에 씻겨 물이 된 만형 벼알은 둘째 벼알에게 도움을 주었습니다. 이런 내용으로 짐작해 보면 힘든 상황을 겪었음에도 불구하고 동생에게 도움을 주었다고 말한 수현(④)이 가장 알맞게 말했습니다.

5. 꿈에서 스크루지가 남에게 베풀지 않았을 때의 미래를 보고 반성하게 됩니다. 이를 통해 다른 사람에게 베풀며 더불어 살아야 한다(⑤)는 것이 주제로 알맞습니다.

6. 등장인물 대화에서 스크루지에 대해 말한 내용을 보면 '천벌', '수전노'와 같은 말을 사용합니다. 또한 묘비에 적힌 글에는 '혼자만을 위해 산' 이라는 문구가 있습니다. 이를 통해 괴팍하며 이기적인 성격(④)임을 알 수 있습니다.

7. 스크루지가 유령에게 눈물을 흘리며 말하는 부분으로 '애원하듯이(①)'가 알맞습니다.

8. <보기>는 희곡에 들어가는 대사, 해설, 지문을 소개하는 글입니다. ⓓ는 등장인물이 관객과 나누는 대화가 아닌 해설입니다. 그러므로 ④는 알맞지 않습니다.
ⓐ 해설로 배경과 무대를 알 수 있습니다. ⓑ 등장인물이 주고받는 대화이며 이를 대사라고 합니다. ⓒ 무대에서 등장인물이 해야 할 행동을 알려주는 것으로 지문입니다.

9. 오늘이라는 이름은 마을 사람들이 지어준 이름입니다. 그러므로 ③이 알맞지 않습니다.
① 부모님을 만나고 싶어서 원천강으로 떠나게 됩니다. ② 아득히 먼 옛날 적막한 들판에서 오늘이는 태어났습니다. ④ 장상 도령과 연꽃 나무의 부탁을 들어주고 길을 떠납니다. ⑤ 마을 사람들은 다정했지만 오늘이는 마음 한구석이 늘 허전하고 외로웠습니다.

10. ⓑ는 '요구하다'라는 뜻으로 사용한 낱말로 '물었어요(②)'와 바꿔 쓰기에 적절하지 않습니다.

11. 백씨 부인은 원천강은 사람이 갈 수 없는 땅이라며 오늘이를 말렸습니다. 하지만 눈물을 흘리며 조르는 오늘이를 결국 보내고 말았습니다. 이를 통해 백씨 부인은 오늘이를 미워하기 보다 부모님을 꼭 만나기를 바란다(①)는 생각을 한 것이 가장 알맞은 내용입니다.

12. ② 두 이야기의 주인공은 모두 부모님 때문에 길을 떠납니다.
① 오늘이는 장상 도령과 연꽃 나무의 도움을 받습니다. ③ 부모님을 위해 오늘이와 바리데기 모두 힘든 여정을 떠나게 됩니다. ④ 두 이야기의 주인공은 여자입니다. 남성 중심으로 구성된 이야기가 아닙니다. ⑤ 바리데기는 부모님에게 버림을 받았기에 서로 사이가 좋다고 볼 수 없습니다. 이 글에서는 오늘이와 부모님 관계를 알 수 없습니다.

13. 한밤중에 우는 소리를 듣고 메리가 콜린을 찾아가게 됩니다. 그러므로 ⑤가 알맞지 않습니다.
① 메리의 고모부 아들이 콜린입니다. ② 고모부는 비밀의 화원을 좋아하지 않습니다. ③ 왜냐하면 고모가 비밀의 화원에서 돌아가셨기 때문입니다. ④ 메리의 말을 듣고 콜린은 비밀의 화원을 보고 싶어 합니다.

14. ② "나에 대해 이야기한다면 내가 가만두지 않거든."이라는 대화를 통해 콜린이 가만두지 않는다는 것을 알 수 있습니다.

15. ⑤ 콜린은 메리에게 아빠의 여자 형제인 고모의 아들입니다.

16. <보기>에서 크레이븐(고모부) 씨는 콜린이 화원에 있다는 이야기를 듣고 화원으로 달려갔습니다. 이를 통해 고모부가 콜린을 보고 싶어 하지 않는다는 것(②)은 알맞지 않습니다.
① 본문에서 콜린은 고모부가 날 보고 싶어 하지 않는다고 말합니다. 이를 통해 콜린도 고모부를 좋아하지 않는다고 생각할 수 있습니다. 하지만 <보기>에서 고모부의 품에 안기는 모습에서 고모부를 좋아하게 되었다고 볼 수 있습니다. ③ 콜린은 외로워서 우는 아이였는데 <보기>에서 아이들과 웃음소리를 내며 밝은 아이가 되었습니다. ④ 아이들과 밖에서 잘 놀고 있는 모습을 볼 수 있습니다. ⑤ 고모부는 비밀의 화원을 싫어했지만 화원 덕분에 밝아진 콜린 때문에 앞으로 비밀의 화원에 자주 올 것 같다고 추측할 수 있습니다.

17. 토끼는 간을 육지에 놓고 오지 않았습니다. 현재 간이 없다고 용왕에게 거짓말을 하고 있습니다. 그러므로 ②는 알맞지 않습니다.
① 용왕은 큰 병을 얻어 몸에 좋다는 약을 다 썼지만 효험이 없었습니다. ③ 용왕의 병에는 토끼의 간이 으뜸이라 하여 자라를 시켜 토끼를 용궁으로 데려왔습니다. ④ 토끼는 간을 마음대로 꺼내고 넣을 수 있다며 용왕을 속입니다. ⑤ 용왕은 간을 주는 토끼에게 은혜를 잊지 않고 이름을 후세에 알리겠다고 합니다.

18. 토끼는 용궁에서 죽을 뻔한 위기에 처하지만 꾀를 부려 위기를 극복합니다. 이와 잘 어울리는 성어는 기사회생(②)입니다.

19. (가)에서 용왕은 이제 자신의 병을 나을 수 있다는 생각에 편안함을 느낍니다. (나)에서는 토끼가 꾀를 내며 말을 해서 화가 납니다. (다)에서는 토끼의 그럴듯한 거짓말에 속아서 토끼의 배를 가르지도 못하고 난감해 합니다. 그러므로 알맞게 연결된 것은 ⑤입니다.

20. 이 글과 <보기>에서 토끼와 자라의 우정(②)에 대한 내용이 없기에 주제로 알맞지 않습니다.
① 용왕의 명령으로 토끼를 데려오는 자라의 모습에서 임금에 대한 충성을 알 수 있습니다. ③ 죽을 위기에서 슬기롭게 극복하는 토끼의 모습에서 위기를 극복하는 지혜를 알 수 있습니다. ④, ⑤ 토끼는 용궁에 가면 벼슬과 보물을 준다는 자라의 꼬임에 넘어갑니다. 이 모습에서 돈을 탐하는 태도의 비판과 지나친 욕심에 대한 주의를 알 수 있습니다.

제 2회 모의고사 문학 정답 및 해설

1. ④ 2. ③ 3. ㉮-㉰-㉲-㉯-㉱ 4. ⑤ 5. ④ 6. ① 7. ② 8. ④ 9. ③ 10. ⑤ 11. ②
12. ③ 13. ② 14. ④ 15. ② 16. ③ 17. ④ 18. ③ 19. ⑤ 20. ④

1. 구만이와 엄지가 싸우는 원인은 송아지입니다. 울타리 구멍이 다시 막히지 않았다는 내용을 통해 둘 사이의 우정을 확인할 수 있습니다. 그러므로 ④는 알맞지 않습니다.

2. ③ 엄지는 구만네 소가 송아지를 낳았다고 자랑한 것에 대해 화가 나서 울타리 구멍을 막은 것 때문에 ㉠과 같이 구만이에게 쑥스러운 말투로 말하며 멀뚱멀뚱하게 행동하였습니다.

3. 구만네와 엄지네 소가 비슷한 시기에 새끼를 뱄음을 알았고(㉮), 이어서 엄지네 소가 먼저 새끼 송아지를 나았습니다(㉰). 엄지가 자꾸 송아지를 자랑하자 구만이가 화가 나서 울타리 구멍을 막았고(㉲), 구만이네 소가 새끼 송아지를 낳자 울타리 구멍을 헤치고 송아지를 자랑해서 엄지도 울타리 구멍을 막았습니다(㉯). 엄지네 소가 울타리 구멍을 통해 구만이네 마당에 놀러 갔고, 그 이후로 울타리 구멍은 다시 막히지 않았습니다(㉱). 그러므로 순서는 ㉮ - ㉰ - ㉲ - ㉯ - ㉱가 맞습니다.

4. 구만네와 엄지네 송아지가 태어남으로 인해 서로 갈등이 생기지만, 결국 두 송아지가 사이좋게 지내는 모습과 울타리 구멍이 다시 막히지 않았다는 점을 통해 구만이와 엄지의 우정이 돈독해진 것을 알 수 있습니다. 그래서 알맞게 말한 친구는 준광(⑤)입니다.

5. ④ 틸틸과 미틸은 동물로 변하지 않았습니다.

6. ㉠은 '낫다'라는 낱말로, '병이나 상처가 고쳐져 본래대로 되다'를 의미합니다. 그러므로 ①이 ㉠과 같은 의미로 사용되었습니다. ②~⑤에 사용된 '낫다'는 '보다 더 좋거나 앞서 있다'를 의미합니다.

7. ㉡에서 말하는 '파랑새'는 '스스로 행복을 찾는 것'을 의미합니다. 이 글은 '행복은 가까이에 있다'라는 주제를 담고 있습니다.

8. ④ 작가가 내용에 대해 상세하게 설명하는 것은 희곡이 아니라 소설입니다.

〈보기〉의 글은 희곡이며, 이 글은 공연을 목적으로 하는 연극의 대본을 의미합니다. 그러므로 희곡은 작가가 내용에 대해 상세하지 않고, 등장인물들의 대화나 표정 등을 통해 내용을 알 수 있습니다.

9. 천지왕은 대별과 소별을 아들로 인정하고 둘에게 인간 세상을 다스리게(③) 해 주었습니다.

① 하늘나라 임금인 천지왕과 땅에 사는 총명부인이 결혼하였습니다. ② 형 대별과 동생 소별은 아버지를 찾으러 하늘로 갔습니다. ④ 누가 이승을 다스리면 좋을지 수수께끼로 정하기로 하였습니다. ⑤ 소별은 속임수로 대별을 이겨서 이승을 다스리게 되었습니다.

10. ㉠의 내용을 보면 대별과 소별 형제가 누가 이승을 다스리면 좋을지 수수께끼를 통해 공평하게 결정하는 것을 알 수 있습니다. 그러므로 ⑤가 이유로 알맞습니다.

11. ② '눈 가리고 아웅'은 '매우 얕은수로 남을 속이려 한다'는 것을 이르는 말입니다. ㉡의 내용을 보면 소별은 대별을 속였지만, 대별은 그 속임수를 모른 척하였다는 것을 알 수 있습니다.

① '가재는 게 편'은 모양이나 형편이 서로 비슷하고 인연이 있는 것끼리 잘 어울리며 사정을 보아주며 감싸 주기 쉬움을 이르는 말입니다. ③ '누워서 떡 먹기'는 하기가 매우 쉬운 것을 이르는 말입니다. ④ '눈에는 눈 이에는 이'는 해를 입은 만큼 앙갚음하는 것을 이르는 말입니다. ⑤ '사공이 많으면 배가 산으로 간다'는 여러 사람이 저마다 제 주장대로 배를 몰려고 하면 결국에는 배가 물로 못 가고 산으로 올라간다는 뜻으로, 여러 사람이 자기주장만 내세우면 일이 제대로 되기 어려움을 이르는 말입니다.

12. ③ 대별은 소별에게 이승에는 도둑놈과 사기꾼이 있다고 말하였지만, 이승이 저승보다 다스리기 더 편하다고는 말하지 않았습니다.

13. ② 말로 전해 내려오는 이야기로는 민담, 민담 설화가 있습니다. 이 글의 종류는 현대 소설입니다.

14. ㉠의 앞 문장 '여기서는 이 도시의 비참하고 추한 모습들이 모두 보인단다'를 통해 행복한 왕자가 눈물을 흘리는 까닭을 알 수 있습니다. 그러므로 ④가 이유로 알맞습니다.

15. 제비는 친구들이 있는 이집트에 가야 하지만, 딱 하룻밤만 심부름을 해 행복한 왕자의 부탁을 듣고 고민하고 있습니다. ㉡의 모습을 통해 제비의 성격이 마음이 여리며 착하다(②)는 것을 알 수 있습니다.

16. 행복한 왕자는 자신의 몸에 있는 보석과 금박을 가난한 사람들에게 모두 나누어 주었으며, 제비는 이를 도왔습니다. 〈보기〉 속 행복한 왕자와 제비의 모습을 통해 진정한 행복의 의미(③)를 깨달을 수 있습니다.

17. ④ 놀부는 아무리 기다려도 구렁이가 오지 않고 제비가 떨어지지도 않아서 결국 새끼 제비를 꺼내 직접 다리를 분질렀습니다.

18. ㉠ '박씨'에는 부자가 되고 싶은 놀부의 마음이 담겼습니다. 반면에 ㉡ '박씨 하나'에는 욕심이 많은 놀부를 혼내 주는 물건이라고 볼 수 있습니다.

19. ㉢ '입이 귀에 찢어지다'는 '기쁘거나 즐거워 입이 크게 벌어지다(⑤)'를 의미합니다.

20. 놀부는 홍부가 부러진 제비 다리를 고쳐주고 제비가 물어다 준 박씨 덕분에 부자가 되었다는 이야기를 듣고, 제비의 다리를 직접 분질러서 치료해 주고 부자가 되고 싶어 했습니다. 이러한 놀부에게 소영(④)이가 가장 알맞게 하고 싶은 말을 하였습니다.

| 초등부터 시작하는 수능 국어 전략서 |

빠른 정답 빈틈없는 해설

3학년 | 문학 독해

NE 능률

| 초등부터 시작하는 수능 국어 전략서 |

빠른 정답
빈틈없는 해설

3학년 | 문학 독해

NE 능률

바위나리와 아기별 [10~13쪽]

1 세부 내용

이 글에 대한 설명으로 알맞지 않은 것은 무엇인가요? (④)

① 아기별과 임금님은 갈등을 겪고 있다. → 임금님이 아기별을 혼내고 쫓아냄.
② 사람이 아닌 것을 사람처럼 표현하였다. → 아기별과 바위나리를 사람처럼 표현함.
③ 등장인물은 바위나리, 아기별, 임금님이다. → 등장인물은 셋임.
④ 주인공인 아기별이 자신의 이야기를 들려준다.
⑤ 이야기의 장소는 남쪽 나라 바닷가와 하늘나라이다. → 바위나리가 바다로 날려 들어간 것과 아기별이 하늘에서 쫓겨난 내용에 나타남.

이 글에서 말하는 이는 드러나 있지 않지만 글쓴이입니다. 글쓴이는 아기별과 바위나리, 임금님 사이에 일어난 일을 관찰해서 읽는 이에게 알려 주고 있습니다.

2 구조 알기

이 글에서 일이 일어난 차례대로 기호를 쓰세요.

㉮ 아기별이 병든 바위나리를 돌보았다. 1
㉯ 빛을 잃은 아기별이 하늘에서 쫓겨났다. 5
㉰ 아기별은 바위나리를 생각하며 날마다 울었다. 4
㉱ 하늘 문이 닫혀 있어 아기별이 성을 넘어 들어갔다. 2
㉲ 바위나리가 아기별을 기다리다가 바다로 날려 들어갔다. 3

(㉮) → (㉱) → (㉲) → (㉰) → (㉯)

이 글에서 아기별은 병든 바위나리를 돌보다가(㉮) 늦어서 하늘 문이 닫히자, 성을 넘어 들어갔습니다.(㉱) 이 사정을 모르는 바위나리는 아기별을 기다리다가 모진 바람에 바다로 날려 들어갔습니다.(㉲) 바닷가로 갈 수 없던 아기별은 바위나리를 생각하며 날마다 울었고(㉰) 빛을 잃은 아기별은 하늘에서 쫓겨났습니다.(㉯)

3 세부 내용

시간이 늦어 하늘 문이 닫혀 버린 일

㉠의 까닭으로 알맞은 것은 무엇인가요? (⑤)

① 아기별이 하늘로 올라가다가 길을 잃어서
② 임금님이 하늘 문 안으로 들어오지 못하게 해서
③ 아기별이 바위나리랑 시간 가는 줄 모르고 놀아서 → 아기별은 아픈 바위나리를 간호했음.
④ 병든 바위나리가 아기별이 하늘로 올라가지 못하게 붙잡아서 → 바위나리는 아기별에게 돌아가라고 재촉했음.
⑤ 아기별이 병든 바위나리를 돌보느라 너무 늦게 하늘로 올라가서

아기별은 병든 바위나리를 혼자만 있게 두고서는 차마 갈 수가 없어 곁에 있어 주다가 하늘 문이 닫힐 만큼 늦어 버린 것입니다.

4 추론하기

㉡에 들어갈 내용으로 알맞은 것은 무엇인가요? (③)

① 아기별이 문지기가 되어 하늘 문을 지키게 되었다. → ㉡ 앞부분을 보면 문지기가 이미 있음.
② 바위나리가 임금님과 함께 아기별을 기다리고 있었다. → 바위나리는 바닷가에 있음.
③ 아기별은 임금님께 다시는 밖에 나가지 않겠다고 약속했다.
④ 아기별이 병든 바위나리를 돌봐 주었다고 임금님께 칭찬을 들었다.
⑤ 아기별은 바위나리를 만나러 갈 때 임금님을 데려가겠다고 약속했다.
(④, ⑤) → ㉡ 뒤의 내용과 어울리지 않는 내용임.

바위나리가 아기별을 기다렸지만 아기별이 끝내 내려오지 못한 것으로 보아, 임금님께 불려간 이후 아기별에게 바위나리한테 갈 수 없는 상황이 만들어졌음을 짐작할 수 있습니다.

독해 정답	1. ④	2. ㉮, ㉱, ㉲, ㉰, ㉯	
	3. ⑤	4. ③	5. ⑤
	6. ③	7. ②	

어휘 정답	1. (1) ㉯ (2) ㉱ (3) ㉰ (4) ㉮
	2. (1) 간신간신 (2) 의지 (3) 재촉 (4) 모질
	3. (1) ㉮ (2) ㉯ (3) ㉯

관용 표현 '눈에 거슬리다'의 뜻

5 어휘 어법

㉢의 뜻으로 알맞은 것은 무엇인가요? (⑤)

① 관심을 돌리고 → '눈을 돌리다'의 뜻
② 두드러지게 드러나고 → '눈에 띄다'의 뜻
③ 아주 드물어 찾기 어렵고 → '눈 씻고 보려야 볼 수 없다'의 뜻
④ 머리에 뚜렷하게 떠오르고 → '눈에 어리다'의 뜻
⑤ 마음에 들지 않아 불쾌하게 느껴지고

'눈에 거슬리다'는 '마음에 들지 않아 불쾌한 느낌이 있다.'는 뜻입니다.

6 주제 찾기

이 글의 중심 내용으로 알맞은 것은 무엇인가요? (③)

① 바위나리와 아기별의 성장
② 바위나리와 아기별의 화해
→ 이 글에 없는 내용
③ 바위나리와 아기별의 우정
④ 임금님의 아기별에 대한 사랑
⑤ 임금님에게 맞서는 아기별의 용기
→ 임금님에게 쫓겨나는 아기별의 모습과 반대되는 내용

이 글에는 아기별을 애타게 기다리던 바위나리와 바위나리를 보고 싶어 울다가 쫓겨난 아기별의 모습을 통해 바위나리와 아기별의 애틋한 우정이 그려져 있습니다.

글쓴이의 표현 의도

7 감상 하기

[보기]를 참고해 이 글을 알맞게 감상하지 못한 것은 무엇인가요? (②)

「바위나리와 아기별」의 의의

> [보기] 1923년 어린이 잡지 『샛별』에 발표된 「바위나리와 아기별」은 마해송의 대표작으로, 우리나라 최초의 창작 동화이다. 이 작품은 당시 어른에 의해 억눌리고 희생되는 어린이들의 모습을 그리고 있다. 글쓴이는 어린이의 자유나 능력 등을 인정하지 않고 어른의 말이나 생각을 따르게 하려는 권위주의적인 태도를 임금님의 폭력에 빗대어 표현했다.

① 임금님은 완고하고 권위를 내세우는 어른을 대표하는구나. → 임금님은 권위주의적인 태도를 가지고 있음.
② 아기별은 어른들의 말을 듣지 않는 말썽꾸러기 어린이를 대표해.
③ 바위나리와 아기별은 어른들에게 희생되는 어린이의 모습을 나타내. → 바위나리가 바닷물에 휩쓸려 갔고, 아기별은 하늘나라에서 쫓겨남.
④ 아기별을 내쫓는 임금님의 모습에서 어른들의 폭력적인 모습을 엿볼 수 있어.
⑤ 바위나리와 만나고 싶어도 만나지 못하는 아기별의 모습에서 무조건 부모님 말씀에 따라야 하는 자녀의 모습을 엿볼 수 있어. → 무조건 부모님 말씀에 따라야 하는 자녀의 모습도 [보기]의 예에 해당함.

[보기]는 글쓴이가 이 글에서 표현하고자 했던 의도를 설명하고 있습니다. [보기]의 내용으로 보아 이 글에서 어른의 모습은 임금님, 어린이의 모습은 바위나리와 아기별이 대표한다고 볼 수 있습니다. 이때의 어린이는 어린이 전체를 대표하는 인물로, 말썽꾸러기 어린이만이라고 볼 수 없습니다.

1주 02회 벼알 삼 형제 [14~17쪽]

1 세부 내용

'맏형 벼알'에 대한 설명으로 알맞지 않은 것은 무엇인가요? (④)

① 밥이 되어 쓰레기통에 버려졌다. → '쌀이 된 맏형님은 ~ 팔려 갔습니다.'에 나타남.
② 쌀이 되어 큰 기와집에 팔려 갔다. → 마지막 문장에 나타남.
③ 벼알 → 쌀 → 밥의 변화 과정을 겪었다. → ㈎, ㈏ 부분에 나타남.
④ 볏섬에 담긴 채 누워만 있다가 못자리에 뿌려졌다.
⑤ 정미소에서 까슬까슬한 옷을 벗고 맨벌거숭이가 되었다. → ㈎ 부분에 나타남.

이 글의 내용으로 보아 맏형 벼알은 볏섬에 담겨 창고로 간 뒤, 정미소에서 쌀이 되었습니다. 그다음 기와집에 팔려 가 밥이 되지만 밥투정이 심한 아이를 만나 결국 쓰레기통에 버려졌습니다. 그러나 ④는 이 글에서 알 수 없는 내용입니다.

2 세부 내용

㈎와 ㈏는 각각 무엇을 표현한 것인가요? (①)

	㈎	㈏
①	쌀 찧는 과정	밥 짓는 과정
②	밥 짓는 과정	쌀 찧는 과정
③	쌀 찧는 과정	모 심는 과정
④	모 심는 과정	밥 짓는 과정
⑤	밥 짓는 과정	모 심는 과정

㈎ 부분은 정미소에서 도정하는 과정, 즉 쌀을 찧는 과정을 설명한 것이고, ㈏ 부분은 큰 기와집에서 밥을 짓는 과정을 설명한 것입니다.

3 구조 알기

다음은 맏형 벼알이 겪은 일입니다. 빈칸에 들어갈 낱말은 무엇인가요? (⑤)

창고		정미소		(빈칸)
볏섬에 담겨 가만히 누워 있었다.	→	노랗고 까슬까슬한 옷을 모조리 벗고 맨벌거숭이가 되었다.	→	솥 안에서 끓어올라 밥이 되었으나 아이의 밥투정으로 쓰레기통에 버려졌다.

① 곳간 ② 몸속 ③ 솥 안 ④ 못자리 ⑤ 큰 기와집

이 글에서 맏형 벼알이 밥이 되어 쓰레기통에 버려지는 일을 겪은 장소는 큰 기와집입니다.

4 추론하기

정미소에서 하는 일

[보기]를 참고할 때 ㉠의 상태를 알맞게 짐작한 것은 무엇인가요? (③)

> [보기] 정미소는 쌀을 찧는 일을 전문적으로 하는 곳을 말한다. 다른 말로는 '도정장'이라고 하는데, '도정'이란 곡식의 껍질을 벗겨 내는 일이다. 쌀의 경우, 겉껍질인 왕겨와 속껍질인 속겨를 벗겨 내 먹을 수 있게 만든다. — 맏형 벼알이 정미소에서 겪은 일

① 나락: '벼'를 이르는 말.
② 볍씨: 못자리에 뿌리는 벼의 씨.
③ 쌀: 벼에서 껍질을 벗겨 낸 알맹이.
④ 모: 옮겨 심기 위하여 기른 벼의 싹.
⑤ 밥: 쌀에 물을 넣고 물이 다 없어질 때까지 끓여서 익힌 음식.

[보기]는 정미소에서 하는 일을 설명한 글입니다. '맏형 벼알'이 정미소에 있는 홈통 같은 데로 들어가 까슬까슬한 옷을 벗고 맨벌거숭이가 되었다는 것은, 도정의 과정을 거쳤다는 뜻입니다. 따라서 ㉠은 껍질이 벗겨진 알맹이 상태, 즉 쌀이 된 것임을 짐작할 수 있습니다.

독해 정답			
	1. ④	2. ①	3. ⑤
	4. ③	5. ③	6. ⑤
	7. ①		

어휘 정답	
	1. (1) 홈통 (2) 분간하다 (3) 눅눅하다 (4) 후줄근하다
	2. (1) ㉰ (2) ㉯ (3) ㉱ (4) ㉮ 3. ⑤

'밥투정이 심하다'의 뜻

5 어휘 어법

㉡의 뜻으로 알맞은 것은 무엇인가요? (③)

① 밥을 맛있게 잘 먹었다.
② 밥을 먹다 말고 장난을 쳤다.
③ 밥이 먹기 싫어서 불평을 했다.
④ 밥을 잘 씹지 않고 그냥 삼켰다.
⑤ 밥을 더 달라고 짜증을 심하게 냈다. → '밥투정'의 뜻 중 하나지만, 앞 낱말과 어울리지 않음.

'밥투정'은 먹기 싫어서 또는 밥을 더 달라며 짜증을 부리는 일을 뜻하는 낱말입니다. ㉡의 내용으로 보아, 배가 불러서 밥이 먹기 싫어 불평을 했다는 뜻입니다.

6 비판하기

'맏형 벼알'에게 해 주고 싶은 말로 가장 알맞은 것은 무엇인가요? (⑤)

① 영우: 사발에 밥을 그렇게 많이 푸면 어떻게 해. 그러니까 아이가 밥을 남기지. → 큰 기와집의 하인 여편네에게 해 줄 말임.
② 선미: 정미소에 갔을 때 그렇게 신나고 좋았니? 나라면 무서웠을 것 같은데……. → 정미소에서 맏형은 알딸딸했음.
③ 명석: 밥투정은 왜 부린 거야? 너 때문에 다른 밥알들까지 쓰레기통에 들어가게 됐잖아. → 부잣집 아이에게 해 줄 말임.
④ 태산: 정미소가 아무리 무서워도 소리를 지르면 안 되지. 앞으로는 소리 지르지 말고 조용히 있어. → 맏형 벼알은 소리를 지르지 않았음.
⑤ 수현: 형제들과 헤어져 고생이 많았는데 자신의 상황을 불평 없이 담담하게 받아들이는 모습이 너무 기특해.

맏형 벼알은 묵묵히 벼에서 쌀로 다시 밥으로 변하는 고생을 하면서 불평 없이 감당하고 있습니다. 이와 관련해 자신의 생각을 말한 친구는 수현입니다. 나머지 친구들은 맏형 벼알이 한 행동이 아니거나 다른 인물이 한 행동에 대해 말하고 있습니다.

이 글의 끝부분

7 주제 찾기

이 글의 결말 부분인 [보기]를 참고할 때, 이 글의 주제로 가장 알맞은 것은 무엇인가요? (①)

> [보기] 이리하여 작년 가을에 나뉘었던 벼알 삼 형제는 기쁘게도 다시 만났습니다. 그날로부터 벼알 삼 형제는 매일매일 만났습니다. 막내아우가 들어가 사는 그 농군(농민)은 매일 못자리를 보살피러 나아오고, 물이 된 맏형은 언제나 늘 못자리가 찰찰 넘치도록 고여 있고, 씨가 된 가운데 형은 흙 속에서 고요히 제 몸을 썩혀 새 생명을 내보내려고 일을 하고 있었습니다.
> 「물이 된 맏형님의 보호를 받고 농군의 근육 속에서 농군의 손발을 잘 조종해서 도와주는 아우의 도움을 받는 가운데 둘째 벼알은 훌륭한 씨가 되어서 훌륭한 잎을 내보냈습니다. 잎들이 불쑥불쑥 자라나서 못자리 하나 가득 파릇파릇한 볏모가 가지런히 자라났습니다.」 「 」: 이 글의 주제가 드러난 부분

① 생명의 순환
② 농사의 중요성
③ 일하는 즐거움
④ 농부의 수고로움
⑤ 식물의 성장 과정

이 글에서 헤어졌던 벼알 삼 형제는 모두 다른 모습으로 한자리에서 다시 만납니다. 물이 된 맏형과 농부의 근육 속에 영양소로 들어간 막내의 도움으로 씨가 된 둘째가 훌륭한 씨가 되어 잎을 내보냅니다. 따라서 이 글은 벼로 태어나서 다시 씨가 되는, 돌고 도는 생명의 순환을 이야기하고 있습니다.

가을 그림 그리기 [18~21쪽]

1 주제 찾기

이 시의 중심 글감으로 알맞은 것은 무엇인가요? (②)

① 물감 ②가을 ③ 하늘
④ 그림장 ⑤ 고추짱아

이 시는 가을을 그림으로 그리는 듯 가을 풍경을 노래하고 있습니다.

2 구조 알기

이 시에 대한 설명으로 알맞지 않은 것은 무엇인가요? (③)

① 1연과 2연에 모두 감각적인 표현들을 사용했다. → 파랗게, 빨갛게, 주렁주렁 등
② 1연과 2연의 각 행들은 서로 글자 수가 비슷해 한 쌍을 이룬다. → 1, 2연의 각 행이 거의 비슷한 글자 수임.
③1연에는 그림 속의 풍경이, 2연에는 그림 밖의 풍경이 드러나 있다.
④ 1연에는 그림 위쪽의 풍경이, 2연에는 그림 아래쪽의 풍경이 드러나 있다. → 하늘과 산은 그림 위쪽 풍경, 과일과 들판은 그림 아래쪽의 풍경임.
⑤ 1연에서는 파란색, 오색, 빨간색이, 2연에서는 빨간색, 황금색이 떠오른다. → 하늘, 산, 고추잠자리, 과일, 들판의 색을 떠올릴 수 있음.

이 시의 1연과 2연에는 모두 그림 속의 풍경이 드러나 있습니다.

3 세부 내용

이 시에서 '말하는 이'가 한 일은 무엇인가요? (④)

① 가을 노래를 만들어 불렀다.
② 고추잠자리를 잡으러 다녔다.
③ 황금 들판을 마구 뛰어다녔다.
→ 고추 잠자리와 황금색 들판은 그림 속의 풍경임.
④가을 풍경을 담은 그림을 그렸다.
⑤ 과수원에서 과일 따는 일을 도왔다.

이 시에서 말하는 이는 그림장에 가을을 주제로 그림을 그리고 있습니다.

4 세부 내용

그림장

㉠에 그려져 있지 않은 것은 무엇인가요? (①)

①가을바람
② 황금색 들판
③ 높고 파란 하늘
④ 주렁주렁 매달린 빨간 과일
⑤ 하늘을 나는 고추잠자리 몇 마리

'갈바람이 솔솔 부네.'는 가을바람이 실제 그림에 그려져 있어서가 아니라, 그려 놓은 가을 그림이 너무 생생해 마치 가을바람이 부는 것 같다는 뜻을 표현한 것입니다.

독해 정답			
	1. ②	2. ③	3. ④
	4. ①	5. ⑤	6. ③
	7. ④		

어휘 정답	
	1. (1) ㉮ (2) ㉯ (3) ㉮ (4) ㉯
	2. (1) 솔솔 (2) 갈바람 (3) 오색 (4) 주렁주렁
	3. (1) ㉰ (2) ㉯ (3) ㉮ (4) ㉱

5 어휘 어법

[보기]의 낱말처럼 준말이 아닌 것은 무엇인가요? (⑤)

[보기] • 새: '사이'를 줄인 말. • 맘: '마음'을 줄인 말.

① 저녁놀 → 저녁노을 ② 엊저녁 → 어제저녁 ③ 갈걷이 → 가을걷이
④ 엊그저께 → 어제그저께 ⑤ 가지가지

'가지가지'는 준말이 아니며, 가지가지의 준말은 '갖가지'입니다.

6 추론 하기

이 시를 읽고 떠오르는 장면으로 가장 알맞은 것은 무엇인가요? (③)

① 여름에 냇가에서 물놀이를 하는 아이 → 시의 계절적 배경과 어울리지 않음.
② 고추 장아찌를 먹고 매워서 우는 아이
③ 도화지에 물감을 써서 가을 풍경을 그리는 아이
④ 오색 빛깔로 물든 산에서 가을바람을 맞고 있는 아이
⑤ 고추잠자리를 잡기 위해 황금 들판을 뛰어다니는 아이
→ (④, ⑤) 산과 들판은 그림 속 풍경임.

이 시의 제목인 '가을 그림 그리기'에서도 알 수 있듯이 이 시에서 말하는 이는 가을을 주제로 그림을 그리고 있습니다. 따라서 ③과 같은 장면을 떠올릴 수 있습니다.

수능 연계

7 감상 하기

이 시와 [보기]에서 가을 하늘을 표현한 방법을 알맞게 비교한 것은 무엇인가요? (④)

[보기]

가을 하늘

윤이현

토옥
튕겨 보고 싶은, → 촉각

주욱
그어 보고 싶은, → 시각

와아
외쳐 보고 싶은, → 청각

푸웅덩
뛰어들고 싶은, → 촉각

그러나
머언, 먼 가을 하늘.

① 연아: 이 시와 [보기]는 모두 가을에 맛볼 수 있는 과일을 주제로 표현하고 있어. → 둘 다 가을 하늘이 주제임.
② 민기: 이 시와 [보기]는 모두 가을 하늘의 소리를 귀로 듣는 것처럼 생생하게 표현했어. → [보기]에만 해당함.
③ 철민: 이 시와 [보기]는 모두 가을 하늘의 냄새를 맡는 것처럼 감각적으로 표현하고 있어. → 둘 다 후각과 관련한 표현은 사용하지 않았음.
④ 준호: 이 시는 가을 하늘을 눈으로 보는 것처럼, [보기]는 손으로 만지는 것처럼 감각적으로 표현했어.
⑤ 희주: 이 시는 가을 하늘을 입으로 맛보는 것처럼, [보기]는 눈으로 보고 귀로 듣는 것처럼 표현하고 있어. → 이 시는 가을 하늘을 눈으로 보는 것처럼 표현했음.

이 시는 색깔을 나타내는 낱말을 이용해 가을 하늘을 눈으로 보는 것처럼 표현하였고, [보기]는 흉내 내는 말을 이용해 손으로 만지고, 눈으로 보고, 귀로 듣는 것처럼 표현했습니다.

웃음의 총 [22~25쪽]

1 세부 내용

이 글의 내용으로 알맞지 않은 것은 무엇인가요? (⑤)

① '나'에게 웃음총을 준 것은 난쟁이다. → '그제야 나는 ~ 알게 되었습니다.'에 나타남.
② 웃음총을 맞은 사람은 웃음이 나온다. → '나는 총을 꺼내 ~ 그러면 그렇지.'에 나타남.
③ '나'는 결국 웃음총이 소용없다는 것을 깨달았다.
④ 난쟁이는 웃음총을 아무데서나 막 쏘지 말라고 했다. → '그제야 나는 ~ 진실하다는 거니까요.'에 나타남.
⑤ 조그만 마당에서 울던 아저씨가 '나'에게 웃음총을 쏘았다.

이 글에서 웃음총을 쓴 건 '나'였습니다. '나'는 조그만 마당에서 울고 있던 사람들에게 웃음총을 쏘았습니다.

2 세부 내용

'나'가 ㉠을 뛰쳐나온 까닭은 무엇인가요? (⑤) (㉠: 장례를 치르고 있는 집)

① 웃음총이 망가져서 더 이상 쏠 수 없어서
② 웃음총을 소매치기 당한 사실을 깨달아서
③ 난쟁이한테 웃음총을 빨리 돌려주고 싶어서
④ 웃음총을 더 쏘아야 하는데 총알이 다 떨어져서
⑤ 웃음총을 쏘면 안 되는 곳에 웃음총을 쏜 것이 부끄러워서

'나'는 딸아이가 죽어 슬픔에 잠겨 있는 사람들에게 웃음총을 쏜 것이 미안하고 부끄러워서 그 집을 뛰쳐나간 것입니다.

3 어휘 어법

다음처럼 둘로 나눌 수 없는 낱말은 무엇인가요? (①)

골목길 → 골목 + 길

① 울음
② 김밥 → 김+밥
③ 비단길 → 비단+길
④ 가시밭 → 가시+밭
⑤ 골목대장 → 골목+대장

'골목길'은 '골목'과 '길'이 합쳐진 낱말입니다. 그러나 '울음'은 두 개의 낱말이 합쳐진 말이 아니라서 둘로 나눌 수 없습니다. 나머지는 두 낱말이 합쳐진 낱말입니다.

4 추론 하기

'나'의 마음이 어떻게 바뀌었는지 가장 알맞게 나타낸 것은 무엇인가요? (④)

① 뽐내는 마음 → 슬픈 마음 → 놀란 마음
② 놀란 마음 → 부끄러운 마음 → 슬픈 마음
③ 행복한 마음 → 슬픈 마음 → 뽐내는 마음
④ 뽐내는 마음 → 놀란 마음 → 부끄러운 마음
⑤ 뽐내는 마음 → 부끄러운 마음 → 행복한 마음

'나'는 골목길에 있는 집에 들어가기 전까지는 웃음총 때문에 우쭐한 마음에 기분이 한창 좋았습니다. 그러나 조그만 마당에서 울고 있는 사람들에게 웃음총을 쏘고 난 뒤, 딸애가 죽었다는 아저씨의 말을 듣고 놀랐습니다. 그리고 웃음총을 쏘지 말아야 할 곳에 쏜 것을 깨닫고 부끄러워서 그 집을 뛰쳐나왔습니다.

독해 정답			
	1. ⑤	2. ⑤	3. ①
	4. ④	5. ⑤	6. ③
	7. ③		

어휘 정답	
	1. (1) ㉮ (2) ㉮ (3) ㉯
	2. (1) ㉯ (2) ㉰ (3) ㉮ (4) ㉱
	3. (1) ㉯ (2) ㉯ (3) ㉮

5 감상하기

이 글에 대한 감상으로 알맞지 않은 것은 무엇인가요? (⑤)

① 글쓴이는 '내'가 한 말을 통해 이 글의 주제를 드러내고 있어. → 마지막 부분에 주제가 드러남.

② 울음소리가 들려온 집은 딸이 죽어서 장례를 치르는 중이었어. → 아저씨의 말에 나타남.

③ 이 글에는 '내'가 사건을 겪으면서 깨달음을 얻은 일이 드러나 있어.

④ '나'는 세상을 살아갈 때 웃음만으로 충분하지 않다는 사실을 깨달았어. → '나'는 진실한 감정이 중요하다는 것을 깨달음.

⑤ '나'는 난쟁이를 만나서 웃음총을 주어 자신을 곤란하게 했다고 따질 거야.

'내'가 난쟁이를 만나서 할 말은 이 글의 마지막 부분에 나타나 있습니다. '나'는 난쟁이에게 웃음총을 준 일을 따지지 않고 웃음총이 소용없다고 말할 것입니다.

6 주제 찾기

이 글의 주제로 가장 알맞은 것은 무엇인가요? (③)

① 웃음만큼 달콤한 것은 없다.

② 아무데서나 웃어서는 안 된다.

③ 진실한 감정이 가장 아름답다.

④ 슬픔을 웃음으로 발전시켜야 한다.

⑤ 웃음만으로 세상을 살아갈 수 있어야 한다.

이 글의 '아름답다는 건, 그건 진실하다는 거니까요.'라는 표현에서 이 글의 주제를 엿볼 수 있습니다.

수능 연계

7 적용 창의

돈을 훔친 범인으로 의심받은 억울한 상황

이 글의 '내'가 [보기]의 상황에 대해 보일 반응으로 가장 알맞은 것은 무엇인가요? (③)

> [보기] 『1교시 쉬는 시간에 정수가 5만 원짜리 지폐가 생겼다며 친구들한테 자랑을 했다. 그런데 3교시 체육 시간이 끝나고 정수가 돈이 없어졌다며 엉엉 울었다. 그러더니 내가 운동장에 가장 늦게 나왔다며 날 의심하기 시작했다. 화장실에서 볼일을 보느라 늦은 것이라고 아무리 말해도 정수는 의심의 눈초리를 거두지 않았다.』 「 」: 억울하게 의심받는 상황
>
> 그때 담임 선생님이 들어오셔서 교실에서 주웠다며 지폐 주인을 찾으셨다. 나는 오해받은 것이 억울하고 슬퍼서 눈물이 나오려고 했지만 억지로 참았다. 울면 정수에게 지는 것 같아서 일부러 더 아무렇지 않은 척했다. '나'는 억울하고 슬픈 감정을 참았음.

① 아무리 슬퍼도 우는 건 절대 안 돼! 눈물은 부끄러운 거야.

② 바보같이 그런 상황에서 눈물이 나면 어떻게 해? 울면 지는 거야. 잘 참았어. → 이 글 속 '나'와 반대되는 태도

③ 슬픈 일이 생기면 억지로 참지 말고 울어. 눈물도 웃음만큼 소중한 감정이니까.

④ 슬픈 감정이든 기쁜 감정이든 네 감정을 다른 사람에게 드러내지 않는 것이 좋아. → 좋은 감정만 인정하는 태도

⑤ 눈물이 나려고 할 때는 기분 좋은 일을 떠올려 봐. 그러면 슬픔을 잊을 수 있을 거야. → 이 글 속 '나'와 반대되는 태도

[보기]는 돈을 훔친 범인으로 의심받은 억울한 상황을 다룬 이야기입니다. [보기]의 '나'는 억울하고 슬픈 감정을 참았습니다. 그러나 이 글 속의 '나'는 웃음총을 통해 진실된 감정이 아름답다는 것을 깨달았으므로, '내'가 [보기]에 대해 보일 반응으로 가장 알맞은 것은 ③입니다.

대별왕과 소별왕 [26~29쪽]

1 세부 내용

이 글에 대한 설명으로 알맞지 않은 것은 무엇인가요? (①)

①글쓴이를 명확하게 알 수 있다.
② 소별왕, 대별왕, 총명부인, 천지왕이 등장한다.
③ 오랫동안 입에서 입으로 전해 내려온 이야기이다. → 사람들 사이에 전해지는 이야기로, 글쓴이가 정확하지 않음.
④ 신이나 신 같은 존재에 대한 신비롭고 환상적인 이야기이다. → 대별왕과 소별왕은 저승과 이승을 다스리는 신임.
⑤ 세상에 선과 악이 공존하게 된 유래가 이야기 속에 드러나 있다. → '소별왕은 대별왕의 ~ 되었다고 한다.'에 나타남.

이 글은 오랫동안 입에서 입으로 전해 내려온 이야기로, 대별왕과 소별왕이라는 신에 관한 이야기입니다. 이야기 속에 선과 악이 공존하게 된 유래가 드러나 있으며, 글을 쓴 사람을 정확히 알 수 없습니다.

2 구조 알기

이 글에서 일이 일어난 차례대로 기호를 쓰세요.

㉮ 총명부인이 천지왕과 결혼해 아기를 가졌다. 1
㉯ 대별과 소별이 누가 이승을 다스릴지를 놓고 대결을 했다. 4
㉰ 소별의 속임수로 소별이 이승을, 대별이 저승을 다스리게 되었다. 5
㉱ 대별과 소별이 해와 달을 쏘아 없애 천지왕의 아들로 인정을 받았다. 3
㉲ 천지왕이 총명부인에게 박씨 두 개와 얼레빗을 주고 하늘로 돌아갔다. 2

(㉮) → (㉲) → (㉱) → (㉯) → (㉰)

아주 먼 옛날 총명부인이 천지왕과 결혼해서 아들 쌍둥이를 가졌는데,(㉮) 천지왕은 아들이 태어나기 전에 박씨 두 개와 얼레빗을 주고 하늘로 돌아갔습니다.(㉲) 총명부인은 쌍둥이를 낳아 대별, 소별이라 이름 지었습니다. 형제는 박씨를 심어 하늘로 올라가서, 해와 달을 쏘고 천지왕에게 아들로 인정을 받았습니다.(㉱) 둘은 누가 이승을 다스릴지 내기를 하였는데,(㉯) 소별이 속임수를 써서 대별을 이겨 이승을 다스리게 되었습니다.(㉰)

3 세부 내용

'소별'에 대한 설명으로 알맞지 않은 것은 무엇인가요? (②)

① 이승을 다스린다. → 대별과의 내기에서 이겨 이승을 다스리게 됨.
②하늘에서 태어났다.
③ 대별의 쌍둥이 형제이다.
④ 천지왕과 총명부인의 아들이다.
⑤ 자신의 꽃을 대별의 꽃과 바꿔치기했다. → 내기에서 이기려고 속임수를 썼음.

소별왕과 대별왕은 천지왕과 총명부인의 쌍둥이 아들로 땅에서 태어났습니다.

4 추론하기

자신이 저승을 다스리겠다는 말

'대별'이 ㉠처럼 말한 까닭을 알맞게 짐작한 것은 무엇인가요? (⑤)

① 천지왕에게 잘 보이고 싶어서 → 천지왕은 인간 세상을 다스리는 일을 형제에게 맡겼음.
② 자신도 속임수를 써 보고 싶어서 → 이미 자신이 졌다고 인정했으므로 알맞지 않음.
③ 속임수를 쓴 소별을 골탕 먹이기 위해서
④ 소별이 자신의 잘못을 스스로 깨닫게 하기 위해서
(③, ④) → 글에서 판단할 근거 없음.
⑤속임수를 써서라도 이승을 다스리고 싶어 하는 소별이의 마음을 이해해서

대별은 이승을 다스리고 싶어 하는 아우의 간절한 마음을 이해했기 때문에 내기에서 져 준 것입니다.

독해 정답			
1. ①	2. ㉮, ㉱, ㉰, ㉯, ㉰		
3. ②	4. ⑤	5. ②	
6. ⑤	7. ④		

어휘 정답
1. (1) ㉯ (2) ㉱ (3) ㉰ (4) ㉮
2. (1) 속임수 (2) 순식간 (3) 인정 (4) 공존
3. (1) ㉱ (2) ㉮ (3) ㉯ (4) ㉰

5 어휘 어법

다음 두 낱말과 같은 관계로 짝 지어진 것은 무엇인가요? (②)

> 이승 – 저승 → 서로 반대되는 뜻을 가진 낱말

① 때 – 시간 → 비슷한말
② 선함 – 악함
③ 나무 – 대나무 → 포함하는 말과 포함되는 말
④ 아비 – 아버지 → 낮춘 말과 본디말
⑤ 순식간 – 삽시간 → 비슷한말

살고 있는 지금의 세상을 뜻하는 '이승'과 죽은 후의 세상을 뜻하는 '저승'은 서로 반대되는 뜻을 가진 낱말입니다. 이와 같은 관계로 짝지어진 것은 반대되는 뜻을 가진 낱말로 짝지어진 ②입니다.

6 주제 찾기

이 글의 중심 내용으로 가장 알맞은 것은 무엇인가요? (⑤)

① 천지왕이 천지를 창조하는 과정 → 글에 나타나지 않음.
② 대별이 수수께끼를 만드는 과정 → 핵심 내용은 아님.
③ 천지왕과 총명부인이 결혼하는 과정 → 핵심 내용은 아님.
④ 대별과 소별이 아버지가 없어 놀림받는 과정 → 글에 나타나지 않음.
⑤ 대별왕과 소별왕이 저승과 이승을 다스리게 된 과정

이 글은 대별왕은 저승, 소별왕은 이승을 다스리게 된 과정을 담고 있는 이야기입니다.

7 추론하기

고구려의 유리왕이 아버지를 찾는 이야기

[보기]는 유리왕 신화의 줄거리입니다. 이 글과 [보기]를 비교한 내용으로 알맞지 않은 것은 무엇인가요? (④)

> [보기] 예씨 부인은 고구려를 세운 주몽이 부여에 있을 때 결혼한 첫 번째 아내로, 주몽이 떠난 뒤 아들, 유리를 낳는다. 홀어머니 밑에서 자라던 유리는 어느 날 동네 부인에게 '아비 없는 자식'이라는 말을 듣고 아버지에 대해 묻는다. 예씨 부인이 "일곱 모난 돌 위의 소나무 밑에 감춘 물건을 찾으라."라는 주몽의 말을 전하고, 유리는 집안의 주춧돌 사이에서 나는 소리를 듣고 기둥 밑에서 주몽이 남긴 부러진 칼을 찾는다. → 아버지가 남긴 증표
> 유리가 졸본으로 주몽을 찾아가 부러진 칼을 맞추어 보자 갈라진 자리에서 피가 나면서 둘이 하나의 칼로 합쳐졌다. 유리는 공중으로 몸을 날려 창구멍으로 새어드는 햇빛을 타는 능력까지 보여 주몽에게 아들로 인정을 받는다. 태자가 된 유리는 주몽이 죽고 나서 고구려의 두 번째 왕이 된다. → 비범한 능력으로 아버지의 인정을 받음.

① 이 글과 [보기]에는 모두 아버지를 찾는 사건이 일어난다. → 대별과 소별은 천지왕, 유리는 주몽을 찾음.
② 이 글과 [보기]의 주인공들은 모두 아버지가 남긴 증표를 얻는다. → 대별과 소별은 박씨 두 개와 얼레빗, 유리는 부러진 칼을 찾음.
③ 이 글과 [보기]의 주인공들은 모두 평범하지 않은 능력을 지녔다. → 대별과 소별은 무쇠 활로 해와 달을 쏘아 떨어뜨리고, 유리는 햇빛을 타는 능력을 보임.
④ 이 글은 우리나라의 이야기이지만, [보기]는 다른 나라의 이야기이다.
⑤ 이 글과 [보기]의 주인공들은 모두 아들로 인정받기 위해 시험을 치른다. → 대별과 소별은 해와 달을 없애고, 유리는 감춘 물건을 찾는 시험을 치름.

이 글과 [보기]는 모두 우리나라의 옛이야기로, 비범한 능력을 가진 주인공들이 아버지를 찾는 일을 담고 있습니다. 이 글은 이승과 저승을 다스리는 신, 선과 악이 생겨난 유래를 알려 주며, [보기]는 고구려의 두 번째 왕인 유리왕이 주몽의 아들이라는 것을 알려 줍니다.

송아지가 뚫어 준 울타리 구멍 [32~35쪽]

1 세부 내용

이 글에 대한 설명으로 알맞은 것은 무엇인가요? (⑤)

① 말하는 이는 '엄지'이다. → 말하는 이는 글쓴이임.
② 현실에서 일어날 수 없는 일이다. → 친구들 간의 갈등과 우정은 현실에서 일어날 수 있음.
③ 시간의 흐름이 잘 드러나지 않는다. → 이 글은 시간의 순서대로 사건이 진행됨.
④ 도시를 배경으로 이야기가 펼쳐진다. → 배경은 시골 마을임.
⑤ 갈등을 겪는 인물은 구만이와 엄지다.

이 글은 구만과 엄지의 갈등과 우정을 주제로 하는 이야기입니다. 이 글에서 구만과 엄지는 송아지가 생긴 일로 갈등을 겪었습니다.

2 구조 알기

다음 중 가장 나중에 일어난 일은 무엇인가요? (④)

① 구만네 엄마소가 송아지를 낳았다. 1
② 엄지네 송아지가 구만네 집에 왔다. 3
③ 구만은 엄지에게 송아지가 생긴 일을 자랑했다. 2
④ 엄지네 엄마소가 울어 엄지네 송아지를 찾아냈다. 5
⑤ 엄지가 구만네 집에 왔지만 자기네 송아지를 찾지 못했다. 4

이 글에서 일어난 일은 다음과 같습니다. 구만네 엄마소가 송아지를 낳아(①) 구만이 엄지에게 송아지가 생긴 일을 자랑했습니다.(③) 그 후 엄지네 송아지가 구만네 집에 와서(②) 엄지가 찾으러 왔지만 자기네 송아지를 알아보지 못했습니다.(⑤) 해질 무렵 돌아온 엄지네 엄마소가 울어 엄지네 송아지를 찾아냈습니다.(④)

3 추론 하기

엄지가 구만네 집에 선뜻 들어오지 못하는 까닭

㉠의 까닭을 알맞게 짐작한 친구는 누구인가요? (①)

① 정훈: 구만이에게 화를 낸 일이 미안했기 때문이야.
② 윤서: 자기네 송아지를 구별할 수 없어서 그랬던 거야.
③ 민지: 자기네 송아지가 구만네에 있다고 생각하지 못해서야.
④ 혜나: 구만이가 자기네 송아지를 보지 못했다고 했기 때문이야.
⑤ 건우: 구만이가 자기네 송아지를 데려갔다고 생각했기 때문이야.

엄지가 선뜻 구만네 집에 들어오기 힘들었던 까닭은 구만이 자기네 송아지가 예쁘다고 자랑할 때 화를 낸 것이 미안했기 때문입니다.

4 추론 하기

울타리 구멍이 다시 막혀지지 않은 일

㉡의 의미로 알맞은 것은 무엇인가요? (④)

① 울타리 구멍에 사립문을 달았습니다.
② 구만이와 엄지는 영영 화해하지 못했습니다. → ㉡과 반대되는 의미임.
③ 송아지가 울타리에 계속 구멍을 뚫었습니다. → 울타리의 의미를 잘못 파악한 내용임.
④ 구만이와 엄지가 다시는 싸우지 않았습니다.
⑤ 다시 울타리 구멍으로 다니는 일은 없었습니다. → 이 글만으로 알 수 없는 내용임.

양쪽 집의 울타리는 구만과 엄지 사이의 관계와 우정을 상징하는 소재입니다. 구만이와 엄지가 싸우면서 울타리 구멍이 막혔지만, 송아지 사건을 통해 울타리 구멍이 막히지 않았다는 것은 구만이와 엄지가 화해하고 더 이상 싸우지 않았다는 뜻입니다.

독해 정답	1. ⑤	2. ④	3. ①
	4. ④	5. ⑤	6. ④
	7. ②		

어휘 정답
1. (1) 단 (2) 우렁 (3) 갸웃 (4) 울타 (5) 쑥스
2. (1) 쑥스러워 (2) 갸웃 (3) 야단 (4) 우렁찬
3. (1) ㉮ (2) ㉯ (3) ㉰

5 주제 찾기

이 글의 주제로 알맞은 것은 무엇인가요? (⑤)

① 이웃과의 소통 → '울타리'의 의미와 관련 없음.
② 이웃사촌의 의미 → 구만과 엄지는 이웃사촌 전에 친구였음.
③ 농촌 생활의 어려움 → 이 글과 관련 없는 내용임.
④ 친구 사귀기의 어려움 → 구만과 엄지는 친구인 상황이었음.
⑤ 친구 간의 화해와 우정

이 글은 시골 마을에서 서로 이웃하여 사는 구만이와 엄지가 송아지 문제로 서로 다투었다가 다시 화해하는 과정을 그리고 있습니다.

6 적용 창의

친구와 자연스럽게 화해한 경험

이 글과 비슷한 경험으로 알맞은 것은 무엇인가요? (④)

① 시골 할머니 댁에 있는 소들에게 먹이를 준 일
② 주스를 엎어서 일기장을 망친 동생을 용서해 준 일
③ 목장 체험을 할 때 송아지들에게 우유를 먹였던 일
④ 이마에 난 상처를 놀린 친구와 떡볶이를 먹으며 화해한 일
⑤ 운동회 날 100미터 달리기에서 일 등을 해 상장을 받은 일

이 글에는 구민과 엄지가 송아지 문제로 서로 다투다가 화해한 일이 드러나 있습니다. 이와 비슷한 경험으로 알맞은 것은 이마의 상처를 놀린 친구와 떡볶이를 먹으며 화해한 일입니다.

7 감상 하기

글쓴이의 표현 의도와 작품의 특징

[보기]를 참고해 이 글을 알맞게 감상하지 못한 친구는 누구인가요? (②)

> [보기] 손춘익은 우리나라를 대표하는 동화 작가이다. 그는 동화를 '꿈꾸는 어린 마음을 위한 문학'이라고 생각했으며, 작품 안에 사랑과 화해, 열린 마음을 담고자 노력했다. 「송아지가 뚫어 준 울타리 구멍」에는 그러한 글쓴이의 생각이 풍부한 상상력과 따뜻한 표현을 통해 드러나 있다. 또한, 시골 마을과 정겨운 사람들의 삶이 작품 속에 잘 녹아 있어 도시에서는 접할 수 없는 구수하고 따뜻한 느낌을 갖게 한다. 특히 작은 일로 사이가 틀어졌다가도 금세 헤헤거리는 풋풋하고 사랑스러운 아이들의 모습이 읽는 이에게 편안한 웃음을 안겨 준다.
>
> → 이 글의 특징 ① / 이 글의 특징 ②

① 정민: 서로 싸우다가도 송아지 때문에 마주 웃는 구만이와 엄지의 모습이 사랑스러워. → 풋풋하고 사랑스러운 아이들의 모습이 드러남.
② 수철: 서로 이기려고 경쟁하고 울타리 구멍을 막는 모습에서 도시의 느낌을 받을 수 있어.
③ 연주: 울타리 하나로 서로 이웃해 있는 엄지네와 구만네의 모습에서 시골의 정겨움이 느껴져.
④ 동희: 외양간에서 송아지를 키우는 모습을 보니 시골 할머니 댁에 가고 싶다는 생각이 들었어.
→ (③, ④) 시골 마을의 정겨움을 느낄 수 있음.
⑤ 영준: 이 글의 마지막 부분에서 사랑과 화해를 작품 안에 담고자 했던 글쓴이의 노력을 엿볼 수 있어. → 구만과 엄지가 화해한 모습에서 발견할 수 있음.

[보기]는 글쓴이의 표현 의도와 작품의 특징에 대해 설명한 글입니다. [보기]에서는 송아지, 외양간, 울타리 등의 소재에서 도시에서는 접할 수 없는 구수하고 따뜻한 감정을 느낄 수 있다고 하였습니다. 그런데 수철이는 이 글에서 도시의 느낌을 받을 수 있다고 하였으므로, 이 글을 감상한 내용으로 알맞지 않습니다.

무녀리네 엄마 개순이 [36~39쪽]

1 세부 내용

이 글의 내용으로 알맞지 않은 것은 무엇인가요? (②)

① 은미네 집은 슈퍼를 한다. → '아버지가 슈퍼 문을 사납게 열고 나와'에 나타남.
② 개순이는 무녀리가 낳은 강아지다.
③ 개순이는 은미네 집에서 기르는 개다.
④ 은미네 집 길 건너에는 세탁소가 있다. → '아버지는 길 건너 ~ 두고 나오셨습니다.'에 나타남.
⑤ 개순이는 새끼를 잃고 밥을 먹지 않았다. → '개순이가 밥을 ~ 어서 기운 차려라."'에 나타남.

개순이는 무녀리의 엄마이고, 무녀리는 개순이가 첫 번째로 낳은 강아지입니다.

2 구조 알기

다음은 이 글을 일이 일어난 차례에 맞게 정리한 것입니다. ㉮에 들어갈 알맞은 내용은 무엇인가요? (③)

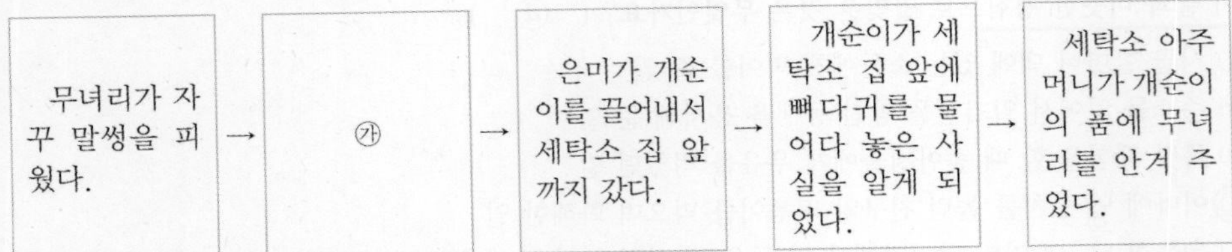

무녀리가 자꾸 말썽을 피웠다.
㉮
은미가 개순이를 끌어내서 세탁소 집 앞까지 갔다.
개순이가 세탁소 집 앞에 뼈다귀를 물어다 놓은 사실을 알게 되었다.
세탁소 아주머니가 개순이의 품에 무녀리를 안겨 주었다.

① 개순이가 강아지 아홉 마리를 낳았다. → [앞 이야기]의 내용
② 개순이와 무녀리가 세탁소 집에서 같이 살게 되었다. → 이 글에서 알 수 없음.
③ 아버지가 무녀리를 길 건너 세탁소 집에 두고 오셨다.
④ 은미가 친구들에게 개순이가 낳은 강아지를 자랑했다. → 이 글에서 알 수 없음.
⑤ 아버지는 개순이가 낳은 강아지 여덟 마리를 다른 집에 분양했다. → [앞 이야기]의 내용

㉮에는 무녀리가 말썽을 피운 결과이자, 은미가 몸져누운 개순이를 세탁소 집까지 데려간 일의 원인이 되는 사건이 들어가야 합니다. 아버지는 무녀리가 말썽을 피우자 무녀리를 길 건너 세탁소 집에 두고 오셨습니다.

3 어휘 어법

관용 표현 '눈치를 보다'의 뜻

㉠의 뜻으로 알맞은 것은 무엇인가요? (③)

① 아버지의 약점을 캐려고 했다.
② 아버지를 재촉하고 몰아세웠다.
③ 아버지의 마음과 태도를 살폈다.
④ 아버지의 마음을 빨리 알아챘다. → '눈치가 빠르다'의 뜻
⑤ 아버지의 마음을 짐작하지 못했다.

㉠에 쓰인 관용 표현 '눈치를 보다'는 '남의 마음과 태도를 살피다.'라는 뜻입니다. 따라서 ㉠은 아버지의 마음과 태도를 살폈다는 뜻임을 알 수 있습니다.

4 세부 내용

개순이를 쫓아내려고 한 말

세탁소 아주머니가 ㉡처럼 말한 까닭은 무엇인가요? (④)

① 개순이가 자기네 집에 새끼를 두고 가서 → 개순이 새끼를 두고 간 사람은 아버지임.
② 개순이가 은미 아버지가 아끼는 구두를 물어뜯어서 → 아버지의 구두를 물어뜯은 것은 무녀리임.
③ 개순이가 자기네 집 앞에 쓰레기를 계속 물어다 놓아서 → 개순이가 물어다 놓은 것은 쓰레기가 아니라 뼈다귀임.
④ 개순이가 자기네 집 앞에 뼈다귀를 계속 물어다 놓아서
⑤ 개순이가 자기네 집 강아지가 먹을 뼈다귀를 계속 물어 가서

은미가 무녀리 엄마라고 설명하기 전까지 세탁소 아주머니는 개순이를 가게 앞에 쓰레기를 물어다 놓는 말썽꾸러기 개로만 생각했습니다. 이 사실로 보아 개순이가 그 이전에 계속해서 세탁소 집 앞에 뼈다귀를 물어다 놓았다는 것을 짐작할 수 있습니다.

독해 정답			
	1. ②	2. ③	3. ③
	4. ④	5. ②	6. ②
	7. ②		

어휘 정답

1. (1) 노릇 (2) 오죽하다 (3) 단벌 (4) 서슬 (5) 극성
2. (1) ㉰ (2) ㉱ (3) ㉯ (4) ㉮
3. ①

'뼈다귀'

5 이 글에서 ㉢이 하는 역할로 알맞은 것은 무엇인가요? (②)

추론하기

① 개순이와 은미의 우정을 말해 준다.
② 무녀리에 대한 개순이의 사랑을 말해 준다.
③ 먹이를 물어 나르는 개의 습성을 말해 준다. → 개순이가 뼈다귀를 물어 나른 것은 자식인 무녀리에게 주기 위해서임.
④ 뼈다귀를 좋아하는 무녀리의 식성을 말해 준다.
⑤ 개순이에게 뼈다귀가 얼마나 소중한 것인지 말해 준다. → 좋아하는 뼈다귀를 무녀리에게 주었음.

개순이는 자식인 무녀리를 위해 좋아하는 뼈다귀를 계속 물어다 날랐으므로, 이 글에서 뼈다귀는 무녀리를 향한 개순이의 사랑, 즉 새끼를 향한 어미의 사랑을 상징합니다.

주제

6 이 글을 통해 글쓴이가 말하고자 하는 것은 무엇인가요? (②)

주제 찾기

① 생명의 소중함
② 부모의 자식 사랑
③ 사람과 동물 사이의 우정
④ 반려동물을 키우는 어려움
⑤ 반려동물을 대하는 올바른 자세

이 글의 마지막 부분에서 글쓴이가 말하고자 하는 바가 드러나 있습니다. 글쓴이는 은미네 개인 개순이와 무녀리를 통해 부모의 자식 사랑을 드러내고 있습니다.

이야기를 읽고 난 다음 생각을 나누는 방법

7 [보기]를 참고하여 이 글을 감상한 것으로 알맞지 않은 것은 무엇인가요? (②)

감상하기

> [보기] 같은 이야기를 읽어도 사람들의 생각이나 느낌은 저마다 다르다. 때문에 다른 사람들과 이야기에 대한 생각이나 느낌을 나누면 이야기를 더 잘 이해할 수 있다. 이야기에 대한 자신의 생각을 말할 때에는 먼저 이야기 속에서 어떤 일이 일어났는지, 인물들은 왜 그런 말과 행동을 했는지 살펴본다. 그런 다음 그것에 대한 자신의 생각과, 생각을 잘 뒷받침할 수 있는 까닭을 말하면 된다.

① 정연: 먹지도 않고 몸져누운 개순이가 안쓰러워. 개순이의 마음이 얼마나 아플지 느낄 수 있기 때문이야. → 새끼를 잃은 무녀리의 입장을 고려한 의견
② 희수: 무녀리를 상자에 가둔 은미의 행동은 잘못이라고 생각해. 장난이라도 동물을 괴롭히는 것은 잘못된 일이야.
③ 민주: 세탁소 집 앞에 뼈다귀를 물어다 놓은 개순이에게 감동받았어. 자식을 사랑하는 엄마의 마음이 느껴졌기 때문이야. → 개순이의 행동에 대한 의견
④ 동철: 은미 아버지가 무녀리를 세탁소 집에 준 것은 너무했다고 생각해. 개순이와 은미 그리고 무녀리의 마음은 생각하지 않았어. → 은미 아버지의 행동에 대한 의견
⑤ 준영: 개순이의 목줄을 억지로 끌어서 세탁소 집까지 데려간 은미의 행동이 이해가 돼. 나라도 개순이에게 무녀리를 만나게 해 주고 싶었을 거야. → 은미의 행동에 대한 의견

은미가 무녀리를 상자에 가둔 것은 무녀리를 괴롭히기 위해서가 아니라, 자꾸 말썽을 피우는 무녀리가 걱정이 되어서 한 행동입니다. 따라서 희수의 의견은 이 글에 대한 감상으로 알맞지 않습니다.

함께 쓰는 우산 [40~43쪽]

1 세부 내용

이 시에 대한 설명으로 알맞지 않은 것은 무엇인가요? (④)

① 5연 11행으로 구성되어 있다.
② 인물의 마음이 잘 드러나 있다. → 우산을 나눠 쓰고 따뜻하고 훈훈해진 마음이 드러남.
③ 비 오는 날의 경험을 담고 있다. → 비 오는 날 친구와 함께 우산을 쓰고 간 일이 글감임.
④ 말하는 이는 '우산을 안 가져 온 친구'이다.
⑤ 같은 낱말과 글자 수를 반복해서 노래하는 느낌이 든다. → '우산'과 '반'이 반복되는 낱말임.

이 시는 비 오는 날 친구와 우산을 나눠 쓴 경험을 바탕으로 하여 쓴 시입니다. 이 시에서 말하는 이는 우산을 안 가져온 친구가 아닌 '나'입니다.

2 세부 내용

이 시에서 '말하는 이'가 한 일은 무엇인가요? (①)

① 친구와 우산을 나누어 썼다.
② 친구와 함께 비를 맞으며 뛰어다녔다.
③ 우산을 나누어 쓰기 싫어 친구와 다투었다.
④ 우산이 없는 친구에게 우산을 가져다주었다.
⑤ 창가에 혼자 앉아 비 오는 풍경을 바라보았다.

이 시는 비 오는 날 친구와 함께 우산을 나누어 쓴 경험을 담고 있습니다. 나머지는 이 시에 나타나지 않은 내용입니다.

3 구조 알기

이 시에서 '말하는 이'가 생각한 차례대로 알맞게 정리한 것은 무엇인가요? (②)

① 우산 안쪽의 상황 → 말하는 이의 마음속 → 우산 밖의 상황
② 우산 밖의 상황 → 우산 안쪽의 상황 → 말하는 이의 마음속
③ 말하는 이의 마음속 → 우산 밖의 상황 → 우산 안쪽의 상황
④ 우산 밖의 상황 → 말하는 이의 마음속 → 우산 안쪽의 상황
⑤ 말하는 이의 마음속 → 우산 안쪽의 상황 → 우산 밖의 상황

이 시에서 말하는 이의 생각은 우산 밖으로 나간 몸의 반쪽이 비를 맞는 우산 밖의 상황(1~2연)에서 비를 안 맞은 우산 안쪽 상황(3연)으로 이동했습니다. 그리고 다음에는 비에 젖은 반도 따뜻하다고 말하는 이의 마음속(4~5연)으로 생각이 옮겨 가고 있습니다.

4 어휘 어법

'시린'과 비슷한 뜻을 가진 낱말

㉠과 바꾸어 쓸 수 있는 낱말은 무엇인가요? (①)

① 차가운
② 따가운 → '살갗이 따끔거릴 만큼 덥다.'의 뜻
③ 쓰라린 → '상처가 쑤시거나 찌르는 것처럼 아프다.'의 뜻
④ 아늑한 → '편안하고 조용한 느낌이 있다.'의 뜻
⑤ 쓸쓸한 → '마음이 외롭고 허전하다.'의 뜻

㉠은 '몸의 어떤 부분이 찬 기운으로 인해 춥고 얼얼하다.'는 뜻으로, '차갑다'와 비슷한 뜻입니다.

독해 정답
1. ④ 2. ① 3. ②
4. ① 5. ③ 6. ④
7. ⑤

어휘 정답
1. (1) ㉯ (2) ㉮ (3) ㉱ (4) ㉰
2. (1) 젖어 (2) 시려 (3) 나누어 (4) 훈훈
3. (1) ㉮ (2) ㉯ (3) ㉮ (4) ㉯

5 추론하기

이 시를 읽고 떠오르는 장면으로 알맞지 않은 것은 무엇인가요? (③)

① 비 오는 모습 → 시 전체의 내용
② 비를 맞아 반쯤 젖은 모습 → 2연의 내용
③ 교실에서 시험을 보는 모습
④ 친구와 함께 우산을 쓴 모습 → 1연의 내용
⑤ 우산 속에서 두 아이가 다정한 모습 → 5연의 내용

이 시는 말하는 이가 비 오는 날 친구와 우산을 쓰고 간 경험을 다룬 시이므로, 비 오는 모습이나 친구와 우산을 쓴 모습 등을 떠올릴 수 있습니다. 그러나 교실에서 시험을 보는 모습은 떠올릴 수 없습니다.

6 주제 찾기

이 시의 중심 생각으로 알맞은 것은 무엇인가요? (④)

① 우산의 필요성
② 일기 예보의 중요성
③ 비 오는 날의 즐거움 → 비 오는 날보다 친구와 함께 우산을 쓰는 일에 초점이 있음.
④ 함께하는 기쁨과 행복함
⑤ 우산을 같이 쓸 때의 불편함

이 시는 친구와 함께 우산을 나눠 쓰느라 우산 밖의 반은 비를 맞았지만 그래도 친구랑 함께여서 행복했던 경험을 쓴 시입니다. 이 시를 통해 함께하는 것이 얼마나 기쁘고 아름다운 일인지를 느낄 수 있습니다.

시를 이해하고 감상하는 방법

7 감상하기

[보기]를 참고하여 이 시를 감상한 것으로 알맞은 것은 무엇인가요? (⑤)

> [보기] 시의 내용을 바르게 이해하고 감상하고 싶다면 시 속에 나타난 인물의 생각을 짐작해 보는 것이 좋다. 이때 인물이 겪은 일과 비슷한 자신의 경험을 떠올려 보면 인물의 생각을 쉽게 짐작할 수 있다.

① 영희: 이 시의 말하는 이는 비가 와서 빨리 집에 가고 싶어 하는 것 같아. → 경험을 떠올리지 못함.
② 수철: 나는 그런 적이 없지만 말하는 이는 친구 때문에 비를 맞게 되어 화가 났을 거야. → 말하는 이의 생각으로 알맞지 않으며, 비슷한 경험을 떠올리지 못했음.
③ 준혁: 말하는 이는 젖은 옷을 빨리 갈아입고 싶었을 거야. 나도 비를 맞고 감기에 걸려 고생한 적이 있어. → 말하는 이와 다른 경험을 떠올림.
④ 호연: 나도 말하는 이처럼 친구와 우산을 나누어 써야겠어. 비 오는 날 우산을 씌워 주는 것은 고마운 일이니까. → 말하는 이의 생각이 아닌 비 오는 날과 관련한 감상임.
⑤ 동민: 말하는 이는 비를 맞아 힘들었지만 친구랑 함께여서 행복했을 거야. 나도 친구랑 같이 우산을 썼을 때 그랬거든.

[보기]는 시의 내용을 바르게 이해하고 감상하는 방법으로 비슷한 자신의 경험을 떠올려 인물의 생각 짐작하기를 제시하고 있습니다. 동민이는 [보기]에 나온 것처럼 친구와 같이 우산을 썼던 경험을 떠올려 말하는 이의 생각을 짐작했습니다.

2주 09회 진주를 품은 조개 [44~47쪽]

1 이 글에 대한 설명으로 알맞은 것은 무엇인가요? (②)

세부 내용

① 말하는 이는 '조개'이다. → 말하는 이는 글쓴이임.
② 동물들을 사람처럼 표현하였다.
③ 사건이 벌어지는 장소는 숲속 곤충 나라이다. → 공간적 배경은 '바닷속'임.
④ 등장인물로 물고기, 게, 새우, 조개, 진주가 나온다. → 진주는 등장인물이 아님.
⑤ 이야기 속 두 인물이 서로 싸우면서 갈등을 일으키고 있다. → 조개의 마음속 갈등이 나타남.

이 글은 바닷속을 배경으로, 등장인물인 물고기, 게, 새우, 조개를 사람처럼 표현한 이야기입니다.

2 인물과 인물이 가진 재주가 알맞게 짝 지어진 것은 무엇인가요? (①)

세부 내용

① 새우 – 뜀뛰기
② 게 – ~~헤엄치기~~ 달음박질하기
③ 물고기 – ~~뜀뛰기~~ 헤엄치기
④ 새우 – ~~달음박질하기~~ 뜀뛰기
⑤ 조개 – ~~달음박질하기~~ 진주 만들기

'"나는 왜 ~ 하는 조개였습니다.'에서 물고기는 헤엄을 잘 치고, 게는 달음박질을 잘 하며, 새우는 뜀뛰기를 잘 한다고 했습니다. 또, 이 글의 끝부분에 보면 조개는 진주를 만드는 재주가 있습니다.

3 이 글에 나타난 '조개'의 성격으로 알맞은 것은 무엇인가요? (④)

추론 하기

① 씩씩하다. → 조개의 성격과 반대되는 내용
② 활기차다.
③ 부지런하다.
④ 자신감이 없다.
⑤ 작은 것에 만족할 줄 안다.

조개는 자신이 별다른 재주가 없다고 생각해서 물고기, 게, 새우의 재주를 부러워했으며, 그들을 보면 기가 죽었습니다. 이런 행동으로 보아 조개는 자신감이 없는 성격임을 알 수 있습니다.

4 ㉠의 뜻으로 가장 알맞은 것은 무엇인가요? (⑤)

'그 서슬'

어휘 어법

① 진주의 영롱한 빛깔
② 친구들의 마음에 없는 말
③ 조개의 기죽고 힘없는 태도
④ 친구들의 비아냥거리는 태도
⑤ 바다의 강하고 세찬 기세와 태도

'그'는 바다를 가리키며, '서슬'은 '남이 맞서지 못할 만큼 강하고 날카로운 기세.'를 뜻합니다. 따라서 '그 서슬'은 바다의 강하고 세찬 기세와 태도를 뜻합니다.

독해 정답			
	1. ②	2. ①	3. ④
	4. ⑤	5. ①	6. ③
	7. ⑤		

어휘 정답	
	1. (1) ㉯ (2) ㉯ (3) ㉯
	2. (1) ㉰ (2) ㉮ (3) ㉯ (4) ㉱
	3. ④

5 비판하기

등장인물에게 하고 싶은 말로 가장 알맞은 것은 무엇인가요? (①)

① 수희: 조개야, 너는 진주를 만드는 멋진 재주를 가지고 있구나.

② 영철: 조개야, 남을 부러워만 하고 아무것도 안 하면 어떻게 하니? → 처음에는 부러워했지만 나중에는 진주를 만듦.

③ 동준: 게야, 달음박질은 재주가 될 수 없으니 다른 재주를 찾아보렴. → 달음박질도 재주임.

④ 주연: 새우야, 조개 앞에서 뜀뛰기를 한 것은 너무했어. 앞으로는 그러지 마. → 조개 앞에서 뜀뛰기를 한 것이 잘못은 아님.

⑤ 민정: 물고기야, 조개에게 헤엄치는 법 좀 가르쳐 주지. 왜 너 혼자만 헤엄치고 다녔니? →조개의 재주는 헤엄치는 것이 아니라 진주를 만드는 것임.

이 글에서 조개는 진주를 만드는 멋진 재주를 가지고 있었습니다. 수희는 그런 조개의 재주를 칭찬하고 있으므로 조개에게 할 말로 알맞습니다.

6 주제 찾기

이 글의 주제로 가장 알맞은 것은 무엇인가요? (③)

① 남을 부러워해서는 안 된다. → 이 글의 앞부분에만 해당하는 내용임.

② 젊어서 고생은 사서도 한다.

③ 누구나 자신만의 가치를 가지고 있다.

④ 다른 사람의 말에 귀를 기울여야 한다.

⑤ 친구를 위로하려고 빈말을 해서는 안 된다.

이 글은 자신만 재주가 없다고 생각했던 조개가 아름다운 진주를 만드는 재주를 갖고 있었듯 누구나 자신만의 가치를 가지고 있음을 깨닫게 주는 이야기입니다.

7 추론하기

안데르센, 「미운 아기 오리」 줄거리

이 글과 [보기]의 공통점으로 가장 알맞은 것은 무엇인가요? (⑤)

[보기] 옛날, 어느 연못가에 오리 부부가 알을 낳았는데, 유독 크고 못생긴 알이 하나 있었다. 그 알에서 몸집이 크고 못생긴 회색 아기 오리 한 마리가 태어났다. 형제들과 다른 동물들은 못생겼다고 미운 아기 오리를 괴롭혔고, 나중에는 어미 오리마저 미운 아기 오리가 사라져 버렸으면 좋겠다고 말했다. 미운 아기 오리는 집을 떠나 자신을 사랑해 줄 누군가를 찾아 떠돌아다녔다. 그러나 만나는 동물들마다 모두 못생겼다고 미운 아기 오리를 싫어했다. 마음씨 착한 할머니 집에서 겨우 살게 되었지만, 암탉과 고양이의 괴롭힘 때문에 그 집에서도 나와야 했다. 추운 겨울이 지나고 어른으로 성장한 미운 아기 오리는 강물에 비친 자신의 모습을 보고 자신이 백조였다는 사실을 깨달았다.

— 안데르센, 「미운 아기 오리」

① 어른들을 위해 지어낸 이야기이다. → 두 이야기는 모두 어린이를 위한 것임.

② 어떤 일의 시작이나 유래를 담고 있다. → 두 이야기와 상관없는 내용임.

③ 실제 있었던 일을 바탕으로 쓴 글이다. → 두 이야기는 모두 꾸며 낸 것임.

④ 주인공이 다른 인물들에게 괴롭힘을 당한다. → [보기]의 이야기에만 해당함.

⑤ 주인공이 처음에는 스스로의 가치를 알지 못한다.

이 글에서 조개는 자신만 별다른 재주가 없다고 생각하고, [보기]의 미운 아기 오리는 못생겼다는 이유로 괴롭힘을 당했습니다. 그러나 조개는 아름다운 진주를 만드는 재주가 있었으며, 미운 아기 오리는 사실은 아름다운 백조였습니다. 두 인물은 처음에는 스스로의 가치를 알지 못하다가 나중에서야 자신의 가치를 깨닫게 되었습니다.

크리스마스 캐럴 [48~51쪽]

1 세부 내용

이 글에 대한 설명으로 알맞지 않은 것은 무엇인가요? (④)

① 연극을 공연하기 위해 쓴 글이다. → 무대 장치, 등장인물의 행동 설명이 나타남.

② 지문, 해설, 대사로 이루어져 있다. → 해설은 글의 첫머리 부분, 지문은 괄호 안의 내용임.

③ 사건이 장소를 바꾸어 가며 일어나고 있다. → 길거리, 장물아비의 가게, 묘지 등으로 장소가 바뀜.

④ 사건이 일어난 때는 크리스마스 다음날이다.

⑤ 등장인물은 미래 유령, 스크루지, 행인 1·2, 장물아비, 남자, 여자이다.

이 글은 연극을 하기 위해 쓴 희곡으로, 지문·해설·대사로 이루어져 있습니다. 스크루지는 자신의 방에서 미래 유령을 만나 여러 곳을 다니며 여러 가지 사건을 만나게 됩니다. 그러나 이 글에서 사건이 일어난 때는 나타나 있지 않습니다.

2 구조 알기

다음은 이 글의 내용을 정리한 것입니다. ㉮에 들어갈 알맞은 장소는 어디인가요? (①)

(사건이 일어난 장소)

길거리		장물아비의 가게		㉮
행인들이 스크루지의 죽음에 대해 이야기하지만 슬퍼하지 않는다.	→	스크루지가 죽은 뒤 사람들이 그의 물건을 훔쳐 팔아먹는다.	→	아무도 슬퍼하지 않는 죽음의 주인공이 스크루지 자신임을 깨닫는다.

① 묘지 ② 길거리 ③ 장례식장

④ 스크루지의 방 ⑤ 스크루지의 사무실

이 글은 스크루지가 자신의 방에서 미래 유령을 만나 미래를 경험하는 내용입니다. 스크루지는 미래 속에서 '길거리→장물아비의 가게→묘지' 순으로 이동하게 됩니다.

3 세부 내용

㉠~㉤ 중 가리키는 대상이 다른 하나는 무엇인가요? (②)

① ㉠ ② ㉡ ③ ㉢ ④ ㉣ ⑤ ㉤

㉠, ㉢, ㉣, ㉤은 스크루지를, ㉡은 스크루지의 죽음을 접한 사람들을 뜻합니다.

4 추론하기

미래 유령을 만나기 전 '스크루지'의 성격으로 가장 알맞은 것은 무엇인가요? (⑤)

① 착하고 순진하다.

② 친절하고 상냥하다.

③ 따뜻하고 정이 많다. (②, ③ → 스크루지와 반대되는 성격)

④ 수줍음이 많고 자신감이 없다.

⑤ 욕심이 많고 자기밖에 모른다.

스크루지의 죽음을 접한 사람들의 태도나 스크루지에 대해 평가한 말을 통해 그가 인색한 구두쇠였음을 알 수 있습니다.

독해 정답			
	1. ④	2. ①	3. ②
	4. ⑤	5. ③	6. ②
	7. ②		

어휘 정답	
	1. (1) ㉰ (2) ㉯ (3) ㉮ (4) ㉱
	2. (1) 행실 (2) 흥정 (3) 천벌 (4) 고약
	3. (1) ㉮ (2) ㉮ (3) ㉯ (4) ㉯ (5) ㉰

'새사람'

5 어휘 어법

밑줄 친 낱말이 ㉥과 다른 뜻으로 쓰인 것은 무엇인가요? (③)

① 그는 정신을 차리고 새사람이 되었다.
② 마음을 고쳐먹고 앞으로는 새사람이 되어라.
③ 새사람이 들어온 후에 집안 분위기가 좋아졌다.
④ 그는 과거의 잘못을 뉘우치고 새사람이 되었다.
⑤ 새사람이 되었다는 소문과 달리 그는 예전 그대로였다.

㉥은 '나쁜 마음이나 행동을 고치고 새로운 삶을 시작한 사람.'이라는 뜻입니다. 그러나 ③은 '새로 시집온 사람.'이라는 뜻으로 쓰였습니다.

글쓴이가 전하려는 생각

6 주제 찾기

이 글의 주제로 가장 알맞은 것은 무엇인가요? (②)

① 돈을 아껴 써야 한다. → 이 글의 주제와 관련 없는 내용
② 남과 더불어 살아야 한다.
③ 남을 헐뜯어서는 안 된다. → 길거리 장면에서의 교훈
④ 남의 물건을 탐내서는 안 된다. → 장물아비 가게 장면에서의 교훈
⑤ 남의 죽음을 슬퍼할 줄 알아야 한다. → 이 글의 주제와 관련 없는 내용

이 글은 자기밖에 모르는 수전노 스크루지를 통해 남과 더불어 살아야 한다는 주제를 이야기하고 있습니다.

수능 연계

『크리스마스 캐럴』이 사랑받는 까닭

7 감상 하기

[보기]를 참고하여 이 글을 감상한 것으로 알맞지 않은 것은 무엇인가요? (②)

> [보기] 찰스 디킨스의 『크리스마스 캐럴』은 1843년에 처음 출간되었다. 180여 년이 지났지만 이 이야기가 여전히 사랑받는 이유는 바로 작품에 담긴 '크리스마스 정신' 때문이다. 찰스 디킨스는 돈에 대한 욕심으로 가득 차, 남에게는 관심이 없던 스크루지가 자비로운 사람으로 바뀌는 모습을 통해 크리스마스가 친절, 용서, 나눔과 즐거움의 날이라는 자신만의 '크리스마스 철학'을 펼치고 있다.

① 스크루지처럼 돈만 밝히는 삶은 진짜 행복한 삶이 아니야. → 돈이 전부는 아니라는 글쓴이의 의도를 파악한 감상임.
② 스크루지를 통해 물질적 욕심이 꼭 나쁜 것만은 아니라는 것을 느꼈어.
③ 이번 크리스마스에는 꼭 불우 이웃을 돌아보며 크리스마스 정신을 실천해야겠어.
④ 스크루지처럼 나도 내 주변에 있는 친구나 이웃에게 무관심하지 않았는지 반성했어.
⑤ 크리스마스는 사랑과 관심을 나누는 날인데, 선물 받을 생각만 했던 내가 부끄러웠어.

→ (③~⑤) 이 글에 담긴 크리스마스 정신을 파악한 감상임.

[보기]는 이 작품이 사랑받는 까닭인 크리스마스 정신에 대해 밝힌 글입니다. 이 작품은 크리스마스가 친절, 용서, 나눔, 즐거움을 나누는 날이어야 한다는 찰스 디킨스의 생각을 알리고 있습니다. 그러나 스크루지의 편을 드는 ②는 크리스마스 정신에 반대되는 내용이므로, 이 글에 대한 감상으로 알맞지 않습니다.

받은 편지함 [54~57쪽]

1 세부 내용

이 글의 내용으로 알맞지 않은 것은 무엇인가요? (②)

① 순남이는 집에 컴퓨터가 없다. → "쓸데없는 소리 ~ 보내지 않아."에 나타남.
② 혜민이는 독서왕으로 뽑힌 적이 있다.
③ 신혜와 순남이, 혜민이는 모두 같은 반이다. → 신혜의 말에 나타남.
④ 신혜는 순남이가 메일을 보낸 아이라고 의심했다. → 신혜의 말에 나타남.
⑤ 혜민이는 순남이가 메일을 보내지 않았다고 믿고 있다. → "쓸데없는 소리 ~ 보내지 않아."에 나타남.

이 글에서 혜민이가 독서왕으로 뽑힌 적이 있는지는 알 수 없습니다. 그러나 신혜의 말과 혜민이가 순남이에게 한 말에서 독서왕으로 뽑힌 사람이 순남이라는 것을 알 수 있습니다.

2 구조 알기

이 글에 대한 설명으로 알맞은 것은 무엇인가요? (①)

① 인물의 대화를 통해 사건이 진행되고 있다.
② 시간의 흐름과 반대로 사건이 진행되고 있다. → 시간의 흐름이 차례대로 나타남.
③ 이야기의 때와 장소를 자세히 설명하고 있다. → 이야기의 장소만 간접적으로 드러남.
④ 인물의 생김새를 그림을 그리듯이 보여 준다. → 인물의 생김새는 제시되지 않음
⑤ 인물이 있던 곳이 바뀌면서 사건이 달라졌다. → 세 인물이 있는 곳은 교실로, 바뀌지 않음.

이 글에서는 주로 메일을 보낸 사람이 순남이라고 의심하는 신혜와 순남이가 그럴 리 없다고 생각하는 혜민이의 대화를 통해 사건이 진행되고 있습니다.

3 세부 내용

㉠과 ㉡의 까닭으로 알맞은 것은 무엇인가요? (④)

① 메일을 보내지 못한 것이 창피해서 → 메일을 보낸 사람은 순남임.
② 자신을 믿어 주는 혜민이가 고마워서 → 순남이는 자신의 거짓말에 대한 걱정으로 혜민이에게 고마움을 느낄 상황이 아님.
③ 자신을 의심하는 신혜에게 화가 나서 → 이 글의 상황과 다른 내용임.
④ 자신의 거짓말을 들킬까 봐 두려워서
⑤ 우체국에서 메일을 보낼 수 있다는 것이 놀라워서 → 혜민이가 어리둥절해한 까닭임.

㉠과 ㉡은 신혜와 혜민이의 대화를 듣고 있던 순남이의 마음이 드러난 부분입니다. 순남이는 동화 작가에게 메일을 보낸 사람이 자신이라는 것이 밝혀질까 봐 두려워하고 있습니다.

4 추론하기

이 글에 나타난 '신혜'와 '혜민'의 성격으로 알맞은 것은 무엇인가요? (⑤)

	신혜	혜민
①	점잖고 침착함.	예민하고 까다로움.
②	심술궂고 얄미움.	소심하고 연약함.
③	예민하고 까다로움.	활발하고 적극적임.
④	소심하고 연약함.	정의롭고 의리 있음.
⑤	심술궂고 얄미움.	정의롭고 의리 있음.

이 글에서 신혜는 순남이가 상처받을 수도 있는데, 메일을 보낸 친구가 순남이라고 의심하는 말을 하고 있습니다. 반면 혜민이는 끝까지 순남이를 믿어 주고 신혜의 말에 상처받지 않도록 위로하고 있습니다. 이런 행동으로 보아 신혜는 심술궂고 얄미운 성격이고 혜민이는 정의롭고 의리 있는 성격임을 알 수 있습니다.

독해 정답			
	1. ②	2. ①	3. ④
	4. ⑤	5. ②	6. ③
	7. ②		

어휘 정답	
	1. (1) ㉯ (2) ㉮ (3) ㉱ (4) ㉰
	2. ①
	3. (1) ㉱ (2) ㉯ (3) ㉮ (4) ㉰

5 비판하기

'순남이'에게 해 주고 싶은 말로 가장 알맞은 것은 무엇인가요? (②)

① 아무 증거도 없이 친구를 의심해서는 안 돼. → 신혜에게 할 수 있는 말

② 거짓말을 고백하고 용서를 구하면 네 마음도 편해질 거야.

③ 무조건 친구를 믿는 것도 친구를 위하는 일이라고 할 수 없어.

④ 친구를 믿고 끝까지 친구 편이 되어 주다니 정말 착한 아이구나.

(③, ④ → 혜민이에게 할 수 있는 말)

⑤ 학교 선생님께 거짓 메일을 보낸 친구를 찾아 달라고 하는 것이 좋겠어. → 신혜와 혜민이에게 할 수 있는 말

순남이는 자신이 한 거짓말이 들킬까 봐 얼굴이 하얗게 질릴 정도로 두려워하고 있습니다. 따라서 이런 순남이에게 ②와 같은 충고의 말을 할 수 있습니다.

6 적용 창의

(거짓말을 하고 마음을 졸인 경험)

이 글과 비슷한 경험을 떠올린 것은 무엇인가요? (③)

① 쪽지 시험에서 백 점을 맞았는데 엄마가 믿지 않으셔서 시험지를 보여 드렸어.

② 언니가 만든 찰흙 작품을 실수로 망가뜨리고 솔직히 말씀드려서 엄마께 칭찬받았어.

③ 세뱃돈을 군것질에 다 쓰고 저금했다고 거짓말했는데, 들킬까 봐 한동안 조마조마했어.

④ 유명 가수의 공연에 다녀왔다고 거짓말을 했는데 공연이 취소되어서 거짓말이 들통났어. → 순남이는 거짓말이 들통난 상황이 아님.

⑤ 친구들과 박물관 체험 학습을 같이 가기로 했는데 나만 못 가게 되어서 서운했던 적이 있어.

이 글에는 순남이가 자신의 어려운 처지를 감추려고 거짓말을 하고 거짓말이 들킬까 봐 조마조마해하는 상황이 드러나 있습니다. 이와 비슷한 경험을 떠올린 친구는 세뱃돈을 저금했다고 거짓말한 다음 조마조마해하는 ③이 알맞습니다.

7 주제 찾기

[보기]는 이 글 속 동화 작가가 보낸 메일의 일부입니다. [보기]를 참고하여 이 글의 주제를 알맞게 말한 것은 무엇인가요? (②)

> [보기] 내가 학교 홈페이지에 널, 아니 혜민이를 찾는 글을 남겨서 네가 얼마나 놀라고 당황했을까, 그 생각을 하니 나도 참 마음이 아팠단다.
> 난 괜찮아. 너한테 꼭 이 말을 해 주고 싶어.
> 그리고 내가 정말 바라는 건……. 메일을 보고 바로여도 좋고, 한 달 뒤여도 좋고, 일 년 뒤여도 좋으니……. 언제라도 좋으니 네가 네 진짜 이름으로 보내는 메일을 받아 보는 거야. 아주 오랜 시간이 흐른 뒤라도 괜찮아. 널 내 마음속에 지우지 않고 기다리고 있을게. 왜냐면 넌 내 소중한 첫 번째 독자니까. 우리 그때는 더 많은 이야기 나누자.

→ 동화 작가는 순남이가 자신을 부끄러워하지 않고 사랑할 줄 아는 사람이 되는 것을 바람.

① 거짓말을 하지 말아야 한다. → 주제는 거짓말을 한 까닭과 관련 있음.

② 자신을 사랑할 줄 알아야 한다.

③ 친구들과 사이좋게 지내야 한다. → [보기]와 관련 없는 내용임.

④ 책을 많이 읽고 많은 생각을 나누어야 한다. → 동화 작가가 순남이를 만나면 하고 싶은 일로, 주제와 관련 없음.

⑤ 자신의 꿈을 이루기 위해 최선을 다해야 한다. → 동화 작가는 꿈을 이루기보다 자신을 사랑할 줄 아는 사람이 되기를 바람.

[보기]에서 동화 작가는 순남이가 진짜 자신의 이름으로 보내는 메일을 받고 싶다고 했습니다. 글쓴이는 혜민이의 이름으로 메일을 보내고 조마조마해하는 순남이와 동화 작가의 메일을 통해 순남이가 자신과 자신의 이름을 부끄러워 하지 않고 당당히 드러낼 수 있는 사람, 즉 자기 자신을 사랑할 줄 아는 사람이 되기를 바라는 마음을 글 속에 담았습니다. 글쓴이가 말하고 싶은 이 내용이 이 글의 주제라고 할 수 있습니다.

3주 12회 원천강 오늘이 [58~61쪽]

1 세부 내용

이 글에 대한 설명으로 알맞지 않은 것은 무엇인가요? (④)

① 주인공은 여자아이인 '오늘이'이다.
② 시간적 배경은 아득히 먼 옛날이다.
→ '아득히 먼 ~ 나이도 몰랐어요.'에 나타남.
③ 원천강은 신관과 선녀가 사는 신비로운 곳이다. → 백씨 부인의 말에 나타남.
④ 백씨 부인은 원천강에 가는 길을 알려 주는 인물이다.
⑤ 시간의 순서와 장소의 이동에 따라 사건이 벌어지고 있다. → 앞부분은 시간 순서, 뒷부분은 장소 이동이 일어남.

이 글에서 백씨 부인은 오늘이에게 부모님이 계신 곳을 알려 주는 인물입니다. 원천강에 가는 길을 알려 주는 인물은 장상 도령과 연꽃나무입니다.

2 구조 알기

이 글에서 일어난 일의 차례대로 기호를 쓰세요.

㉮ 오늘이가 연화못에서 연꽃나무를 만났다. 5
㉯ 들판에 옥같이 고운 여자아이가 태어났다. 1
㉰ 오늘이가 흰모래 마을에서 장상 도령을 만났다. 4
㉱ 오늘이가 백씨 부인에게 부모님의 소식을 들었다. 3
㉲ 마을 사람들이 오늘이를 마을로 데려가 보살펴 주었다. 2

(㉯) → (㉲) → (㉱) → (㉰) → (㉮)

아득히 먼 옛날, 들판에 옥같이 고운 여자아이가 태어났습니다.(㉯) 아이를 발견한 마을 사람들은 이름을 '오늘이'라고 짓고 마을로 데려가 보살펴 주었습니다.(㉲) 어느 날, 백씨 부인에게 부모님 소식을 듣게 된 오늘이는(㉱) 집을 떠나 흰모래 마을에 가서 장상 도령을 만나 길을 물었습니다.(㉰) 그리고 장상 도령이 알려 준 대로 연화못에 가서 연꽃나무를 만났습니다.(㉮)

3 세부 내용

오늘이의 마음 한구석이 허전하고 외로운 까닭

㉠의 까닭으로 알맞은 것은 무엇인가요? (③)

① 마을 사람들이 눈치를 주어서 → 마을 사람들은 다정하게 대해 주었음.
② 마을에 놀 만한 친구가 없어서 → 글에 나타나지 않은 내용임.
③ 부모님이 보고 싶은 마음이 들어서
④ 부모님이 있는 마을 아이들이 부러워서 → 글에 나타나지 않은 내용임.
⑤ 백씨 부인이 부모님 소식을 전해 주어서 → 오늘이가 마을을 떠난 까닭임.

부모님의 소식을 듣고 부모님을 찾으러 마을을 떠난 오늘이의 행동으로 보아, 오늘이가 ㉠처럼 느낀 까닭을 짐작할 수 있습니다. 오늘이는 부모님이 보고 싶어서 허전하고 외로웠던 것입니다.

4 추론하기

이 글에 나타난 '오늘이'의 성격으로 알맞은 것은 무엇인가요? (②)

① 예민하고 소심하다.
② 용감하고 씩씩하다.
③ 덤벙대고 산만하다.
④ 겸손하고 사려 깊다.
⑤ 심술궂고 이기적이다.

오늘이는 부모님이 원천강에 계신다는 소식을 듣자마자 바로 짐을 꾸려 마을을 떠났습니다. 오늘이가 산 사람은 갈 수 없는 멀고 험한 곳인 원천강에 가기 위해 흰모래 마을과 연화못으로, 다시 푸른 바닷가로 거침없이 떠나며 길을 묻는 모습에서 오늘이가 용감하고 씩씩한 성격임을 알 수 있습니다.

독해 정답			
	1. ④	2. ㉯, ㉰, ㉱, ㉲, ㉮	
	3. ③	4. ②	5. ①
	6. ⑤	7. ②	

어휘 정답	
	1. (1) ㉯ (2) ㉮ (3) ㉮ (4) ㉯
	2. (1) 다정 (2) 아득 (3) 적막 (4) 허전
	3. ②

5 주제 찾기

이 글의 주제로 알맞은 것은 무엇인가요? (①)

① 부모님을 찾아가는 오늘이의 모험
② 서로 도와주는 오늘이와 친구들의 우정
③ 다른 사람을 배려하는 오늘이의 겸손한 마음
④ 저승에 있는 부모님을 구하려는 오늘이의 효심 → 부모님을 만나러 가는 것으로, 효심은 드러나지 않음.
⑤ 어려운 처지에 있는 사람을 돕는 오늘이의 선행

이 글은 자신의 이름도 나이도 몰랐던 오늘이가 부모님을 찾아 원천강으로 가는 동안의 모험이 드러나 있습니다. 따라서 이 글의 주제로 알맞은 것은 ①입니다.

6 감상 하기

[보기]는 이 글 뒷부분의 줄거리입니다. [보기]를 참고하여 이 글을 감상한 것으로 알맞지 않은 것은 무엇인가요? (⑤)

> [보기] 이 글은 제주도에 전해 내려오는 이야기이다.『오늘이는 여러 인물의 도움으로 원천강에 가서 부모님을 만난다. 부모님을 만난 오늘이는 왔던 길을 거슬러 각 인물들에게 부탁받은 일을 해결해 준다. 모든 일을 마친 오늘이는 옥황상제의 선녀가 되어 사계절을 돌보는 일을 맡게 된다.』
>
> (이 글의 성격 / 『 』: 이 글 뒷부분의 줄거리)

① 도윤: 이 글은 오늘이가 부모님을 만나기 전인 앞부분의 이야기구나. → 이 글은 원천강에 도착하기 전의 이야기임.
② 민지: 부모님을 찾기 위해 멀고 험한 원천강까지 가려는 오늘이의 모습이 존경스러워. → 인물의 행동에 대한 감상임.
③ 서준: '오늘이'라는 이름과 사계절을 돌보는 것으로 보아 오늘이는 시간의 신임을 알 수 있어. → 사계절을 돌보는 일은 시간을 맡는 신이라는 뜻임.
④ 지아: 오늘이는 다른 사람의 문제를 해결해 주면서 자신도 사계절을 돌보는 선녀로 성장했어. → [보기]에서 오늘이는 장상 도령, 연꽃나무의 부탁을 해결해 주었음.
⑤ 한율: 신관과 선녀의 딸이면서 옥황상제의 선녀가 된 오늘이는 평범하고 흔히 만날 수 있는 인물이야.

[보기]는 이 글의 성격과 뒷부분의 줄거리를 정리한 내용입니다. 이 글에서 오늘이는 태어날 때부터 학의 보살핌을 받은 신관과 선녀의 딸입니다. 또, [보기]에서 보면 오늘이는 원천강에서 부모님을 만난 후 사계절을 맡아 보는 옥황상제의 선녀가 되었습니다. 이것으로 보아, 오늘이는 평범한 인물이 아닌 특별하고 비범한 인물임을 알 수 있습니다.

7 추론 하기

이 글 다음에 이어질 내용으로 알맞은 것은 무엇인가요? (②)

① 오늘이가 원천강에 도착해 백씨 부인을 만났다. → 오늘이는 원천강에 가는 길을 알지 못했음.
② 오늘이가 큰 뱀을 만나 원천강에 가는 길을 물었다.
③ 오늘이가 장상 도령에게 연꽃나무를 만나고 온 일을 들려주었다. → 장상 도령을 만난 후 연꽃나무를 만났음.
④ 오늘이가 연꽃나무의 맨 윗가지에 꽃이 피지 않는 까닭을 알아냈다. → 오늘이는 아직 원천강에 가지 못했음.
⑤ 오늘이가 마을로 다시 돌아가 백씨 부인에게 원천강에 가는 길을 물었다. → 이 글의 끝부분과 어울리지 않는 내용임.

연화못에서 만난 연꽃나무는 푸른 바닷가에 사는 큰 뱀에게 원천강에 가는 길을 물으면 알려 줄 것이라고 했습니다. 따라서 이 글 다음에는 오늘이가 큰 뱀을 만나 원천강에 가는 길을 묻는 것이 가장 자연스럽습니다.

할머니 집에 가면 [62~65쪽]

1 주제 찾기

이 시의 중심 글감은 무엇인가요? (①)

①할머니 집에 간 일
② 할머니를 처음 만난 일
③ 할머니와 함께 잠을 잔 일
④ 할머니가 일하다가 다치신 일
⑤ 할머니가 강아지를 선물해 주신 일

이 시의 제목과 내용을 보면 할머니 집에 갔던 경험을 바탕으로 쓴 시임을 알 수 있습니다.

2 세부 내용

이 시에 대한 설명으로 알맞지 않은 것은 무엇인가요? (②)

① 말하는 이는 글쓴이 자신이다. → 직접 드러나지 않지만 말하는 이는 글쓴이인 '나'임.
②말하는 이는 할머니 집에서 계속 살고 있다.
③ '마중 나옵니다'를 반복해 노래하는 느낌을 준다. → 운율이 느껴짐.
④ 1, 2연에는 말하는 이에 대한 할머니의 마음이 드러나 있다. → '나'를 만나는 할머니의 반가움과 그리움이 드러남.
⑤ 말하는 이는 할머니 집에서 만날 수 있는 것들을 떠올리고 있다. → 강아지 꼬리, 할머니의 웃음, 할머니의 눈물 등을 떠올렸음.

할머니 집에 가면 환한 웃음과 그렁그렁한 눈물로 할머니가 마중 나오신다는 데서 말하는 이가 할머니 집이 아닌 다른 곳에 살고 있다는 것을 알 수 있습니다.

3 어휘 어법

감각적인 표현: 사물을 눈으로 보고, 귀로 듣고, 코로 냄새 맡고 입으로 맛보는 것처럼 생생하게 표현하는 것.

이 시에 나타난 감각적인 표현은 무엇인가요? (④)

① 웃음　② 마중　③ 눈물
④살랑살랑　⑤ 강아지 꼬리

감각적인 표현은 눈, 귀, 코, 혀, 피부 등의 감각을 이용해서 생생하게 표현하는 것을 말합니다. 이 시에서는 '살랑살랑'으로 강아지가 꼬리를 흔드는 모습을, '그렁그렁'으로 할머니의 눈에 눈물이 고인 모습을 실감 나게 표현했습니다.

4 추론 하기

다음은 이 시를 읽고 떠올린 장면입니다. 이 장면에 해당하는 연을 숫자로 쓰세요.

> 시골집 대문 앞에서 할머니가 함박웃음을 지으시며 흐뭇하게 바라보시는 모습이 떠오른다.

함박웃음: 크고 환하게 웃는 웃음.

(2)연

주어진 내용은 시를 읽고 할머니가 함박웃음을 짓고 흐뭇하게 바라보시는 장면이 떠올랐다는 뜻입니다. 이 내용으로 보아, 할머니의 반가움을 표현한 2연을 읽고 떠올린 장면임을 알 수 있습니다.

독해 정답			
	1. ①	2. ②	3. ④
	4. 2	5. ③	6. ⑤
	7. ③		

어휘 정답	
	1. ①
	2. (1) ㉯ (2) ㉰ (3) ㉮ (4) ㉱
	3. (1) ㉮ (2) ㉰ (3) ㉱ (4) ㉯

'화안한 웃음, 할머니 눈물'에서 알 수 있는 마음

5 추론하기

㉠과 ㉡이 뜻하는 할머니의 마음으로 알맞은 것은 무엇인가요? (③)

	㉠	㉡
①	속상한 마음	기쁜 마음
②	반가운 마음	기쁜 마음
③	반가운 마음	그리운 마음
④	그리운 마음	미안한 마음
⑤	반가운 마음	안타까운 마음

㉠에는 환한 웃음으로 표현되는 할머니가 '나'를 반가워하는 마음이, ㉡에는 '나'를 오랜만에 만나 그동안 보고 싶어 했던 그리운 마음이 드러나 있습니다.

6 감상하기

이 시를 알맞게 감상하지 못한 친구는 누구인가요? (⑤)

① 선우: 할머니는 말하는 이를 웃는 모습으로 맞아 주셨어. → 2연의 내용

② 민준: 시를 읽고 할머니의 품처럼 따뜻하고 포근한 느낌이 들었어. → 이 시의 분위기

③ 정민: 시를 읽고 시골에 계신 외할머니가 보고 싶다는 생각이 들었어. → 시의 전체 내용과 연관됨.

④ 지아: 시를 읽으면 할머니와 강아지가 함께 있는 시골집의 풍경이 떠올라. → 3연의 내용

⑤ 혜나: 할머니는 말하는 이를 계속 바라보다가 눈이 시려서 눈물을 흘리셨어.

이 시의 3연에서 할머니가 그렁그렁한 눈물로 '나'를 마중 나오신 것은 평소에 그리워했던 '내'가 할머니 집에 왔기 때문입니다.

7 적용 창의

[보기]는 **이 시를 고쳐 쓴 것입니다. ㉮와 ㉯에 들어갈 알맞은 낱말은 무엇인가요?** (③)

[보기]

떡볶이 집에 가면

카랑카랑
아줌마의 목소리가
먼저 마중 나옵니다.

떡볶이
(㉮) 국물 맛이
뒤따라 마중 나옵니다.

가끔
고소한 튀김도 (㉯)
마중 나옵니다.

① ㉮: 달콤한 ㉯: 반짝반짝

② ㉮: 매콤한 ㉯: 보글보글 → '보글보글'은 찌개나 물 등 액체가 요란하게 계속 끓는 소리나 모양에 어울림.

③ ㉮: 매콤한 ㉯: 바삭바삭

④ ㉮: 매콤한 ㉯: 울긋불긋

⑤ ㉮: 따뜻한 ㉯: 쫀득쫀득 → '쫀득쫀득'은 끈끈하고 질겨서 쫄깃쫄깃하게 씹히는 떡 등에 어울림.

빈칸 앞뒤의 내용을 살펴보면, 이 시의 '화안한'과 '그렁그렁'처럼 ㉮, ㉯에 들어갈 낱말을 짐작할 수 있습니다. ㉮에는 떡볶이 국물 맛의 특징을 나타내는 '매콤한' 또는 '짭쪼롬한' 등의 표현이 알맞습니다. 또, ㉯에는 고소한 튀김의 소리나 모양을 표현하는 '바삭바삭'이 어울립니다.

나는 쇠무릎이야 [66~69쪽]

1 세부 내용

'나'에 대한 설명으로 알맞지 않은 것은 무엇인가요? (③)

① 절 마당에서 태어났다. → '내가 나에 ~ 태어났다는 것뿐이에요.'에 나타남.
② 무릎이 아픈 병에 쓰는 약초이다. → '"할아버지가 무릎이 ~ 좋은 약초야.'에 나타남.
③ 약으로 쓰면 소의 무릎을 튼튼하게 해 준다.
④ 자신의 이름조차 몰라 친구들에게 놀림을 받았다. → '나는 내가 ~ 그러게 별꼴이야."'에 나타남.
⑤ 할머니의 말에서 자신이 쇠무릎이라는 것을 알았다. → "아이고, 쇠무릎 ~ 여기 있었구먼."에 나타남.

할머니의 말 "할아버지가 무릎이 ~ 무릎처럼 튼튼해진다더라."에서 쇠무릎을 약으로 쓰면 소의 무릎이 튼튼해지는 것이 아니라 소의 무릎처럼 튼튼하게 해 준다는 것을 알 수 있습니다.

2 구조 알기

이 글에서 가장 먼저 일어난 일은 무엇인가요? (③)

① 할머니가 나의 이름이 쇠무릎이라고 알려 주었다. 2
② 아이가 나를 할아버지 약으로 뽑아 가자고 졸랐다. 3
③ 절 마당에서 태어난 나는 친구들의 놀림을 받았다. 1
④ 나는 꽃들에게 내 이름이 쇠무릎이라고 자랑스럽게 말했다. 5
⑤ 나는 스님의 말씀을 떠올리며 이름값을 해야겠다고 생각했다. 4

이 글에서 가장 먼저 일어난 일은 글의 첫 부분에 드러나 있습니다. 쇠무릎은 절 마당에서 태어나 친구들의 놀림을 받았습니다.

3 추론 하기

이 글에서 '나'의 마음이 어떻게 바뀌었는지 알맞게 정리한 것은 무엇인가요? (⑤)

① 두려움 → 기쁨 → 속상함 → 행복함
② 속상함 → 기쁨 → 두려움 → 안타까움
③ 부끄러움 → 행복함 → 속상함 → 슬픔
④ 슬픔 → 속상함 → 기쁨 → 자랑스러움
⑤ 속상함 → 두려움 → 행복함 → 자랑스러움

'나'는 다른 꽃들에게 놀림을 받아 속상했을 것입니다. 그러다가 아이가 자신을 꺾을지 몰라 두려워했다가 자신의 이름과 약초라는 쓰임새를 알게 되어 기쁘고 행복한 마음이 들었습니다. 그리고 영감님 병을 낫게 해 달라는 할머니의 말을 듣고 자신의 이름을 다른 꽃들에게 알려 주면서 자랑스러운 마음이 들었습니다.

4 어휘 어법

'이름값'
㉠의 뜻으로 알맞은 것은 무엇인가요? (⑤)

① 이름에 숨겨진 뜻
② 이름을 짓는 데 쓰는 돈
③ 세상에 널리 알려진 이름
④ 예쁘고 부르기 쉬운 이름
⑤ 널리 알려진 이름에 걸맞은 행동

㉠'이름값'은 '자신의 지위나 명성에 걸맞은 행동.'을 뜻합니다. 쇠무릎이 약초라는 쓰임새를 알기 전에 들은 말이므로, 이 글에서는 '널리 알려진 이름에 걸맞은 행동'이라는 뜻으로 쓰였습니다.

독해 정답	1. ③	2. ③	3. ⑤
	4. ⑤	5. ㉣	6. ②
	7. ④		

어휘 정답	
	1. (1) ㉢ (2) ㉯ (3) ㉣ (4) ㉮
	2. (1) 멀쑥 (2) 심보 (3) 더럭 (4) 체면
	3. (1) ㉯ (2) ㉢ (3) ㉣ (4) ㉮

자신을 뽑아 가는 것이 슬퍼할 일이 아닌 까닭

5 세부 내용

'내'가 ㉡처럼 생각한 까닭을 찾아 기호를 쓰세요.

㉮ 자신의 이름을 알리는 기회가 될 것 같아서 → 이 글에 나타나지 않은 내용
㉯ 할머니를 따라 새로운 곳으로 떠날 수 있어서 → 이름값과 관련 없는 내용
㉢ 자신을 놀리는 친구들 앞에서 자랑할 수 있어서 → 이름값과 관련 없는 내용
㉣ 자신이 어떻게 이름값을 해야 되는지 알게 되어서

(㉣)

쇠무릎이 ㉡처럼 말한 까닭은 ㉡의 앞부분에 나타나 있습니다. 쇠무릎은 자신이 어떻게 이름값을 해야 하는지 알 수 있어서 자신을 뽑아 가는 것이 슬퍼할 일만은 아니라고 했습니다.

6 주제 찾기

이 글의 주제로 알맞은 것은 무엇인가요? (②)

① 이웃에게 관심을 가지고 서로 도와야 한다. → 이웃에 대한 관심이 주제가 아님.
② 모든 생명은 소중하고 가치 있는 존재이다.
③ 사람과 사람 사이에는 믿음이 있어야 한다.
④ 함부로 꽃을 꺾지 말고 자연을 보호해야 한다. → 주제와 거리가 먼 내용임.
⑤ 친구들 사이에도 기본적인 예절을 지켜야 한다. → 절 마당의 꽃들에게 해야 할 말임.

이 글은 이름도 몰라 다른 꽃들이 하찮게 여겼던 쇠무릎이 자신의 이름과 이름값을 알게 되는 과정을 보여 주며 모든 생명은 소중하고 가치 있는 존재라는 것을 말하고 있습니다.

수능 연계

7 감상하기

글쓴이가 식물인 쇠무릎을 주인공으로 쓴 까닭

[보기]를 참고하여 이 글을 감상한 것으로 알맞지 않은 것은 무엇인가요? (④)

[보기] 이 글에서 말하는 이는 '쇠무릎'이라는 풀이다. (이야기 속의 '나') 이름도 모르고 살았던 쇠무릎은 자신이 이름을 찾게 되기까지의 이야기를 담담하게 들려준다. 글쓴이가 사람이 아닌 쇠무릎을 사람처럼 등장시킨 것은 자연에서 사는 동식물도 우리와 마찬가지로 생명을 가진 존재라는 것을 말하기 위해서이다.

① 글쓴이는 쇠무릎을 통해 작고 보잘것없는 풀도 소중한 생명이라고 말하고 있어. → 이 글의 주제와 관련한 감상임.
② 식물인 쇠무릎이 자신을 '나'라고 표현하며 자신의 이야기를 직접 들려주고 있어. → 표현상의 특징과 관련한 감상임.
③ 쇠무릎에게 일어난 일을 쇠무릎에게 들으니 나와 쇠무릎이 가까운 사이처럼 느껴졌어. → 의인화의 효과에 대한 감상임.
④ 이름 모르는 풀인 쇠무릎을 사람처럼 표현해 쇠무릎이 작고 하찮은 존재라는 것을 드러냈어.
⑤ 자신의 이름도 모른 채 살았던 쇠무릎이 자신의 이름을 찾게 되어 다행이라는 생각이 들었어. → 글의 내용에 대한 감상임.

[보기]는 글쓴이가 식물인 쇠무릎을 주인공으로 등장시킨 까닭입니다. 이 글은 주인공인 쇠무릎이 자신의 이야기를 들려주고 있어 독자가 친근하고 가깝게 느끼는 효과가 있습니다. 이를 통해 글쓴이는 작고 하찮은 풀도 우리처럼 소중한 존재라는 것을 알리고 있으므로, ④는 올바른 감상으로 볼 수 없습니다.

사랑의 학교 [70~73쪽]

1 세부 내용

이 글의 중심 글감은 무엇인가요? (⑤)

① 하루 종일 눈이 내린 일
② 아이들과 눈싸움을 한 일 → ⑤의 원인이 된 일
③ 가로피가 사람들에게 맞을 뻔한 일
④ 교장 선생님이 가로피를 보호해 준 일 → ⑤의 일이 원인이 되어 벌어진 일
⑤ 한 노인이 눈 뭉치에 맞아 눈을 다친 일

이 일기에서 글감이 된 중심 사건은 아이들의 눈싸움으로 한 노인이 눈 뭉치에 맞아 눈을 다친 일입니다. 이 사건 때문에 갈로네가 가로피를 설득해 자신이 한 일을 인정하게 하자, 가로피가 몇몇 어른들에게 맞을 뻔했고 이에 교장 선생님이 나서서 가로피를 보호하는 일들이 생겨납니다.

2 구조 알기

이 글에서 일이 일어난 차례대로 기호를 쓰세요.

㉮ 한 노인이 눈에 눈 뭉치를 맞았다. 2
㉯ 교장 선생님이 가로피를 보호해 주었다. 5
㉰ 아이들 여럿이 큰길에서 눈싸움을 했다. 1
㉱ 갈로네가 사실대로 말하자고 가로피를 설득했다. 3
㉲ 가로피가 다친 노인에게 자신이 한 일을 고백했다. 4

(㉰) → (㉮) → (㉱) → (㉲) → (㉯)

이 글에서 일어난 일은 다음과 같습니다. 하루 종일 눈이 내린 날, 아이들 여럿이 큰길에서 눈싸움을 하다가(㉰) 지나가던 노인이 눈에 눈 뭉치를 맞아서 다쳤습니다.(㉮) 경찰이 눈을 던진 범인을 찾자 갈로네는 눈을 던진 가로피에게 사실대로 말하자고 설득해(㉱) 가로피는 다친 노인에게 자신이 한 일을 고백합니다.(㉲) 가로피를 본 몇몇 어른들이 가로피를 때리려고 하자 교장 선생님이 가로피를 보호해 주었습니다.(㉯)

3 세부 내용

가로피가 쓰러질 것 같았던 까닭

㉠의 까닭으로 알맞은 것은 무엇인가요? (⑤)

① 자신이 도망가지 못한 것이 슬퍼서 → 가로피는 도망가 있는 상황임.
② 갈로네가 자신을 지켜 주지 않을 것 같아서 → 갈로네가 지켜 주겠다고 말한 것은 ㉠ 다음의 일임.
③ 다친 노인이 자신의 할아버지가 아니라 기뻐서 → 가로피의 할아버지라고 볼 만한 내용이 없음.
④ 자신이 눈 뭉치를 던진 범인이 아니라 억울해서 → 범인은 가로피임.
⑤ 노인이 맹인이 될 수 있다고 생각하니 두려워져서

㉠의 까닭은 ㉠ 앞부분의 내용으로 미루어 추측할 수 있습니다. 노인의 눈이 멀지 모른다며 범인을 찾는 사람들의 말을 들은 가로피는 노인이 진짜 맹인이 될까 봐 두려운 마음이 들어 쓰러질 것 같았습니다.

4 추론 하기

'갈로네'의 성격으로 알맞은 것은 무엇인가요? (③)

① 착하고 순진하다.
② 거칠고 잔인하다.
③ 정의롭고 당당하다.
④ 재치 있고 활동적이다.
⑤ 까다롭고 의심이 많다.

갈로네는 노인의 눈을 다치게 한 가로피를 설득해 자신의 잘못을 사실대로 말하자고 설득하고, 몇몇 어른들이 가로피를 때리려고 했을 때도 막아 주었습니다. 이런 행동으로 미루어 갈로네는 정의롭고 당당한 성격임을 알 수 있습니다.

독해 정답			
	1. ⑤	2. ㉰, ㉮, ㉱, ㉲, ㉯	
	3. ⑤	4. ③	5. ④
	6. ④	7. ②	

어휘 정답	
	1. (1) 인 (2) 정 (3) 상대 (4) 비명 (5) 기대
	2. (1) ㉱ (2) ㉮ (3) ㉰ (4) ㉯
	3. ③

5 비판하기

'가로피'에게 해 줄 말로 알맞지 않은 것은 무엇인가요? (④)

① 할아버지가 다치셔서 많이 놀라고 무서웠을 거야.
② 몇몇 사람들이 주먹을 들었을 때는 두렵지 않았니?
③ 자신이 한 일을 감추지 않고 말한 것은 정말 잘한 일이야.
④ 교장 선생님의 말씀처럼 자신의 잘못을 인정했으면 좋겠어.
⑤ 갈로네같이 힘들 때 옆에 있어 주는 친구가 있다니 너무 부러워.

이 글에서 가로피는 갈로네의 말을 듣고 자신이 한 일이라고 다친 노인에게 고백했습니다. 따라서 ④는 가로피에게 해 줄 말로 알맞지 않습니다.

6 적용 창의

잘못을 저지르고 솔직하게 고백한 경험

이 글과 비슷한 경험을 말한 친구는 누구인가요? (④)

① 내가 따라 놓은 우유를 마시고 동생이 식중독에 걸렸어.
② 아빠가 깨진 컵 조각에 발을 다치셨는데 내가 약을 발라 드렸어.
③ 언니가 사다 놓은 케이크를 몰래 먹어서 언니가 화를 낸 적이 있어.
→ 가로피가 한 일과 관련 없는 경험
④ 엄마가 아끼시던 접시를 실수로 깼는데 엄마께 솔직하게 말씀드렸어.
⑤ 책상을 앞으로 밀어서 친구가 부딪쳤는데 모두 친구 탓이라고 말했어. → 이 글과 반대되는 경험

가로피는 두렵고 겁이 났지만 자신이 눈을 던졌던 일을 노인에게 고백하고 잘못을 인정했습니다. 이와 비슷한 경험으로 알맞은 것은 자신의 실수를 솔직하게 고백한 ④입니다.

7 추론하기

자신의 잘못을 인정해 풀려난 죄수의 이야기

이 글과 [보기]에서 공통적으로 얻을 수 있는 교훈은 무엇인가요? (②)

> [보기] 나폴리 총독이었던 오수나 공작은 어느 날 죄수들이 노를 젓는 배를 돌아다니며 살펴보게 되었다. 공작은 죄수들에게 어떤 죄를 짓고 이 곳에 오게 되었는지 물었다. 죄수들은 모두 억울하다, 남이 지은 죄를 뒤집어썼다고 말했지만 단 한 사람만 자신의 죄를 인정했다. → 이 글 속 가로피와의 공통점
> 이 죄수는 "저는 남의 돈을 훔친 죄인입니다. 지금 그 벌을 달게 받고 있지요."라고 말했다. 이 말을 들은 공작은 "이 사람은 진짜 죄인이군. 죄 없는 사람들 사이에 죄인을 둘 수 없으니 밖으로 데리고 나가게."라고 말하며 자신의 잘못을 인정하고 뉘우친 죄수를 풀어 주었다.

① 어떤 상황에서도 죄를 지어서는 안 된다. → 이 글과 [보기]는 잘못을 저지른 다음의 문제를 다룸.
② 자신의 잘못을 인정하는 것이 참된 용기이다.
③ 자신의 잘못을 말할 기회를 갖는 것이 중요하다. → 말할 기회보다 잘못의 인정 여부가 중요함.
④ 잘못을 한 사람은 잘못에 맞는 벌을 받아야 한다.
⑤ 친구의 말 때문에 자신의 잘못을 인정해서는 안 된다. → 가로피와 죄수는 모두 잘못을 인정했음.

이 글에서 가로피는 눈을 다친 노인에게 자신이 한 일이라고 솔직하게 고백하고 교장 선생님의 보호를 받았습니다. [보기]에서는 자신의 잘못을 인정한 죄수가 풀려나게 되었습니다. 이 두 이야기에서 공통적으로 얻을 수 있는 교훈으로 알맞은 것은 ②입니다.

4주 16회 아버지의 꿈 [76~79쪽]

1 세부 내용

이 글의 내용으로 알맞은 것은 무엇인가요? (⑤)

① 은애는 경복궁에 처음 와 보았다. → 은애는 유치원 때 와 보았음.
② 은애는 아빠에게 김밥을 갖다 드렸다. → 은애는 아빠에게 약을 갖다 드렸음.
③ 은애는 아빠의 설명이 재미없어 대충 들었다. → 은애는 아빠가 가리키는 곳을 눈여겨보며 설명을 열심히 들었음.
④ 은애가 오기 전 아빠는 열심히 공사를 하고 있었다. → 아빠는 앉아서 경복궁 여기저기를 둘러보는 중이었음.
⑤ 아빠는 경복궁의 담장과 굴뚝이 아름답다고 생각했다.

아빠는 경복궁 담장이 벽돌로 수를 놓은 듯하고, 굴뚝에 새겨진 십장생 무늬 등이 아름답다고 생각하여 은애에게 설명하고 있습니다.

2 어휘 어법

'그 집이 그 집 같다'의 뜻

㉠의 뜻으로 알맞은 것은 무엇인가요? (②)

① 내 눈에는 한 개만 보였다.
② 내 눈에는 다 똑같아 보였다.
③ 내 눈에는 다 다르게 보였다.
④ 내 눈에는 아무것도 보이지 않았다.
⑤ 내 눈에는 비슷하지만 조금 차이가 있었다.

'그 집이 그 집 같아 보인다'는 것은 '모두 비슷해 보여 구별이 안 간다.'는 뜻으로, 은애의 눈에는 아빠가 설명하는 궁궐이 다 똑같아 보였다는 뜻입니다.

3 추론 하기

㉡에 들어갈 알맞은 낱말은 무엇인가요? (⑤)

① 태풍 ② 홍수 ③ 해충
④ 곰팡이 ⑤ 불조심

궁궐이 불에 잘 타는 나무로 만들어진 목조 건물이라는 내용과 화재로부터 궁궐을 지키기 위해 '드무'라는 쇠 항아리를 두었다는 내용으로 보아 ㉡에 들어갈 낱말은 '불조심'이라는 것을 알 수 있습니다.

4 세부 내용

이 글을 읽고 알게 된 사실을 알맞게 말하지 못한 사람은 누구인가요? (④)

① 윤희: 궁궐은 나무로 만들어졌대.
② 범진: 궁궐에는 물을 담아 놓은 쇠 항아리가 있었어.
→ (①, ②) "용마루에 취나 ~ 지키고자 해서야."에 나타남.
③ 우찬: 대원군이 조 대비를 위해 지은 집의 이름은 자경전이야. → "이 자경전은 ~ 있지 않니?"에 나타남.
④ 승하: 용마루에는 취라는 새를 잡아다가 그 머리를 올려놓았어.
⑤ 지아: 지붕 끝에는 서유기에 나오는 인물을 올려놓아 잡귀로부터 궁궐을 지켰어. → "지붕 끝에 ~ 뜻이 담겼다는구나."에 나타남.

'진짜 취가 아닌데 무슨 소용이 있느냐'는 은애의 말을 통해서 용마루에 놓인 취의 머리가 진짜가 아님을 알 수 있습니다. 즉 취라는 새를 직접 잡아다가 그 머리를 올려놓은 것이 아니라 취의 머리 모양을 만들어서 올려놓았다는 뜻입니다. 따라서 승하의 말은 이 글을 읽고 알게 된 사실로 알맞지 않습니다.

독해 정답	1. ⑤	2. ②	3. ⑤
	4. ④	5. ㉮	6. ③
	7. ④		

어휘 정답

1. (1) 소용 (2) 빤히 (3) 위엄 (4) 험상궂다 (5) 아기자기하다
2. (1) ㉮ (2) ㉰ (3) ㉱ (4) ㉳ (5) ㉯　　3. ②

5 구조 알기

㈎ 부분에서 아빠가 설명한 방법으로 알맞은 것의 기호로 쓰세요.

> [보기] ㉮ 까닭이나 결과를 중심으로 설명하는 방법
> ㉯ 두 대상의 차이점을 중심으로 설명하는 방법 → 대조
> ㉰ 비슷한 성질을 가진 대상에 빗대어 설명하는 방법 → 비유
> ㉱ 대상의 생김새를 눈에 보일 듯이 자세하게 설명하는 방법 → 묘사

(㉮)

㈎ 부분은 아빠가 용마루에 취나 용의 머리를 올려 놓은 일과 쇠 항아리에 물을 담아 놓은 일의 까닭을 들어 설명한 부분입니다. 이처럼 어떤 일의 까닭이나 결과를 중심으로 설명하는 방법을 '인과'라고 합니다.

6 추론 하기

아빠에 대한 은애의 마음이 드러난 부분

[보기]는 이 글의 앞부분입니다. [보기]를 참고해 이 글에 나타난 '은애'의 마음을 알맞게 짐작한 것은 무엇인가요? (③)

> [보기] 아빠는 목수 일을 하십니다. 허름한 작업복에 커다란 연장 가방을 둘러메고 다니는 아빠를 내 친구들이 볼까 봐 나는 늘 조마조마합니다. 말쑥하게 양복을 차려입고 출퇴근하는 다른 집 아빠를 얼마나 부러워했는지 모릅니다.

① 은애는 목수인 아빠가 항상 자랑스러울 거야. → 은애는 처음에 아빠를 부끄러워했음.
② 은애는 아빠가 이제 양복을 입고 출근해서 흡족했을 거야. → 아빠는 지금도 양복을 입고 출근하지 않음.
③ 은애는 목수인 아빠가 처음에는 부끄러웠지만 이제는 자랑스러울 거야.
④ 은애는 목수인 아빠가 처음에는 자랑스러웠지만 이제는 부끄러울 거야. → 은애의 마음 변화와 반대되는 내용임.
⑤ 은애는 목수인 아빠가 여전히 부끄럽고 양복 입고 출근하는 다른 집 아빠가 부러울 거야. → 글의 마지막 부분에서 은애는 아빠를 자랑스러워 함.

[보기]는 이 글의 앞부분으로, 은애가 처음에는 아빠를 부끄러워했다는 것을 알 수 있습니다. 하지만 이 글의 마지막 문장에서 은애가 아빠를 자랑스러워하는 마음으로 바뀐 것을 알 수 있습니다. 즉 은애는 처음에 아빠를 부끄럽게 생각했지만 이제는 자랑스럽게 생각하고 있습니다.

7 감상 하기

이 글을 읽고 난 후의 반응으로 알맞은 것은 무엇인가요? (④)

① 여현: 우리 조상들은 건물을 그저 아름답게만 지으려고 했구나. → 우리 조상들은 건물을 아름답게 지을 뿐 아니라 화재, 잡귀로부터 궁궐을 지키기 위한 지혜를 담았음.
② 나희: 아빠의 말을 듣고 옛 건물을 짓는 과정을 자세히 알 수 있었어. → 건물을 짓는 과정은 알 수 없음.
③ 태환: 아빠의 설명이 너무 길어서 은애는 어서 집에 가고 싶었을 것 같아. → 은애는 아빠의 설명을 재미있게 듣고 있음.
④ 정운: 아빠는 은애에게 옛 건물들에 담긴 조상의 지혜를 알려 주고 싶으셨구나.
⑤ 수지: 옛 건물에 대해 자세히 설명하는 아빠의 모습에서 역시 선생님은 다르다고 느꼈어. → 선생님은 대단해 보인 아빠를 빗댄 표현임.

아빠는 은애에게 단순한 장식처럼 보이는 것들이 사실은 조상들이 화재나 잡귀로부터 궁궐을 지키기 위해 만든 것이라고 설명해 주셨습니다. 즉 옛 건물들에 담긴 조상의 지혜를 은애에게 알려 주고 싶으셨던 것입니다. 그러므로 이 글을 읽고 난 후의 반응으로 알맞은 것은 정운이가 한 말입니다.

4주 17회 여름까지 산 꼬마 눈사람 [80~83쪽]

1 세부 내용

'나'에 대해 알맞게 말한 사람은 누구인지 기호를 쓰세요.

㉮ 유진: '나'는 몸집이 아주 커. → 냉동실에 들어갈 수 있는 작은 크기임.
㉯ 은하: '나'는 눈사람 모양의 인형이야. → 인형이 아닌 진짜 눈사람임.
㉰ 남준: '나'는 날씨가 따뜻해지면 녹아 버려.
㉱ 지웅: '나'는 봄을 지나 여름까지 냉장실에서 살게 되었어. → 냉장실이 아닌 냉동실에서 살게 되었음.

(㉰)

'나'는 찬호가 만든 아주 작은 꼬마 눈사람입니다. 따뜻해지면 녹아 버리기 때문에 찬호네 냉장고의 냉동실에서 살게 되었습니다. 냉동실에 들어갈 수 있는 크기이므로, 몸집이 아주 크지는 않다는 것을 짐작할 수 있습니다.

2 구조 알기

이 글에 대한 설명으로 알맞지 않은 것은 무엇인가요? (⑤)

① 말하는 이는 찬호가 만든 눈사람이다. → '나'는 눈사람임.
② 사람이 아닌 것을 사람처럼 표현하였다. → 눈사람인 '나'는 말도 하고 인사도 함.
③ 모양이나 소리를 흉내 내는 말을 사용하였다. → 톡, 동동, 주르륵 등
④ 이야기 속에서 시간의 순서대로 일이 진행되고 있다. → 눈사람은 겨울에 만들어진 다음 봄을 지나 여름까지 냉동실에 있다가 꺼내졌음.
⑤ 인물의 대화 없이 행동만으로 마음을 드러내고 있다.

이 글은 찬호가 만든 눈사람이 아픈 찬호를 위해 자신을 희생한 사건을 시간의 흐름에 따라 보여 주고 있습니다. 이 과정에서 인물들이 나눈 대화로 미루어 인물의 마음을 짐작할 수 있습니다. 찬호와 어머니의 대화에서는 눈사람을 오래 보관하고 싶은 찬호의 마음이, 찬호 어머니와 찬호 아버지의 대화에서는 아픈 찬호를 걱정하는 마음이 드러나 있습니다.

3 세부 내용

찬호에게 고마워한 까닭

'내'가 ㉠처럼 생각한 까닭은 무엇인가요? (④)

① 찬호가 '나'를 제일 크게 만들어 주어서
② 찬호가 '나'를 제일 잘생기게 만들어 주어서
③ 찬호가 '나'를 올해 처음으로 만들어 주어서
④ 찬호가 '나'를 녹지 않고 여름까지 살게 해 주어서
⑤ 찬호가 '나'를 찬호의 이마에서 녹을 수 있게 해 주어서

'내'가 ㉠처럼 찬호에게 고맙다고 생각한 까닭은 ㉠ 다음 부분에서 짐작할 수 있습니다. '나'는 찬호 덕분에 냉동실에 살게 되면서 자신이 세계에서 처음으로 여름까지 녹지 않은 눈사람이 되었기 때문입니다.

4 어휘 어법

관용 표현 '발을 구르다'의 뜻

㉡의 뜻으로 알맞은 것은 무엇인가요? (③)

① 머무를 곳이 없다. → '발 붙일 곳이 없다'의 뜻
② 오가지 않거나 관계를 끊다. → '발을 끊다'의 뜻
③ 매우 안타까워하거나 다급해하다.
④ 걱정되거나 애쓰던 일이 끝나 마음을 놓다. → '발을 뻗다'의 뜻
⑤ 사람이 너무 많이 들어서거나 들어앉아 매우 비좁다. → '발 들여놓을 자리 하나 없다'의 뜻

㉡은 찬호가 열이 나는데 열을 내릴 얼음이 없어서 안절부절못하는 찬호 어머니의 행동을 표현한 관용 표현입니다. '발을 구르다'는 '매우 안타까워하거나 다급해하다.'라는 뜻입니다.

독해 정답

1. ㉰ 2. ⑤ 3. ④
4. ③ 5. ③ 6. ②
7. ①

어휘 정답

1. (1) ㉰ (2) ㉱ (3) ㉯ (4) ㉮
2. (1) 아끼는 (2) 기꺼이 (3) 엎힌 (4) 내저어
3. ①

찬호가 냉장고에 있던 나에게 여름을 구경시켜 주는 장면

5 구조 알기

[보기]는 이 글의 일부입니다. [보기]의 내용이 들어갈 곳은 어디인가요? (③)

> [보기] 여름이 되었습니다.
> "넌 여름이 얼마나 더운지 모를 거야."
> 찬호는 나에게 여름을 구경시켜 주려고 나를 꺼내 창문 밖으로 내밀었습니다. 그때 나는 얼마나 혼이 났는지 모릅니다. 숨이 콱 막히고 내 몸이 줄줄 녹아 없어지는 기분이었습니다.
> "봐, 덥지? 이젠 갑갑하더라도 겨울이 올 때까지 이 안에 앉아 있어." (이 안: 냉동실)

① 글 ㈎의 앞 ② 글 ㈎의 뒤 ③ 글 ㈏의 뒤
④ 글 ㈐의 뒤 ⑤ 글 ㈑의 뒤

[보기]는 여름이 되어 찬호가 '나'에게 여름을 구경시켜 주는 장면입니다. '나'는 어딘가에서 꺼내진 상황이므로, 글 ㈏의 내용으로 미루어 냉동실에 있다가 잠깐 꺼내진 것임을 알 수 있습니다. 따라서 [보기]는 글 ㈏와 ㈐ 사이에 들어가는 것이 알맞습니다.

6 주제 찾기

이 글의 주제로 알맞은 것은 무엇인가요? (②)

① 새로운 일에 도전하는 용기
② 다른 사람을 위한 희생과 배려
③ 좋아하는 일에 최선을 다하는 열정
④ 맡은 일을 끝까지 해내려는 책임감 → 열을 내리는 것은 눈사람의 일이 아니었음.
⑤ 거짓 없이 참된 삶을 살아가려는 마음 → 찬호를 위해 희생한 눈사람과 관련 없는 내용임.

이 글은 찬호가 만든 꼬마 눈사람이 아픈 찬호를 위해 자신을 희생한 이야기입니다. 글쓴이는 꼬마 눈사람의 행동을 통해 다른 사람을 위한 희생과 배려의 마음을 드러내 읽는 이들에게 감동을 주고 있습니다.

이야기에서 감동적인 부분을 찾는 방법

7 감상 하기

[보기]에 나타난 ㉮의 방법으로 이 글을 알맞게 감상한 것은 무엇인가요? (①)

> [보기] 이야기를 읽고 감동적인 부분을 찾으려면 ㉮이야기 속 인물이 되어 인물의 마음을 헤아려 본다. 또한 인물의 말과 행동을 살펴본 다음 자신의 경험을 떠올려 보는 방법이 있다.

① 내가 찬호였다면 눈사람 모양의 구름을 볼 때마다 슬플 것 같아.
② 찬호의 열을 내리기 위해 기꺼이 자신의 몸을 녹인 '나'는 정말 멋져. → 인물('나')의 행동에 대한 느낌을 표현함.
③ 나도 열이 났을 때 부모님이 밤새 잠도 못 주무시고 간호해 주셔서 감사했어. → 자신의 경험을 떠올려 봄.
④ '나'를 냉장고에 넣어서 계속 살 수 있게 해 준 데서 찬호의 따뜻한 마음이 느껴져. → 인물(찬호)의 행동을 통해 마음을 짐작함.
⑤ 나도 마당에 눈사람을 만들어 놓고 자고 나면 녹아 버렸을까 봐 걱정했던 적이 있어. → 자신의 경험을 떠올려 봄.

[보기]의 ㉮는 이야기 속 인물의 입장에서 인물의 마음을 헤아려 보는 방법입니다. ㉮의 방법으로 작품을 감상한 것은 눈사람 모양의 구름을 볼 때마다 슬퍼할 찬호의 마음을 헤아린 ①입니다.

1 구조 알기

이야기 글

이 글을 읽는 방법으로 알맞은 것은 무엇인가요? (③)

① 새롭게 알게 된 사실을 중심으로 읽는다. → 설명하는 글을 읽는 방법
② 재미있게 표현한 낱말을 찾아 가며 읽는다. → 시를 읽는 방법
③ 이야기 속 인물이 되어 장면을 떠올리며 읽는다.
④ 사실과 사실이 아닌 것이 무엇인지 구별하며 읽는다. → 설명하는 글을 읽는 방법
⑤ 글쓴이의 주장과 그 주장을 뒷받침하는 내용을 찾아 가며 읽는다. → 주장하는 글을 읽는 방법

이 글은 글쓴이의 상상력을 바탕으로 지어낸 이야기입니다. 이러한 글은 이야기 속 인물이 되어 장면을 떠올리며 읽으면 인물의 마음이나 글쓴이의 생각을 좀 더 잘 이해할 수 있습니다.

2 세부 내용

이 글의 내용으로 알맞지 않은 것은 무엇인가요? (②)

① 할머니의 딸이 아프다. → "내 딸이 병이 ~ 싶어 하거든."에 나타남.
② 크리스마스에 일어난 일이다.
③ 틸틸과 미틸의 집에는 새가 있다. → 잿빛 비둘기가 있음.
④ 다이아몬드가 박힌 모자는 신비한 능력이 있다. → '할머니의 말대로 ~ 춤을 추었지요.'에 나타남.
⑤ 할머니는 틸틸과 미틸에게 파랑새를 찾아 달라고 부탁했다. → "내 딸이 병이 ~ 싶어 하거든."에 나타남.

이 글의 두 번째 문장 '내일이 크리스마스지만'이라는 구절에서 일이 일어난 때가 크리스마스 하루 전 즉 크리스마스이브라는 것을 알 수 있습니다.

3 세부 내용

다이아몬드를 돌리고 나서 일어난 일이 아닌 것은 무엇인가요? (③)

① 할머니가 아름다운 공주로 변했다.
② 시계 속 숫자들이 신나게 춤을 추었다. → (①②) '할머니의 말대로 ~ 춤을 추었지요.'에 나타남.
③ 가족들이 개와 고양이의 모습을 하고 나타났다.
④ 낡고 초라한 가구가 윤기 있고 세련되게 바뀌었다. → '할머니의 말대로 ~ 춤을 추었지요.'에 나타남.
⑤ 반죽 통에서 빵의 요정, 벽난로에서 불의 요정이 튀어나왔다. → '뚱뚱한 빵의 ~ 벽난로에서 튀어나왔어요.'에 나타남.

모자를 쓴 다음 다이아몬드를 돌리고 나서 일어난 일은 이 글의 중간 부분부터 나타나 있습니다. 할머니가 아름다운 공주로 변하고 낡고 초라한 가구가 세련되게 바뀌었습니다. 집안 곳곳에서는 요정들이 나왔습니다. 그러나 개와 고양이의 얼굴을 한 사람은 가족이 아니라 기르던 개와 고양이였습니다.

4 추론하기

이 글에 나타난 '틸틸'과 '미틸'의 마음을 알맞게 짐작한 것은 무엇인가요? (⑤)

① 원망스러움.
② 슬프고 우울함.
③ 무섭고 두려움.
④ 지치고 피곤함. → 파랑새를 찾으러 가기 전이므로 알맞지 않음.
⑤ 신기하고 놀라움.

틸틸과 미틸은 할머니에게 다이아몬드가 박힌 모자를 받으면서 신비한 일들을 겪게 됩니다. 따라서 신기하고 놀라운 마음이 들었을 것입니다.

독해 정답			
	1. ③	2. ②	3. ③
	4. ⑤	5. ③	6. ②
	7. ⑤		

어휘 정답	
	1. (1) ㉣ (2) ㉤ (3) ㉮ (4) ㉯ (5) ㉰
	2. (1) 조라 (2) 윤기 (3) 세련 (4) 기적
	3. ③

5 추론하기

㉠에 들어갈 알맞은 낱말은 무엇인가요? (③)

① 슬픔 ② 풍요 → 매우 많아서 넉넉함. ③ 행복

④ 재능 → 어떤 일을 잘할 수 있는 재주와 능력. ⑤ 마술

할머니의 아픈 딸은 병이 나아 행복해지고 싶어서 파랑새가 필요한 것이므로, ㉠에 들어갈 알맞은 낱말은 '행복'입니다.

6 적용창의

다음은 ㈎ 부분을 희곡으로 고쳐 쓴 것입니다. 빈칸에 들어갈 내용으로 알맞은 것은 무엇인가요? (②)

> [보기] 할머니: (숫자들을 바라보며) 시간의 요정들이란다. 사람의 눈에 보이는 것이 행복해서 춤을 추는 거야.
> 틸틸: (　　　　　　)우리 집이 왜 이렇게 변했죠?

① 매우 화난 표정으로 → ㈎ 부분에서는 화날 이유가 없음.

② 두 눈을 동그랗게 크게 뜨고

③ 눈물을 흘리며 슬픈 표정으로 → 기적 같은 일이 일어났으므로, 슬픈 상황은 아님.

④ 손으로 가슴을 치며 답답하다는 표정으로

⑤ 두 손으로 머리를 감싸며 절망적인 표정으로 → ㈎ 부분에서는 절망할 이유가 없음.

희곡은 연극을 공연하기 위한 글로 지문, 해설, 대사로 이루어져 있습니다. ㈎ 부분을 희곡으로 바꾸면, 빈칸에는 인물의 행동이나 표정을 나타내는 말이 들어가야 합니다. ㈎ 부분은 모자에 달린 다이아몬드를 돌리자 자신의 집이 전혀 다른 모습으로 바뀌어서 놀라고 신기해하는 상황입니다. 이를 행동으로 표현하면 눈을 크게 뜨는 몸짓이나 깜짝 놀라는 표정 등으로 나타낼 수 있습니다.

수능 연계

7 주제찾기

(글쓴이가 말하려는 생각이 드러난 부분 / 글의 주제)

[보기]는 이 글의 마지막 부분입니다. ㉡과 [보기]에서 글쓴이가 말하려고 한 생각은 무엇인가요? (⑤)

> [보기] "얘들아, 어서 일어나렴. 크리스마스란다."
> 틸틸과 미틸은 엄마의 목소리에 잠에서 깨어났어요. 집은 모든 것이 그대로였지만 무언가 더욱 아름다워진 것 같았어요.
> "엄마, 우리는 파랑새를 찾아 여행을 했어요."
> "어젯밤에 무척 즐거운 꿈을 꾸었나 보구나."
> "오빠! 저것 좀 봐. 우리가 떠날 때는 잿빛 비둘기였는데, 그 새가 지금은 파랑새가 되었어."
> "정말이네. 파랑새가 바로 우리 집에 있었어."

① 눈이 좋아야 행복해질 수 있다. → 가까운 곳에 있는 행복을 깨닫지 못하는 것은 눈 건강의 문제가 아님.

② 행복은 특별한 사람에게만 보인다. → 글쓴이의 생각과 반대되는 의견임.

③ 파랑새가 없으면 행복해질 수 없다. → 파랑새는 가까이 있지만 우리가 깨닫지 못하는 행복을 상징함.

④ 이 세상 모든 사람들은 행복하게 살고 있다. → 글쓴이는 사람들이 가까운 곳에 있는 행복을 깨닫지 못한다고 생각하므로, 모두가 행복하게 산다고 할 수 없음.

⑤ 행복은 우리 가까이에 있지만 사람들이 잘 깨닫지 못한다.

㉡에서 할머니는 틸틸과 미틸에게 집 안이 변한 게 없지만 다르게 보이는 것은 평소 제대로 보지 못해서라고 말하고 있습니다. 그리고 [보기]에서는 그토록 찾아 헤매던 행복의 파랑새가 결국 틸틸과 미틸의 집에 있었습니다. 이와 같은 내용으로 미루어 글쓴이는 행복은 우리 가까이 있지만 사람들이 잘 깨닫지 못한다는 것을 나타내고 있습니다.

토끼전 [88~91쪽]

1 세부 내용

이 글의 내용으로 알맞지 않은 것은 무엇인가요? (④)

① 용왕은 고치기 힘든 병에 걸렸다. → '"과인이 우연히 ~ 효험이 없었다.'에 나타남.

② 토끼는 자라에게 속아 용궁에 갔다. → ㉠에 나타남.

③ 토끼는 간을 꺼내 놓고 와서 간이 없다고 말했다. → "그게 아니옵고 ~ 원통할 따름입니다."에 나타남.

④ 토끼는 용왕을 위해 죽는 것을 영광스럽게 생각했다.

⑤ 용왕은 토끼의 배를 가르고 토끼의 간을 꺼내려고 했다. → "여봐라, 어서 ~ 간을 꺼내라."에 나타남.

토끼는 목숨을 잃을 위기에서 살아 나가기 위해 용왕을 위해 죽는 것이 아깝지 않다고 말했지만 정말로 용왕을 위해 죽는 것을 영광스럽게 생각한 것은 아닙니다.

2 어휘 어법

목숨을 잃게 될 위기를 빠져나가려고 궁리하는 상황

㉠과 같은 토끼의 상황에 어울리는 속담은 무엇인가요? (⑤)

① 꿩 먹고 알 먹는다 → 한 가지 일로 두 가지 이득을 얻음.

② 빈 수레가 요란하다 → 아는 것도 없이 아는 체하고 떠들어 댐.

③ 백지장도 맞들면 낫다 → 쉬운 일이라도 서로 도우면 더욱 쉬워짐.

④ 모르는 게 약이요, 아는 게 병이다 → 차라리 모르는 게 더 마음이 편하고 아는 것이 걱정거리만 됨.

⑤ 하늘이 무너져도 솟아날 구멍이 있다

㉠은 토끼가 죽을 위기에 처하자 포기하지 않고 살아 나갈 궁리를 하는 상황입니다. 따라서 ㉠에는 '어떤 어려움 속에서도 포기하지 않으면 해결책이 생긴다.'는 뜻의 '하늘이 무너져도 솟아날 구멍이 있다'라는 속담이 알맞습니다. 비슷한 속담에는 '호랑이 굴에 물려가도 정신만 차리면 산다'가 있습니다.

3 세부 내용

용왕이 토끼의 배를 가르지 못한 까닭은 무엇인가요? (⑤)

① 지혜로운 토끼가 죽는 것이 아까워서 → 용왕은 토끼의 목숨보다 자신의 병을 치료하는 것이 목적임.

② 토끼의 말이 의심스럽고 믿을 수 없어서

③ 토끼가 거짓말을 한다고 생각해 괘씸해서

→ (②, ③) 토끼의 말을 믿지 못했다면 바로 배를 가르게 했을 것임.

④ 용궁에 있는 신하들이 살려 주자고 말해서

⑤ 토끼의 말이 사실일지도 모른다고 생각해서

용왕은 처음에 토끼가 간을 육지에 두고 왔다는 말을 믿지 않았습니다. 그러나 토끼의 말처럼 토끼 몸에서 세 개의 구멍을 발견하자 토끼의 말이 사실일지도 모른다는 생각이 들어 더욱 배를 가르지 못하게 되었습니다.

4 추론 하기

이 글에서 짐작할 수 있는 토끼의 마음 상태로 알맞은 것은 무엇인가요? (④)

	앞부분		뒷부분
①	신기한 마음	→	불안한 마음
②	차분한 마음	→	불안한 마음
③	조마조마한 마음	→	비참한 마음
④	조마조마한 마음	→	차분한 마음
⑤	당황스러운 마음	→	미안한 마음

토끼는 용궁에 와서 죽을 처지에 이르자 위기감을 느끼며 조마조마한 마음이었을 것입니다. 하지만 용왕이 간을 육지에 두고 왔다는 거짓말을 믿자 점점 자신감이 생겨 차분한 마음으로 바뀌었을 것입니다.

독해 정답			
	1. ④	2. ⑤	3. ⑤
	4. ④	5. ②	6. ①
	7. ①		

어휘 정답	
	1. (1) 원통하다 (2) 후세 (3) 난감하다 (4) 궁리하다 (5) 효험
	2. (1) ㉰ (2) ㉱ (3) ㉯ (4) ㉮ 3. ㉱

용왕에게 하는 토끼의 말

5 추론하기

ⓒ을 실감 나게 읽는 방법으로 알맞은 것은 무엇인가요? (②)

① 용왕을 꾸짖듯이 큰 목소리로 읽는다. → 자신의 목숨이 용왕에게 달려 있으므로, 꾸짖을 입장이 아님.

② 또박또박 자신 있는 목소리로 읽는다.

③ 모든 것을 다 포기한 목소리로 읽는다. → 토끼에게 속기 시작한 용왕에게 한 말이므로, 모든 것을 다 포기한 상황은 아님.

④ 바들바들 떨며 두려워하는 목소리로 읽는다. → 토끼가 용왕을 속여야 하는 상황과 어울리지 않음.

⑤ 슬프게 우는 것처럼 간청하는 목소리로 읽는다. → 자신이 살 수 있는 희망이 보이므로, 슬퍼할 필요는 없음.

ⓒ은 토끼가 자신의 말을 의심하는 용왕을 속여야 하는 상황에서 한 말입니다. 따라서 ⓒ은 용왕이 토끼의 말을 믿을 수 있게 또박또박 자신 있게 말하는 것이 알맞습니다.

6 감상하기

이 글에 대한 감상으로 알맞지 않은 것은 무엇인가요? (①)

① 유진: 아프다는 용왕을 속이다니 토끼가 아주 못됐네.

② 민서: 간을 빼놓고 왔다는 말을 믿다니 용왕은 생각보다 어리석네. → 용왕의 행동에 대한 감상임.

③ 연지: 나라면 무서워서 아무 생각도 안 났을 텐데 토끼는 재치가 대단하네. → 용왕의 행동을 통한 성격 파악임.

④ 승준: 아무리 용왕이라도 남의 간을 달라고 하다니 용왕은 아주 이기적이야. → 토끼의 행동을 통한 성격 파악임.

⑤ 수근: 용왕의 병을 치료하려고 토끼를 데리고 오다니 자라는 충성심이 대단한가 봐. → 자라의 행동을 통한 성격 파악임.

토끼는 살기 위해 자신의 목숨을 구하려고 거짓말을 한 것이므로 아픈 용왕을 속인 것을 못됐다고 말하는 것은 알맞지 않습니다.

7 주제 찾기

[보기]는 이 글의 마지막 부분입니다. [보기]를 참고할 때 이 글의 주제로 알맞은 것은 무엇인가요? (①)

> [보기] "이놈, 토끼야. 이제 간을 숨겨 놓은 곳으로 안내해라."
> 육지로 나오자 자라는 토끼에게 어서 간을 가지러 가자고 재촉하였다.
> "하하하. 이 세상 천지에 간을 빼놓고 다니는 짐승이 어디 있단 말이냐."
> 토끼는 자라를 비웃고 나서 깡충거리며 숲속으로 사라져 버렸고 자라는 주저앉아 멀어져 가는 토끼만 멍하니 바라보았다. 주제를 알려 주는 부분

① 위기를 극복하는 지혜

② 꾸준한 노력의 중요성 → 토끼는 노력보다 지혜로 목숨을 구했음.

③ 자연과 동물을 사랑하는 마음

④ 어려운 이웃을 돕는 봉사 정신 → (③, ④) 이 글의 주제와 상관없는 내용임.

⑤ 백성을 사랑하는 지도자의 필요성 → 토끼의 입장과 상관없는 내용임.

[보기]는 토끼가 용궁에서 무사히 나와 육지로 돌아가는 장면입니다. 이 글과 [보기]를 통해 죽을 위기에 처했던 토끼가 간을 빼 놓고 왔다는 거짓말로 지혜를 발휘해 결국 용궁에서 육지로 살아 나왔다는 사실을 알 수 있습니다. 이와 같은 내용에서 이 글의 주제가 '위기를 극복하는 지혜'임을 알 수 있습니다.

비밀의 화원 [92~95쪽]

1 세부 내용

이 글에서 알 수 있는 사실로 알맞지 않은 것은 무엇인가요? (⑤)

① 콜린은 10살이다. → 콜린이 태어날 때 어머니가 돌아가셨고 그때부터 10년 동안 화원이 잠겨 있었으므로 콜린은 10살임.
② 고모부는 곱사등이다. → '아버지처럼 곱사등이가 되고 말 것'이라는 콜린의 말에 나타남.
③ 메리는 전에도 울음소리를 들은 적이 있다. → '전에 들었던 그 울음소리'라고 하였으므로 전에도 들은 적이 있음.
④ 비밀의 화원에는 그동안 아무도 들어갈 수 없었다. → 화원은 잠겨 있고 열쇠도 묻혀 있어 아무도 들어갈 수 없었음.
⑤ 콜린의 울음소리는 아주 커서 울부짖는 소리처럼 들렸다.

'메리는 그 희미한 울음소리를 따라갔다.'는 구절로 보아, 콜린의 울음소리는 크게 들리지 않았습니다. 콜린의 울음소리는 거친 바람소리에 섞여 희미하게 들렸습니다.

2 세부 내용

'콜린'이 아픈 아이라는 것을 알려 주는 낱말은 무엇인가요? (③)

① 유령 — 아파서가 아니라 서로의 존재가 믿기지 않아서 유령인지 물었음.
② 침대
③ 창백한
④ 울음소리 — 아파서 운 것이 아니라 짜증 나고 외로워서 울었음.
⑤ 거친 바람

보통 아픈 사람의 경우 얼굴이 핏기가 없고 하얗게 보이곤 합니다. 그래서 콜린의 얼굴을 창백하다고 한 것은 아픈 아이임을 보여 주는 표현입니다.

3 추론하기

'콜린의 아버지'가 콜린을 보러 오지 않고 화원을 잠근 까닭은 무엇인가요? (③)

① 아내를 너무 미워해서야.
② 콜린과 화원에 관심이 없어서야.
③ 아내의 죽음을 떠올리기 싫어서야.
④ 자신이 곱사등이인 것이 싫었기 때문이야.
⑤ 콜린과 화원을 돌보지 못할 만큼 바빴기 때문이야.

콜린의 아버지가 콜린을 자주 보러 오지 않고 화원을 잠가 버린 것은 모두 콜린의 어머니가 죽고 나서입니다. 즉 콜린과 화원은 모두 아내의 죽음을 떠올리게 하는 것들이므로, 콜린의 아버지가 콜린과 화원을 멀리하는 것입니다.

4 비판하기

'콜린'에게 해 줄 말로 알맞은 것은 무엇인가요? (⑤)

① 우림: 너는 진짜 많이 아픈가 봐. 아파서 매일 밤 울고 있으니 말이야. → 콜린은 짜증 나고 외로워서 울고 있었음.
② 희태: 병이 나을 것이라고 굳게 믿고 있다니 넌 참 의지가 강한 아이야. →"나에 대해 ~ 되고 말 거야."를 보면 의지가 약함.
③ 예솔: 나는 아버지처럼 비밀의 화원에 들어가고 싶지 않은 너의 마음을 이해해. → 콜린은 메리에게 그 화원에 가 보고 싶다고 했음.
④ 유현: 방을 나가고 싶지만 하인들이 나가지 못하게 하다니 너는 진짜 답답하겠다. → 하인들을 불러 화원에 가겠다고 한 것으로 보아 갇혀 있지 않음.
⑤ 다희: 너는 자신의 아픈 모습이 싫어서 다른 사람들에게 널 숨기고 싶어 하는구나.

메리는 콜린에 대해 전혀 듣지 못하였고, 콜린은 자신에 대해 말하는 사람을 가만두지 않았습니다. 이를 통해 콜린이 아픈 자신의 모습을 다른 사람들에게 숨기고 싶어 했다는 것을 알 수 있습니다.

독해 정답			
	1. ⑤	2. ③	3. ③
	4. ⑤	5. ⑤	6. ④
	7. ①, ③		

어휘 정답	
	1. (1) ㉮ (2) ㉱ (3) ㉯ (4) ㉰
	2. (1) 중얼 (2) 창백 (3) 고풍 (4) 희미
	3. ①

콜린의 눈이 반짝거린 것

5 어휘 어법

㉠의 뜻으로 알맞은 것은 무엇인가요? (⑤)

① 콜린은 눈이 아프기 시작했다.
② 콜린은 눈물이 나기 시작했다.
③ 콜린의 눈이 좋아지기 시작했다.
④ 콜린은 화원이 마음에 안 들기 시작했다.
⑤ 콜린이 화원에 대해 관심을 가지기 시작했다.

㉠ 앞부분에서 한 콜린의 말에서 ㉠의 뜻을 짐작할 수 있습니다. 화원이 보고 싶다며 콜린의 눈이 반짝이기 시작했다는 것은 콜린이 화원에 대해 관심을 가지기 시작했다는 것을 뜻합니다.

하인에게 화원에 데려다 달라고 하겠다는 콜린을 말리는 메리의 말

6 추론 하기

㉡에 나타난 '메리'의 마음으로 알맞은 것은 무엇인가요? (④)

① 메리는 하인들을 힘들게 하고 싶지 않았다.
② 메리는 화원의 이름을 바꾸고 싶지 않았다. → 메리가 하인이나 화원의 이름을 배려해서 한 말이 아님.
③ 메리는 콜린에게 화원을 보여 주고 싶지 않았다. → 콜린에게 보여 주고 싶지 않았다면 처음부터 화원 이야기를 하지 않았을 것임.
④ 메리는 화원이 여러 사람들에게 알려지는 것을 원하지 않았다.
⑤ 메리는 화원이 계속 버려지고 황폐한 채로 있기를 바라고 있다. → 메리는 화원이 황폐해지는 것을 바라지 않음.

여러 사람들이 오면 그곳은 더 이상 비밀의 화원이 아니라는 말에서 메리가 그 화원을 비밀로 하고 싶어 한다는 것을 짐작할 수 있습니다. 메리는 자신만 알고 있는 화원이 여러 사람들에게 알려지는 것을 원하지 않았습니다.

7 주제 찾기

[보기]는 이 글 전체의 줄거리입니다. [보기]를 참고해 글쓴이가 나타내고자 한 '비밀의 화원'의 의미를 두 가지 고르세요. (①, ③)

> [보기] 메리는 가족들이 모두 전염병으로 죽고 고모부인 크레이븐 씨 집에서 살게 된다. 고집스럽고 심술궂던 성격의 비쩍 마른 메리는 비밀의 화원을 발견하고 가꾸면서 작은 동물들과 친구가 되고 주변 사람들과도 친해진다. (→ 메리의 긍정적 변화) 자신이 아파서 오래 살지 못할 것이라고 생각하던 콜린도 메리와 함께 비밀의 화원에 나와 맑은 공기를 마시면서 점점 더 건강해져서 결국 휠체어에서 일어나 걷고 달리게 되었다. → 콜린의 긍정적 변화

① 비밀의 화원은 자신의 문제를 스스로 극복하고 성장하는 곳이다.
② 비밀의 화원은 상처받은 아이들을 세상으로부터 숨겨 주는 곳이다. → 메리와 콜린의 변화를 보면 알맞지 않음.
③ 비밀의 화원은 상처받은 아이들의 마음을 자연으로 치유해 주는 곳이다.
④ 비밀의 화원은 아이들도 어른처럼 일을 해야 한다는 것을 보여 주는 곳이다. → 메리가 비밀의 화원을 가꾼 것은 일하기 위해서가 아님.
⑤ 비밀의 화원은 아이들에게 비밀의 장소가 꼭 필요하다는 것을 보여 주는 곳이다.
→ 비밀의 화원은 마음의 상처가 있는 메리와 콜린에게 단순한 비밀 장소가 아니라 상처를 치유하는 의미가 있음.

이 글 전체의 줄거리인 [보기]에는 고집스럽던 메리와 방에만 머물던 콜린이 함께 비밀의 화원을 가꾸면서 건강하고 활기찬 아이들이 된 내용이 나타나 있습니다. 이를 통해 글쓴이가 비밀의 화원을 아이들이 자연 속에서 스스로 성장하게 하는 곳이자 상처받은 마음을 치유해 주는 곳으로 표현하려고 했다는 것을 알 수 있습니다.

5주 21회 신발귀신나무 [98~101쪽]

1 세부 내용

이 글의 내용으로 알맞지 않은 것은 무엇인가요? (③)

① 느티나무는 아주 오래되었다. → 영호 아버지가 어렸을 때부터 있었음.

② 민수는 이 동네 아이가 아니다. → 민수는 이 동네의 느티나무에 대해 모르고 있음.

③ 느티나무는 곧 베어질 예정이다.

④ 영호가 사는 동네는 도시가 아니다. → 영호 아버지의 친구들이 도시로 떠났다는 것으로 보아 이 동네는 도시가 아님.

⑤ 영호네는 이 동네에서 아주 오래 살았다. → 영호 아버지가 어렸을 때부터 살았음.

이 글에는 느티나무가 곧 베어질 것이라는 내용은 나타나 있지 않습니다. 느티나무는 영호 아버지가 어렸을 때부터 있던 아주 오래된 나무로 어른들에게는 동구나무로, 아이들에게는 신발귀신나무로 불리고 있습니다.

2 세부 내용

느티나무를 신발귀신나무라고 부르는 까닭은 무엇인가요? (④)

① 아이들이 느티나무에서 귀신놀이를 해서 → 아이들은 귀신놀이를 하지 않았음.

② 귀신이 나타나 아이들의 신발만 훔쳐 가서 → 진짜 귀신이 있는 것은 아님.

③ 아이들이 느티나무 구멍에 신발 빠뜨리기 놀이를 해서 → 아이들이 신발 빠뜨리기 놀이를 했다는 내용은 없음.

④ 느티나무 구멍에 신발을 빠뜨리면 신발을 찾을 수가 없어서

⑤ 아이들이 느티나무에 올라가지 못하게 어른들이 귀신이 산다는 소문을 만들어서 → 어른들이 만든 소문이라는 내용은 나타나지 않음.

느티나무 구멍에 신발을 한 번도 안 빠뜨린 애들이 없고 구멍이 깊은지 한번 신발을 빠뜨리면 찾을 수가 없어서 아이들은 느티나무를 '신발귀신나무'라고 부르게 되었습니다.

3 어휘 어법

하늘이 나뭇잎 사이로 깨진 유리 조각처럼 보였다는 내용

㉠의 뜻으로 알맞은 것은 무엇인가요? (⑤)

① 하늘이 환하게 잘 보였다.

② 하늘이 곧 비가 내릴 것 같아 보였다. → ㉠은 날씨와 관련 없는 내용임.

③ 나뭇잎과 하늘이 같은 색으로 보였다. → ㉠은 하늘이 보이는 모양과 관련한 내용이므로, 색과 관련 없음.

④ 나뭇잎이 하늘을 가리고 있어 하늘이 하나도 보이지 않았다.

⑤ 나뭇잎이 하늘을 가리고 있어 그 사이로 하늘이 조금씩 보였다.

영호는 느티나무에 올라가 가지에 누워서 하늘을 바라보고 있습니다. 그러므로 나뭇잎 사이로 하늘이 깨진 유리 조각처럼 보였다는 것은 하늘이 환하게 다 보이는 것이 아니라 나뭇잎이 하늘을 가리고 있어 그 사이로 하늘이 조금씩 보였다는 뜻입니다.

4 추론 하기

느티나무의 말을 듣고 난 영호의 마음

㉡에 나타난 영호의 마음으로 알맞은 것은 무엇인가요? (⑤)

① 실망스러운 마음

② 반갑고 궁금한 마음

③ 놀라고 무서운 마음

④ 신나고 즐거운 마음

⑤ 허전하고 쓸쓸한 마음

㉡ 앞에 있는 느티나무의 말에서 영호의 마음을 짐작해 볼 수 있습니다. 느티나무는 사람들이 모두 도시로 떠난 뒤 동네 개구쟁이들의 소란으로 시끄러웠던 옛날을 그리워하고 있습니다. 이런 느티나무를 바라보는 영호의 마음도 허전하고 쓸쓸해서 구멍이 하나 생긴 것처럼 느껴졌을 것입니다.

독해 정답			
	1. ③	2. ④	3. ⑤
	4. ⑤	5. ①	6. ①, ④
	7. ⑤		

어휘 정답	
	1. (1) 소란 (2) 선 (3) 당 (4) 시늉 (5) 후회
	2. (1) ㉰ (2) ㉯ (3) ㉱ (4) ㉮
	3. ④

5 이 글에 대한 감상으로 알맞지 않은 것은 무엇인가요? (①)

감상하기

① 규희: 느티나무가 말을 한다고? 이 이야기는 다 거짓말이야.

② 시원: 민수는 정말 신발을 찾지 못할 것이라고 생각하지 못했나 봐. → 느티나무의 말에 나타남.

③ 상민: 신발귀신나무라니 밤에 그 나무를 보면 좀 으스스할 것 같아. → 영호의 말을 듣고도 신발을 빠뜨린 행동에 나타남.

④ 희주: 느티나무는 아이들이 예전처럼 많이 찾아오기를 바라고 있어. → 옛날을 그리워하는 느티나무의 말에서 짐작할 수 있음.

⑤ 효승: 내가 민수라도 궁금해서 나무 구멍에 신발을 넣어 봤을 것 같아. →신발귀신나무가 궁금했던 민수의 마음을 헤아린 감상임.

이 글은 실제로 일어난 일이 아닌 있을 법한 일을 상상해서 꾸며 쓴 이야기입니다. 느티나무가 말을 하는 것처럼 영호가 느끼는 것이고 이야기에서는 사람이 아닌 것을 사람인 것처럼 표현하는 것이 가능하므로, 거짓말이라는 반응은 알맞지 않습니다.

6 글쓴이가 느티나무를 사람처럼 표현한 까닭을 두 가지 고르세요. (① , ④)

추론하기

① 느티나무의 마음을 실감 나게 표현하기 위해서

② 느티나무가 신발귀신이라는 것을 실감 나게 표현하기 위해서

③ 느티나무를 신발귀신이 사는 무서운 곳으로 표현하기 위해서

④ 읽는 이들이 느티나무를 친구처럼 편하게 여기도록 하기 위해서

⑤ 영호가 자연과 말을 할 줄 아는 특별한 능력을 가졌다는 것을 나타내기 위해서

글쓴이는 사람이 아닌 느티나무를 사람처럼 표현하는 방법으로 느티나무의 마음을 실감 나게 표현할 수 있었습니다. 또한 영호가 느티나무와 친구처럼 대화를 나누는 모습을 통해 읽는 이들도 영호처럼 느티나무를 친구로 편하게 느낄 수 있습니다.

7 [보기]는 이 글의 전체 줄거리입니다. [보기]를 참고할 때 글쓴이가 이 글에서 말하고자 한 것은 무엇인가요? (⑤)

이 글의 주제

주제 찾기

> [보기] 영호가 사는 마을에 도시에서 살던 민수네가 이사 오게 된다. 영호는 또래 친구인 민수가 이사 오는 것이 반가웠지만, 토박이 농사꾼인 영호 아버지와 대학 교수인 민수 아버지는 서로를 이해하지 못해 티격태격했다.『아버지들은 서로 사이가 좋지 않았지만 영호는 민수에게 '신발귀신나무'라고 불리는 느티나무를 소개하면서 둘은 점점 더 친해졌다.』그러다가 민수 아버지가 독사에 물리고 영호 아버지가 입으로 독을 빨아내 구하면서 영호 아버지와 민수 아버지는 그동안의 오해를 풀고 화해하게 된다. 영호와 민수는 느티나무에 올라가 민수가 이사도 오고 전학도 오게 된 소식을 느티나무에게 전한다. → 민수가 이사와 함께 전학을 오게 된 소식으로 우정이 계속됨.

『 』: 영호와 민수 사이에 우정이 싹틈.

① 사람들의 갈등을 모두 해결해 주는 자연의 소중함

② 귀농한 민수네를 통해 볼 수 있는 농촌 생활의 좋은 점

③ 영호네와 민수네를 통해 볼 수 있는 농촌 생활과 도시 생활의 차이

→ (①~③) 이 글과 [보기]에 드러나는 부분적 내용으로, 핵심 주제는 아님.

④ 토박이 농사꾼의 아들인 영호와 귀농한 교수의 아들인 민수의 갈등 → [보기]의 내용과 맞지 않음.

⑤ 토박이 농사꾼의 아들인 영호와 귀농한 교수의 아들인 민수의 우정

[보기]를 통해 이 글 전체의 줄거리를 알 수 있습니다. 민수네는 귀농한 교수 가족으로 영호네와 갈등이 있었지만 민수와 영호는 갈등 없이 친구로 잘 지냅니다. 그리고 양쪽 아버지들이 오해를 풀고 화해하면서 영호와 민수의 우정이 계속 이어지는 것을 확인할 수 있습니다. 글쓴이는 이 글에서 농촌과 도시라는 서로 다른 상황에서 자랐지만 서로 이해하고 어울리는 영호와 민수의 우정을 말하고 있습니다.

5주 22회 흥부전 [102~105쪽]

1 세부 내용

이 글에서 일어난 일이 아닌 것은 무엇인가요? (③)

① 놀부가 새끼 제비의 다리를 고쳐 주었다.
② 놀부 집에 있던 새끼 제비의 다리가 부러졌다. → ㈎ 부분에 나타남.
③ 구렁이가 놀부네 제비를 잡아먹으려고 하였다.
④ 강남 갔던 제비가 박씨를 물고 와 놀부에게 주었다. → ㈎ 부분 다음 문장에 나타남.
⑤ 놀부가 제비가 준 박씨를 심었더니 박이 여섯 통이나 열렸다. → '놀부는 박씨를 ~ 타기 시작했다.'에 나타남.

흥부처럼 부자가 되고 싶은 놀부는 흥부가 한 일을 그대로 따라하려고 하였습니다. 하지만 구렁이가 나타나지 않아 제비 다리가 부러지지 않자 놀부는 자신이 직접 제비 다리를 분지르고 그 다리를 고쳐 주었습니다.

2 구조 알기

이 글의 '말하는 이'에 대한 설명으로 알맞은 것은 무엇인가요? (④)

① 말하는 이는 놀부의 아내이다.
② 등장인물인 제비가 일어난 일을 설명하고 있다. → 말하는 이는 글쓴이임.
③ 말하는 이가 직접 자신의 이야기를 들려주고 있다.
④ 말하는 이가 일어난 일에 대한 의견을 말하고 있다.
⑤ 말하는 이가 놀부와 대화하며 이야기를 이끌어 가고 있다. → 말하는 이인 글쓴이는 놀부가 아니라, 읽는 이와 대화하며 자신의 의견을 말하고 있음.

이 글의 등장인물인 놀부나 놀부의 아내, 제비 등은 이 글에서 말하는 이가 아닙니다. 이 글의 말하는 이는 글쓴이로, '명주실로 제비~죽을 리가 있겠는가.'는 글쓴이가 일어난 사건에 대해 직접 자신의 의견을 말한 부분입니다.

3 어휘 어법

부자가 된 흥부의 소식을 듣고 시샘하는 마음

㉠에 나타난 '놀부'의 마음을 속담으로 표현한 것은 무엇인가요? (③)

① 달면 삼키고 쓰면 뱉는다 → 옳고 그름이나 신의를 돌보지 않고 자기의 이익만 꾀함.
② 매도 먼저 맞는 놈이 낫다 → 이왕 겪어야 할 일이라면 아무리 어렵고 괴롭더라도 먼저 치르는 편이 나음.
③ 사촌이 땅을 사면 배가 아프다
④ 호박이 넝쿨째로 굴러떨어졌다 → 뜻밖에 좋은 물건을 얻거나 행운을 만났음.
⑤ 가지 많은 나무에 바람 잘 날이 없다 → 자식을 많이 둔 어버이에게는 근심, 걱정이 끊일 날이 없음.

욕심 많은 놀부는 흥부가 부자가 되었다는 소식을 듣고 기뻐하기보다 부럽고 질투가 났을 것입니다. 그래서 자신도 제비 다리를 고쳐 주고 박씨를 받아 부자가 되려고 제비를 몰러 다니게 된 것입니다. 이와 같은 놀부의 마음을 표현한 속담은 '가까운 사람이 잘 되면 기뻐해 주지 않고 오히려 질투한다.'는 뜻의 '사촌이 땅을 사면 배가 아프다'입니다.

4 비판하기

㈎ 부분을 보고 '놀부'에게 해 줄 말로 가장 알맞은 것은 무엇인가요? (③)

① 놀부야, 제비 다리가 부러져서 많이 놀랐지? → 제비 다리는 놀부가 부러뜨린 것이므로 알맞지 않음.
② 제비 다리를 고쳐 주다니, 너는 아주 나쁜 사람이 아닌가 봐. → 박씨를 물고 오게 하려고 고쳐 준 것임.
③ 자기가 제비 다리를 분질러 놓고 아닌 척하다니 진짜 뻔뻔하구나.
④ 네가 제비 다리를 분질렀지만 고쳐 주기도 했으니까 괜찮을 것 같아. → 건강한 제비를 다치게 했으므로 알맞지 않음.
⑤ 부자가 되려고 제비 다리를 분질렀지만 속으로는 제비에게 많이 미안했지? → 놀부는 제비에게 미안해하고 있지 않으므로 올바른 반응은 아님.

놀부는 오로지 부자가 되고 싶은 마음에 멀쩡한 제비의 다리를 분질러서 고쳐 주었습니다. 놀부가 제비 다리를 고쳐 준 것은 제비를 위하는 마음에서가 아니라 자신의 욕심 때문이었습니다. 그러므로 ③처럼 놀부의 행동이 잘못되었음을 지적하는 말이 알맞습니다.

독해 정답

1. ③ 2. ④ 3. ③
4. ③ 5. ⑤ 6. ⑤
7. ⑤

어휘 정답

1. (1) 허름하다 (2) 불길하다 (3) 거역하다 (4) 입장 (5) 호통
2. (1) ㉰ (2) ㉱ (3) ㉮ (4) ㉯ 3. ④

5 세부 내용

놀부가 박에서 나타난 노인의 주머니를 채운 까닭은 무엇인가요? (⑤)

① 사정이 딱한 노인을 도와주고 싶어서 → 놀부의 성격과 어울리지 않는 내용임.
② 박에서 나타난 노인이 놀부의 조상이라서
③ 노인의 주머니를 채우는 만큼 더 많은 보물을 받을 수 있어서 → (②, ③) 노인의 말과 다른 내용임.
④ 놀부가 노인의 재산을 다 가지고 도망간 적이 있어서 되갚으려고 → 노인의 재산을 가지고 도망간 것은 놀부가 아니라 놀부의 조상임.
⑤ 노인이 놀부의 조상들이 가져간 재산을 다시 돌려받아야 한다고 해서

놀부가 노인의 주머니를 채우게 된 까닭은 노인의 말에 나타나 있습니다. 놀부의 조상들이 노인의 재산을 다 가지고 도망갔기 때문에 놀부가 대신 갚아야 한다고 말했기 때문입니다.

6 추론하기

이 글이 쓰여졌던 조선 후기의 시대적 배경

[보기]는 이 글이 쓰여졌던 시대에 대한 설명입니다. [보기]를 참고할 때 놀부가 바라는 삶으로 알맞은 것은 무엇인가요? (⑤)

> [보기] 「흥부전」의 배경이 되는 조선 후기에는 재산을 잃고 망하여 평민보다 못사는 양반들이 생겨났다. 또, 농업 기술과 상업이 발달하면서 평민이나 천민 출신들이 큰 재산을 모아 양반 못지않게 잘살기도 하였다. 이런 상황이 벌어지면서 돈이 있으면 양반 신분을 살 수 있을 정도로 신분보다는 부를 중요하게 생각하기 시작하였다.

① 형제간의 우애를 중요시한다. → 흥부가 부자가 되었다는 소식에 놀부는 질투했음.
② 기술을 배워서 부자가 되고자 한다. → 놀부는 노력하지 않고 박씨를 얻어 부자가 되려고 함.
③ 성실하게 농사를 지어서 부자가 되고자 한다. → 놀부는 성실하게 일하지 않고 박씨를 얻어서 부자가 되려고 함.
④ 돈보다는 양반이라는 신분을 더 중요하게 여긴다. → 양반 신분은 돈으로 살 수 있으므로, 돈이 더 중요하다고 생각함.
⑤ 수단과 방법을 가리지 않고 재산을 모아 부자가 되고자 한다.

[보기]에서는 이 글이 쓰여졌던 시기에 신분보다 부가 중요하게 생각되기 시작했다고 했습니다. 놀부가 제비 다리를 일부러 부러뜨려 부자가 되려고 하는 모습을 통해 놀부가 바라는 삶은 수단과 방법을 가리지 않고 재산을 모아 부자가 되고자 하는 삶임을 알 수 있습니다.

7 주제 찾기

이 글의 주제로 알맞은 것은 무엇인가요? (⑤)

① 부모님께 효도를 해야 한다.
② 동물을 아끼고 사랑해야 한다. → 놀부의 행동을 보고 얻을 수 있는 교훈이지만 이 글 전체의 주제는 아님.
③ 한번 한 약속은 꼭 지켜야 한다.
④ 다른 사람에게 받은 도움을 꼭 갚아야 한다.
⑤ 착한 사람은 복을 받고, 악한 사람은 벌을 받는다.

마음씨가 착한 흥부는 제비의 다리를 고쳐 주고 부자가 되었습니다. 반면 제비 다리를 일부러 부러뜨려 고쳐 주었던 놀부는 첫 번째 박에서 노인이 나와 오히려 놀부의 재산을 빼앗아 가고 있습니다. 이러한 내용으로 보아 이 글의 주제로는 착한 사람은 복을 받고, 악한 사람을 벌을 받는다는 것이 알맞습니다.

1 세부 내용

이 시에 대한 설명으로 알맞은 것은 무엇인가요? (⑤)

① 4연에서는 홍시를 바람에 빗대어 표현하였다. → 4연에서는 바람을 색동옷 입은 아기에 빗대어 표현함.
② 이 시에서 말하는 이는 홍시를 먹고 싶어 하는 '참새'이다. → 말하는 이는 드러나지 않았지만 홍시를 바라보는 '나'임.
③ 1, 2연은 홍시가 익어 가는 과정을 과학적으로 설명하였다. → 과학적으로 설명한 것은 아님.
④ 장난꾸러기 아이들이 홍시가 익어 가는 것을 방해하고 있다. → 시에 아이들은 등장하지 않음.
⑤ 1연과 3연은 비슷한 문장과 낱말을 반복해서 노래하는 느낌을 준다.

이 시는 1연의 '쪽쪽 ~ 을 빨아먹고', 3연의 '톡 건드리면 / 좌르르(쭈르르) ~이 ~할 것 같아'처럼 비슷한 문장과 낱말을 반복하여 리듬감이 느껴지고 노래하는 느낌을 줍니다.

2 세부 내용

이 시에 나타난 계절은 언제인가요? (③)

① 봄 ② 여름 ③ 가을
④ 겨울 ⑤ 알 수 없다.

감이 말랑말랑하고 붉게 익어 홍시가 되는 계절은 가을입니다.

3 추론 하기

㉠과 ㉡의 공통점으로 알맞은 것은 무엇인가요? (①)

① 색이 붉다. ② 크기가 작다.
③ 모양이 동글다. ④ 만지면 뜨겁다.
⑤ 모양이 통통하다.

노을과 홍시는 모두 색이 붉다는 공통점이 있습니다. 그래서 글쓴이는 홍시가 붉게 익은 것을 '노을을 쪽쪽 빨아 먹어서'라고 표현하였습니다.

4 어휘 어법

다음 설명에 해당하는 말은 무엇인가요? (④)

손으로 느껴지듯 홍시의 촉감을 생생하게 표현함. → 촉각

① 쪽쪽 — 잇따라 입으로 힘차게 빠는 소리를 흉내 내는 말.
② 좌르르 — 물줄기 등이 잇따라 세차게 쏟아지는 소리나 모양을 흉내 내는 말.
③ 쭈르르 — 굵은 물줄기 등이 빠르게 흘러내리는 소리나 모양을 흉내 내는 말.
④ 말랑말랑
⑤ 쏟아질 것 같아

손으로 느껴지는 감각적인 표현을 촉각이라고 합니다. 이 시에서 손으로 만지는 것처럼 보들보들하고 부드러운 홍시의 느낌을 나타낸 말은 '말랑말랑'입니다. '쪽쪽, 좌르르, 쭈르르'는 눈으로 보는 것처럼 생생하게 표현한 감각적인 표현입니다.

독해 정답		
1. ⑤	2. ③	3. ①
4. ④	5. ①	6. ②
7. ③		

어휘 정답
1. (1) ㉯ (2) ㉮ (3) ㉰ (4) ㉱
2. (1) 익은 (2) 좌르르 (3) 노을 (4) 쏟아져
3. ①

5 이 시를 읽고 떠오르는 장면으로 알맞은 것은 무엇인가요? (①)

추론하기

① 햇살 아래 홍시가 익어 가는 장면

② 참새들이 홍시를 쪼아 먹고 있는 장면 → 참새들은 홍시를 쪼아 먹지 않았음.

③ 색동옷을 입은 아기가 홍시에 입 맞추는 장면 → 시에는 아기가 등장하지 않음.

④ 아이들이 돌로 홍시를 톡 건드려서 따려고 하는 장면 → 시에는 아이들이 등장하지 않음.

⑤ 말랑말랑한 초록색 홍시들이 감나무에 주렁주렁 열린 장면 → 초록색이 아니라 붉은색 홍시임.

이 시를 읽으면 햇살과 노을 아래 붉고 말랑말랑한 홍시가 통통하게 익어 가는 장면을 떠올릴 수 있습니다. 그리고 바람이 불고 참새들이 날아왔다가 다시 날아가는 장면도 떠올릴 수 있습니다.

6 이 시를 감상한 것으로 알맞지 않은 것은 무엇인가요? (②)

감상하기

① 글쓴이는 흉내 내는 말로 홍시를 생생하게 표현했어. → 쪽쪽, 통통, 말랑말랑, 좌르르 등

② 홍시가 하나도 남지 않을까 봐 아슬아슬한 마음이 들어.

③ 색동옷을 입은 아기 바람이라고 표현하니 바람이 귀엽게 느껴져. → 4연의 내용

④ 홍시가 사람처럼 햇살과 노을을 빨아 먹는다고 표현한 것이 재미있어. → 1연의 내용

⑤ 글쓴이는 홍시를 통해 시골의 한가롭고 따뜻한 풍경을 보여 주고 있어. → 시의 내용을 통해 시골 풍경을 떠올릴 수 있음.

이 시는 가을날 홍시가 익어 가는 장면을 흉내 내는 말을 써서 눈으로 보이듯이 생생하게 표현하고 있습니다. 특히 4연에서는 바람과 참새도 홍시를 떨어뜨리거나 먹지 않고 가는 데서 자연도 홍시가 익어 가는 것을 지켜 주는 한가롭고 따뜻한 시골의 풍경이 드러납니다. 따라서 홍시가 하나도 남지 않을까 봐 걱정하는 ②와 같은 반응은 알맞지 않습니다.

홍시를 소재로 한 시

7 이 시와 [보기]를 비교한 내용으로 알맞지 않은 것은 무엇인가요? (③)

감상하기

[보기]

홍시

심재기

훌– 훌–
가을을 벗어 버린
장독대 감나무
장대 들고 홍시 찾던
할머니

할머니 등 뒤로
타오르던 저녁놀
빠알갛게
빠알갛게
타오른다.

쏘옥– 쏙
입 안 가득 빨아들인 홍시
달디 단
할머니 맛이 난다.

① 아인: 두 시는 모두 홍시를 보고 쓴 시야. → 두 시의 제목에 드러남.

② 은빈: 이 시는 아무도 홍시를 먹지 않고 지켜 줬는데, [보기]는 홍시를 먹고 있어. → 이 시는 4연에, [보기]는 3연에 나타남.

③ 성현: 이 시는 흉내 내는 말을 사용했지만, [보기]는 흉내 내는 말을 사용하지 않았어.

④ 민재: 이 시는 손으로 느껴지듯 홍시의 촉감을 표현했지만, [보기]는 입으로 느껴지듯 홍시의 맛을 표현했어. → 이 시는 '말랑말랑' 등으로 촉감을 표현, [보기]는 '달디 단 할머니 맛'으로 홍시의 맛을 생생하게 표현함.

⑤ 윤지: 이 시는 자연 속에서 익어 가는 홍시를 보고 감탄하는 마음을 표현했다면, [보기]는 홍시를 통해 할머니를 그리워하는 마음을 표현했어. → [보기]의 시에는 홍시를 보고 떠올린 할머니를 생각하는 마음이 드러남.

이 시와 [보기]는 모두 홍시를 보고 쓴 시로, 두 시 모두 흉내 내는 말을 사용해 시 속 장면을 효과적으로 표현하고 있습니다. 이 시는 눈으로 보고 손으로 만지는 것 같은 감각적 표현을 사용했습니다. 또, [보기]는 눈으로 보고, 입으로 맛보는 것 같은 감각적 표현을 사용했습니다.

5주 24회 베니스의 상인 [110~113쪽]

1 세부 내용

이 글에 대한 설명으로 알맞지 않은 것은 무엇인가요? (①)

①결말이 슬프게 끝나는 이야기이다.
② 중심 사건은 안토니오의 재판이다. → 재판에서 일어나는 일이 이 글의 중심 사건임.
③ 포샤의 지혜로 이야기 속 상황이 뒤바뀐다. → 포샤의 지혜로 안토니오가 죽을 위기에서 벗어남.
④ 사건이 일어나는 장소는 베니스의 재판정이다. → 포샤의 말 '베니스 법에 따르면'에 드러남.
⑤ 가장 큰 갈등은 안토니오와 샤일록이 벌이는 갈등이다. → 재판정에서 서로 반대 입장에 서서 갈등을 빚고 있는 인물은 안토니오와 샤일록임.

이 글에는 베니스에서 열린 안토니오와 샤일록의 재판에서 벌어진 일이 드러나 있습니다. 바사니오의 아내인 포샤가 변호사로 변장하고 지혜를 발휘해 친구인 안토니오를 재판에서 구해 냈으므로 결말이 행복하게 끝납니다.

2 세부 내용

안토니오와 샤일록이 계약한 내용은 무엇인가요? (④)

① 안토니오가 샤일록에게 빌린 돈을 정해진 날짜에 갚지 못하면 바사니오가 대신 갚는다. → 재판하는 사람은 안토니오와 샤일록임.
② 안토니오가 샤일록에게 빌린 돈을 정해진 날짜에 갚지 못하면 몇 배의 돈으로 물어 준다. → 정해진 날짜에 갚지 못하면 안토니오의 살 1파운드를 받기로 했음.
③ 바사니오가 샤일록에게 빌린 돈을 정해진 날짜에 갚지 못하면 안토니오의 살 1파운드를 잘라서 갚는다. → 계약한 사람은 안토니오임.
④안토니오가 샤일록에게 빌린 돈을 정해진 날짜에 갚지 못하면 안토니오의 살 1파운드를 잘라서 갚는다.
⑤ 안토니오가 샤일록에게 빌린 돈을 정해진 날짜에 두 배로 갚지 못하면 안토니오의 살 1파운드를 잘라서 갚는다. → 빌린 돈을 몇 배로 갚아 주겠다는 것은 바사니오의 제안임.

포샤의 말 "베니스 법에 ~ 베풀기를 원하십니다."와 바사니오의 말 "아닙니다. 이미 ~ 않겠다고 했습니다."를 살펴보면 안토니오와 샤일록의 계약 내용을 알 수 있습니다. 이와 같은 부분으로 미루어 샤일록은 안토니오가 정해진 날짜에 돈을 갚지 못하면 대신 안토니오의 살 1파운드를 받기로 한 것을 알 수 있습니다.

3 추론 하기

샤일록의 성격으로 알맞은 것은 무엇인가요? (④)

① 불의를 못 참는다.
② 규칙을 잘 지킨다.
③ 지혜롭고 논리적이다. → 포샤의 성격임.
④야박하고 인정이 없다.
⑤ 남에게 자비를 베풀 줄 안다.

계약서대로라면 안토니오의 살 1파운드를 잘라 내야 하지만 그렇게 할 경우 안토니오는 죽게 될 것입니다. 그런데도 계약서대로 살 1파운드로 받겠다는 것으로 보아, 샤일록은 야박하고 인정이 없는 성격입니다.

4 어휘 어법

㈎ 부분에서 샤일록이 처한 상황을 나타낸 한자 성어는 무엇인가요? (③)

① 다다익선(多多益善): 많으면 많을수록 좋음.
② 천만다행(千萬多幸): 뜻밖에 운이 좋아 일이 매우 잘됨. → 안토니오의 입장에 알맞은 한자 성어임.
③자승자박(自繩自縛): 자기가 한 말과 행동 때문에 자신이 곤란하게 됨.
④ 전화위복(轉禍爲福): 불행하고 나쁜 일이 바뀌어 오히려 좋은 일이 됨.
⑤ 어부지리(漁夫之利): 두 사람이 다투는 사이에 다른 사람이 대신 이익을 얻음.

샤일록은 계약서대로 안토니오의 살 1파운드를 받겠다고 하다가 오히려 안토니오에게 돈도 받지 못하고 자신의 재산을 빼앗길 위기에 처합니다. 이처럼 자기 꾀에 자기가 넘어간 샤일록의 상황에 어울리는 한자 성어는 자기가 한 말과 행동 때문에 자신이 어려움을 겪는다는 뜻의 '자승자박'입니다.

독해 정답			
	1. ①	2. ④	3. ④
	4. ③	5. ⑤	6. ②
	7. ②		

어휘 정답	
	1. ②
	2. (1) ㉣ (2) ㉢ (3) ㉯ (4) ㉮ (5) ㉤
	3. (1) ㉯ (2) ㉢ (3) ㉮

이 글이 쓰여졌던 시대적 배경

5 추론하기

[보기]를 참고할 때 포샤가 남자로 변장한 까닭은 무엇인가요? (⑤)

> [보기] 셰익스피어가 살았던 시대에는 여성의 사회 활동을 좋아하지 않았다. 사회 활동은 남성이 해야 하고, 여성은 아이를 낳아 기르고 남성에게 순종하는 것이 바람직하다고 여겼다.

① 포샤가 원래 연극 배우라서 → 이 글에서 포샤의 직업은 알 수 없음.
② 여자는 집 밖으로 나올 수 없어서 → [보기]를 보면 외출과 관련 없음.
③ 포샤가 남자로 변장하는 것을 좋아해서 → 이 글에서 포샤가 남자로 변장하는 것을 좋아했다는 것은 알 수 없음.
④ 남자로 변장하면 더 멋지다고 생각해서 → 판단할 근거 없음.
⑤ 여자는 재판에 나가 변호를 할 수 없어서

[보기]는 글쓴이가 살았던 시대에 대한 설명입니다. 이로 미루어 당시 여성들은 변호사와 같은 사회 활동을 하지 못했음을 알 수 있습니다. 포샤가 남자로 변장한 것은 재판에서 변호를 하기 위해서입니다.

6 감상하기

이 글을 감상한 내용으로 알맞지 않은 것은 무엇인가요? (②)

① 계약서대로 하되, 안토니오를 살려 낸 포샤는 정말 영리한 여성이야. → 포샤의 말과 행동에 대한 감상임.
② 계약서대로 실행했을 뿐인데 악한 사람처럼 표현된 샤일록이 불쌍해.
③ 바사니오는 무릎을 꿇고 간청할 정도로 친구 안토니오를 정말 아끼나 봐. → 바사니오의 행동에 대한 감상임.
④ 안토니오는 계약서 때문에 목숨을 잃을 뻔했어. 계약서는 신중하게 써야 해. → 안토니오의 행동에 대한 감상임.
⑤ 아무리 변장을 했더라도 자기 아내를 알아보지 못하다니 바사니오는 참 답답하군. → 바사니오의 행동에 대한 감상임.

이제라도 돈으로 갚겠다는 바사니오의 제안을 무시하고 굳이 안토니오의 살 1파운드를 받겠다는 샤일록은 이해 받기 어렵습니다. 따라서 샤일록이 불쌍하다는 ②와 같은 반응은 알맞지 않습니다.

현대 법의 특징

7 적용 창의

[보기]를 참고하여 오늘날이라면 이 재판의 판결로 알맞은 것은 무엇인가요? (②)

> [보기] 현대의 법은 개인의 재산을 인정해 특별한 상황을 제외하고 개인 간의 계약을 간섭하지 않는다. 다만 타인에게 손해를 끼쳤다면 책임을 따져 그 손해를 물어 주는 것을 원칙으로 한다. 또한 사람의 생명을 걸고 한 계약이나 사회 질서를 해치는 계약은 처음부터 이루어지지 않는다.

① 샤일록의 재산을 인정하여 안토니오의 살 1파운드를 주라고 판결한다. → [보기]의 내용과 반대되는 판결임.
② 안토니오의 생명을 걸고 한 계약이니 처음부터 계약이 이루어지지지 않는다.
③ 포샤처럼 안토니오의 살 1파운드를 가져가되, 피를 흘려서는 안 된다고 판결한다. → [보기]에 따르면 처음부터 계약이 성립하지 않음.
④ 개인 간의 계약을 간섭하지 않으므로, 샤일록과 안토니오가 알아서 해결하게 놔둔다. → 사람의 생명을 걸고 한 계약이므로 예외 사항임.
⑤ 안토니오가 샤일록의 재산에 손해를 끼쳤으므로 안토니오에게 돈을 갚으라고 판결한다. → [보기]에 따르면 처음부터 계약이 성립하지 않음.

[보기]는 현대 법의 특징을 설명한 내용입니다. [보기]에서 사람의 생명을 걸고 한 계약은 처음부터 성립하지 않는다고 했습니다. 따라서 오늘날 이러한 사건이 발생했다면 이것은 처음부터 성립하지 않는 계약이므로, 안토니오는 샤일록에게 살 1파운드를 주지 않아도 됩니다.

행복한 왕자 [114~117쪽]

1 구조 알기

이 글에 대한 설명으로 알맞은 것은 무엇인가요? (①)

① 두 인물의 대화를 통해 이야기가 진행된다.
② 주인공이 사건을 자세하게 설명해 주고 있다. → 말하는 이는 글쓴이임.
③ 두 인물이 갈등을 일으키며 이야기가 진행된다. → 행복한 왕자와 제비는 갈등이 없음.
④ 인물의 대화 없이 장면 설명으로만 이야기가 진행된다. → 이 글에서 행복한 왕자와 제비의 대화가 나타나 있음.
⑤ 현재보다 과거에 일어났던 일을 중심으로 이야기가 진행된다. → 글 속에서 시간이 바뀌지 않음.

이 글에서는 행복한 왕자와 제비의 대화를 통해 이야기가 진행되고 있습니다.

2 세부 내용

사람들이 '나'를 행복한 왕자라고 부르는 까닭은 무엇인가요? (⑤)

① 죽은 후에 더 행복해져서 → 죽은 후 슬픔과 눈물을 알게 됨.
② 행복하지 않은 '나'를 놀리기 위해서
③ '나'가 항상 행복하기를 바라는 마음을 전하려고
④ '내'가 스스로 자신을 행복한 왕자라고 말하고 다녀서
⑤ 살아 있을 때 슬픔과 근심, 걱정 없이 행복하게만 살아서

사람들이 나를 행복한 왕자라고 부르는 까닭은 '"내가 인간의 ~ 왕자라고 불렀지.' 부분에 나타나 있습니다. 행복한 왕자는 슬픔과 근심, 걱정이 없는 궁전에서 즐겁게만 살아 사람들은 그를 행복한 왕자라고 불렀습니다.

3 세부 내용

'행복한 왕자'가 '제비'에게 부탁한 일은 무엇인가요? (④)

① 재단사 대신 수를 놓아 달라는 것
② 재단사의 아들에게 물을 가져다주라는 것
③ 재단사의 아들에게 약을 가져다주라는 것
④ 재단사에게 자신의 루비를 가져다주라는 것
⑤ 행복한 왕자의 발을 받침대에서 떨어지게 해 달라는 것

행복한 왕자가 제비에게 한 부탁은 "저 멀리 좁은 ~ 움직일 수가 없구나."에 나타나 있습니다. 행복한 왕자는 제비에게 자신의 칼자루에 박힌 루비를 빼서 아픈 아들을 둔 가난한 재단사에게 가져다주라고 부탁했습니다.

4 어휘 어법

다음 두 낱말과 같은 관계로 짝 지어진 낱말은 무엇인가요? (③)

추하다 – 아름답다 → 서로 반대되는 뜻을 가진 낱말

① 곁 – 옆
② 궁전 – 궁궐
③ 행복 – 불행
④ 온통 – 전부
⑤ 예의 – 예절

서로 비슷한 뜻을 가진 낱말

주어진 '추하다'와 '아름답다'는 서로 반대되는 뜻을 가진 낱말입니다. 이와 같이 서로 반대되는 뜻을 가진 낱말끼리 짝 지어진 것은 '행복'과 '불행'입니다. 나머지는 서로 비슷한 뜻을 가진 낱말입니다.

독해 정답	1. ①	2. ⑤	3. ④
	4. ③	5. ④	6. ⑤
	7. ④		

어휘 정답
1. (1) ㉮ (2) ㉯ (3) ㉯ (4) ㉮
2. ④
3. (1) ㉮ (2) ㉯ (3) ㉮ (4) ㉯

5 추론하기

'행복한 왕자'와 '제비'의 성격으로 알맞은 것은 무엇인가요? (④)

	행복한 왕자	제비
①	뻔뻔하고 치사하다.	겸손하고 신중하다.
②	노는 것을 좋아한다.	성실하고 부지런하다.
③	눈물이 많고 여리다.	의심이 많고 냉정하다. → 제비의 성격과 반대되는 내용임.
④	마음이 착하고 너그럽다.	마음이 여리고 정이 많다.
⑤	이기적이고 자기밖에 모른다. → 왕자의 성격과 반대되는 내용임.	참을성이 없고 급하다.

행복한 왕자는 가난한 재단사와 아픈 그의 아들을 보고 도와주고 싶어 합니다. 한편 제비는 이집트에 가야 하지만 슬픈 표정의 왕자를 외면하지 못하고 결국 왕자의 부탁을 들어주기로 합니다. 따라서 행복한 왕자는 마음이 착하고 너그러우며, 제비는 마음이 여리고 정이 많은 성격임을 알 수 있습니다.

6 감상하기

이 글을 감상한 것으로 알맞지 않은 것은 무엇인가요? (⑤)

① 제비는 아이들이 던진 돌에 맞을 뻔한 적이 있군. → 아이들을 좋아하지 않는다는 제비의 말에서 알 수 있음.
② 제비는 따뜻한 곳을 찾아 이집트로 가는 길이었구나. → 이집트에 가야 한다는 제비의 말에 나타남.
③ 왕자의 심장은 납덩이지만 살아 있을 때보다 더 따뜻한 마음을 가지고 있네. → 자신의 보석을 주려는 왕자의 말에서 짐작할 수 있음.
④ 왕자는 받침대에 발이 붙어 움직일 수 없으니 심부름을 한 제비가 고맙겠군. → 왕자의 입장에서 감상한 내용임.
⑤ 지금도 늦었는데 남쪽으로 가려는 제비를 붙잡다니 왕자는 뻔뻔한 사람이야.

행복한 왕자는 자신의 욕심이 아니라 아픈 아이를 돌보는 가난한 재단사를 위해 제비에게 루비를 가져다주라고 부탁한 것입니다. 따라서 행복한 왕자를 뻔뻔한 사람이라고 판단한 ④는 이 글에 대한 감상으로 알맞지 않습니다.

7 주제 찾기

행복한 왕자의 선행을 돕던 제비가 죽음을 맞는 장면

[보기]는 이 글의 다른 부분입니다. [보기]를 참고할 때, 이 글의 주제로 알맞은 것은 무엇인가요? (④)

> [보기] 행복한 왕자의 부탁대로 제비는 행복한 왕자에게 마지막 남은 사파이어 눈을 뽑았다. 그리고 그것을 성냥팔이 소녀에게 살며시 떨어뜨려 주었다.
> "이제 왕자님은 앞을 볼 수가 없네요. 제가 왕자님 곁에 계속 있을게요."
> "귀여운 제비야. 너는 이제 이집트로 떠나야 해."
> "저는 이제 영원히 왕자님 곁에 있겠어요."
> 제비는 왕자의 발 아래에서 잠이 들었다. → 제비의 죽음

① 새로운 모험과 자연의 소중함
② 위기 상황을 극복할 수 있는 지혜
③ 지나친 욕심이 부르는 비극적 결말 → 이 글의 주제와 반대되는 내용
④ 나누는 삶의 기쁨과 진정한 행복의 의미
⑤ 포기하지 않고 끝까지 노력하는 태도의 중요성 → 끊임없는 왕자와 제비의 선행에서 계속되는 행동에만 초점을 맞춘 내용

[보기]는 제비가 행복한 왕자의 선행을 돕느라 이집트로 떠나지 못하고 죽음을 맞는 장면입니다. 제비는 행복한 왕자가 앞을 볼 수 없게 되자 이집트에 가는 것을 포기하고 행복한 왕자의 곁에 머물기로 결심합니다. 비록 행복한 왕자는 초라해지고 제비는 죽음을 맞게 되었지만 다른 사람의 강요가 아닌 자신들의 의지로 어려운 이웃을 돕고 나누는 삶을 선택했으므로, 그 누구보다 기쁘고 행복했을 것입니다. 따라서 이 글은 읽는 이로 하여금 나누는 삶의 기쁨과 진정한 행복의 의미를 생각해 보게 하는 이야기입니다.